Treue hat ihre Grenzen

Bibliografische Information der Deutschen Nationalbibliothek
Die Deutsche Nationalbibliothek verzeichnet diese Publikation in der Deutschen Nationalbibliografie; detaillierte bibliografische Daten sind im Internet abrufbar: http://dnb.d-nb.de

1. Auflage 2023

Korrektorat: Theresia Riegler
Umschlaggestaltung: Nele Schütz Design unter Verwendung von shutterstock/Neda (Weinranken) und Jochen Tack (Tramin)/Alamy Stock Photo
Autorenfoto: Foto-Meyerhenke, Haan
Design & Layout: Athesia-Tappeiner Verlag
Druck: Finidr, Tschechien
Papier: Umschlag Symbol Card, Innenteil Amber Volume

Gesamtkatalog unter
www.athesia-tappeiner.com

Fragen und Hinweise bitte an
buchverlag@athesia.it

ISBN978-88-6839-699-2
ISBN 978-88-6839-700-5 (e-Book)

FSC
www.fsc.org
MIX
Aus verantwortungsvollen Quellen
FSC® C014138

Bildbeschreibung Umschlag
Hans-Feur-Straße in Tramin

Dieses Buch wurde der Umwelt zuliebe nicht mit einer Schutzfolie eingeschweißt.

RALPH NEUBAUER

TREUE hat ihre GRENZEN

ATHESIA VERLAG

Donnerstag

- 1 -

»Wenn du damals nicht so schnell reagiert hättest, säßen wir heute nicht zusammen.« Claudio seufzte leise und schaute dabei Tommaso an. Sofort erschien vor ihren Augen die Szene, als wäre sie gestern und nicht vor knapp 40 Jahren geschehen:

Es war dunkel gewesen, außerdem schwül und regnerisch. Die jungen Carabinieri Claudio und Tommaso waren auf Streife. Es hatte einen Mord gegeben, oberhalb von Tramin, in den Wäldern. Drei Jahre war das her und seither waren die Carabinieri besonders wachsam. Ein junger Jäger war tot aufgefunden worden. Man vermutete damals, dass der Jäger einen Wilderer überrascht hatte und von diesem erschossen worden war. Spuren vom Täter gab es keine, auch keinen konkreten Verdacht, denn Wilderer gab es damals viele. Man nahm an, dass sie vornehmlich von der anderen Seite des Bergkamms kamen, aus Dörfern wie Sfruz, Tres oder Smarano. Die Ermittlungen steckten bald fest. Seither patrouillierten die Carabinieri auch auf den Waldwegen. Claudio und Tommaso waren noch jung, gerade mit der Ausbildung fertig. Ihr Maresciallo hatte sie ermahnt, aufmerksam und vorsichtig zu sein: »Die Wilderei ist hier eine Plage. Nehmt euch also in Acht, wenn ihr unterwegs seid. Denkt dran, was dem jungen Jäger passiert ist. Seid im Zweifel schneller.«

Wenig später passierte es tatsächlich. Sie waren mit einem geländegängigen Wagen auf den Forstwegen unterwegs, als sie ein Fahrzeug erblickten, das vor ihnen auf der schmalen Holzabfuhrstraße stand. Die hintere Klappe stand offen. Als sie näher heranfuhren, konnten sie im Licht der Scheinwerfer trotz Regen sehen, dass auf der Ladefläche mehrere Wildkörper lagen.

Sie stiegen aus. Claudio näherte sich dem Fahrzeug. Tommaso blieb hinter der geöffneten Beifahrertür des Polizeifahrzeugs, zog seine Pistole und entsicherte sie. Claudio erreichte die Fahrertür und schaute hinein. Drinnen saß niemand. Er zuckte mit den Schultern und blickte sich um. Der Wald, der die Carabinieri umgab, war finster, ließ nicht zu, dass man in ihn hineinsehen konnte. Claudio bückte sich. In diesem Moment fiel ein Schuss, der ihn knapp verfehlte und mit einem knallenden Geräusch in die Karosserie einschlug. Tommaso hatte das Mündungsfeuer gesehen und hielt drauf. Der Schütze erwiderte das Feuer und ein Geschoss schlug in das Metall des Polizeifahrzeugs ein. In dem Moment erhellte ein Blitz den Schauplatz und Tommaso konnte den Schützen ausmachen. Intuitiv richtete er seine Waffe auf das Ziel, drückte ab und traf, denn es gab kein Gegenfeuer mehr. Claudio war hinter dem Fahrzeug in Deckung gegangen und wartete ab. Tommaso ebenfalls, vom Polizeifahrzeug verdeckt. Beide lauschten angestrengt in die Stille des Waldes. Sie waren gut zehn Meter voneinander entfernt. Tommaso konnte Claudio gut sehen, denn die Scheinwerfer des Polizeiautos leuchteten in Richtung des aufgefundenen Fahrzeugs. Nichts passierte, nichts rührte sich, kein Geräusch war zu hören. Der Regen wurde jetzt stärker. Tommaso starrte in die Dunkelheit, dorthin, wo er den Schützen vermutete. Habe ich ihn getroffen? Lebt er noch?, fragte er sich. Der Wald schluckte alles. Jedes Geräusch, das ganze Licht. Wenn doch ein Blitz noch einmal alles ausleuchten würde, dachte Tommaso, als er im Augenwinkel eine Bewegung ausmachte. Er sah, wie sich ein Gewehrlauf auf den Kopf seines Freundes Claudio zubewegte und was danach passierte, konnte er selbst nicht schildern, weil seine Reaktion schneller war als sein Denken. Die Rekonstruktion der Szene würde ergeben, dass er erkannt haben musste, was passieren würde, währenddessen seine Hand die Pistole in Richtung des Kopfes des Gewehrhalters führte, der Finger den Abzug durchzog und Tommaso so seinem Freund Claudio das Leben rettete.

Claudio und Tommaso waren schrecklich aufgewühlt gewesen. Tommaso stellte sich die Frage, wie der Mann, der das Gewehr auf Claudio gerichtet hatte, unbemerkt die Straße hatte überqueren können. Die ersten beiden Schüsse waren von links gekommen, aber das Gewehr, das auf Claudio gerichtet war, kam von rechts. Tommaso hatte den Angreifer perfekt erwischt. Kopfschuss. Er war der beste Schütze der Ausbildungskompanie gewesen. Man hatte überlegt, ihn in die Sportkompanie zu versetzen. Niemand schoss so schnell und so gut wie er. Als das Knallgeräusch in ihren Ohren langsam verging und nichts weiter passierte, wurde ihnen bewusst, dass die Gefahr vorbei war und sie untersuchten den Toten.

»Mein Gott, der ist kaum älter als wir«, hatte Tommaso damals gesagt. Claudio konnte sich noch gut an das Entsetzen in Tommasos

Gesicht erinnern, als er diesen Satz sprach. Dann ging Tommasos Blick hinüber zur anderen Seite des schmalen Holzabfuhrwegs. Claudio war der Gedanke gleichzeitig gekommen: »Es müssen zwei gewesen sein!« Tommaso holte eine starke Taschenlampe aus dem Polizeifahrzeug und suchte die linke Seite des Weges ab. Er musste tief in den Wald eindringen, bis er fand, was er suchte. Claudio und Tommaso standen vor der Leiche eines jungen Burschen. Das Gesicht ganz schwarz. Sie vermuteten zunächst, dass es eingefärbt gewesen war. Später würden sie feststellen müssen, dass Tommaso auch diesen Mann mit einem Kopfschuss getötet hatte. Das Blut war über den ganzen Kopf gespritzt und ließ diesen wie geschwärzt wirken.

Claudio erinnerte sich, wie sich Tommaso übergeben musste und ein Zittern seinen Körper befallen hatte. Es brauchte Zeit, bis sich Tommaso beruhigt hatte. Claudio, dem langsam bewusst wurde, dass er und sein Freund anstelle dieser jungen Männer tot im Wald liegen könnten, funktionierte aber anschließend wie ein Uhrwerk. Er blendete aus, was ihnen hätte passieren können. Erst zu Hause im Bett kam ihm der Gedanke, dass sie in einen Hinterhalt geraten waren. Ihre Ankunft auf dem Waldweg war bemerkt worden und die beiden Wilderer hatten sich, der eine links, der andere rechts vom Waldweg in den schwer einsehbaren Wald zurückgezogen, um sie ins Kreuzfeuer zu nehmen. Tommasos Schießkunst hatte sie gerettet.

Claudio schaute Tommaso an, der gleichfalls in den Bildern von damals gefangen schien, und sagte: »Der erste Schuss auf mich wäre ein Kopfschuss gewesen. Kurz vor dem Schuss hatte ich mich gebückt, weil mir am Boden etwas Funkelndes aufgefallen war. Der Schuss ist genau dort in den Wagen eingeschlagen, wo mein Kopf gewesen war. Durch deine schnelle Reaktion konnte er nicht mehr nachladen und ich hatte die Chance, hinter den Wagen zu gelangen.« Tommaso nickte langsam. Ihm war das alles noch sehr gut in Erinnerung.

Claudio machte eine Pause, holte Luft. Auch heute noch, 40 Jahre danach, kribbelte es ihm im ganzen Körper, wenn er sich diese Nacht in Erinnerung rief. »Sie hätten uns exekutiert, wenn sie die Chance dazu gehabt hätten. Die Kerle hatten keine Skrupel, uns zu töten. Und warum?« Seine Stimme hob sich. »Bloß um ihre Wilderei zu verdecken. Mord zur Verdeckung einer

Straftat, nennt man das. Was für ein Scheißmotiv! – Was für Scheißkerle!«

Tommaso legte seine Hand auf Claudios Arm. Er blickte ihn lange an, denn Claudio war verstummt. Auch Tommaso hatte eine belegte Stimme, als er sagte: »Ja, wir säßen heute nicht hier. Da hast du recht. Auch mir läuft die Sache noch hinterher.«

Claudio nickte verständnisvoll. »Einen Menschen zu töten, auch wenn es Notwehr war, ist schwer zu verarbeiten. Du hast mir das Leben gerettet.«

»Das habe ich wahrscheinlich. Aber danach war für mich nichts mehr wie zuvor.« Tommaso drückte den Arm seines Freundes. Ihm war klar, dass Claudio wieder damit anfangen würde. Das war ihr verbindendes Erlebnis, denn danach hatten sich ihre Wege getrennt. Es war üblich, dass man junge Carabinieri versetzte. Tommaso war Maresciallo in Terlan geworden, später hatte er in die Bozner Kaserne gewechselt, was mit einer Beförderung verbunden war. Claudio hatte ebenfalls viele Stationen in seinem 40-jährigen Berufsleben hinter sich gebracht und war vor zehn Jahren Maresciallo von Tramin geworden, dem Ort, an dem er sein schlimmstes Erlebnis gehabt hatte.

»Jetzt lass uns über etwas anderes reden. Was meinst du? Die alten Sachen können doch jetzt ruhen. So wie wir uns bald in den Ruhestand verabschieden. Ich habe meine letzten Wochen und du bist doch auch bald dran, oder?«

Claudio lächelte Tommaso an. »Noch drei Monate. Ist komisch, oder? Ich habe es noch nicht realisiert. Es ist alles noch so weit weg. Damit endet nach 40 Jahren mein Dienst. Ich weiß noch, als wäre es gestern gewesen, wie wir beide zusammen angefangen haben.«

Tommaso lehnte sich zurück und hätte beinahe angefangen, alte Geschichten aufzuwärmen, als der Wirt mit dem bestellten Herrengröstl an ihren Tisch trat.

»Hier, lasst es euch schmecken«, sagte er.

Claudio lächelte und sagte: »Gelobt sei Jesu Christi.«

»In Ewigkeit. Amen«, antwortete der Wirt und ging.

Tommaso schaute erstaunt. Claudio stach mit Lust in das arrangierte Bratkartoffel-Kalbfleisch-Soße-Gericht und sagte mit vollem Mund: »Werner Dissertori ist studierter Theologe. Drum. Verstehst schon. Deshalb sag ich immer ›Gelobt sei Jesu Christi‹ und er sagt immer ›In Ewigkeit. Amen.‹ Ist so ein Brauch zwischen uns. Er war auch Bürgermeister hier in Tramin. Da hat er mir oft geholfen. Als Maresciallo bist du auf den Bürgermeister schon angewiesen. Kennst du ja.«

Tommaso nickte stumm, denn er hatte vom Herrengröstl gekostet. Aber mit vollem Mund spricht es sich nicht gut. Als der Mund leer war, sagte er: »Das ist klasse. Gibt es kaum noch auf den Speisekarten. Aber auch wenn, dann ist es nicht mehr das, was es mal war.«

Claudio erwiderte mit vollem Mund: »Guter Koch, altes Rezept, so wie früher.«

Tommaso nickte zustimmend. »Warum hat er denn Theologie studiert, wo er doch kein Geistlicher ist, sondern«, Tommaso schaute sich um, »ein Restaurant führt und das Hotel nebenan?«

»Ich denke mir halt, dass es ihn interessiert hat. Nicht aus beruflichen Gründen, nehm ich an. Er hat ein Weingut und baut vor allem Gewürztraminer an. Gute Weine, teils prämiert. Dann das Hotel *Plattenhof* und das Restaurant, in dem wir sitzen. Dass er auch ein paar Jahre hier der Bürgermeister war, habe ich schon erzählt. Aber so sind sie hier. Sie haben alle verschiedene Jacken an, wenn du verstehst.«

Tommaso nickte. Er kannte die Südtiroler.

- 2 -

»Wir treffen uns um 13 Uhr in der *Trattoria Filo D'Olio* in der Pfarrgasse«, hatte ihm Roberto zugerufen. »Unter der fetten Henne.« Dabei hatte er gelacht.

Mit der »fetten Henne«, das erkannte Fabio sofort, als er die Trattoria betrat, war ein Gemälde gemeint, das in der Mitte der linken Stirnwand hing. Zuvor erregte jedoch ein anderes Bild seine Aufmerksamkeit. In die mit dunklem Holz verkleidete Decke des schmalen Eingangs war ein Stillleben eingefügt, das verschiedene Früchte, vor allem aber dicke Weintrauben, darstellte. Weißwein- und Rotweintrauben waren zu erkennen. *Gute Einstimmung,* dachte Fabio, *passt zur Jahreszeit*. Die Traubenernte hatte in Südtirol begonnen. Fabio betrachtete die Theke, die mit liebevoll beschriebenen Schiefertafeln darüber informierte, was der Gast hier erwarten durfte: »Hier kochen wir mit Liebe. Essen mit Appetit. Trinken mit viel Genuss.« *Das ist also ihr Treffpunkt*, überlegte Fabio. Er war zu früh, da er sich den Ort vorher anschauen wollte. Seine neuen Kollegen hatten ihn zum ersten Mal zum gemeinsamen Mittagessen eingeladen. Oder eingeladen, mitzukommen. So genau wusste er es nicht. Jedenfalls freute er sich, offensichtlich willkommen zu sein. Fabio hatte vom ersten Tag an in seinem neuen Amt gespürt, dass ihn Roberto Caputo und Mario Barletta neugierig beäugt hatten. Nie ließen sie eine Gelegenheit verstreichen, um mit ihm ins Gespräch zu kommen. Heute hatten sie ihn schließlich eingeweiht, dass die *Trattoria Filo D'Olio* ihr Stammlokal für das Mittagessen war. Dabei ließen sie auch eine Spitze gegen Pallua ab: »Ihr Vorgänger war sich zu fein für eine einfache Trattoria. Pallua bevorzugte exquisitere Restaurants. Na ja, der hatte auch das Geld dazu. Aber wir sind zufrieden mit Alfio und Salvatore, das sind der Koch und der Geschäftsführer. Sehr gutes Essen. Das Beste ist aber, dass wir unter der fetten Henne sicher sind. Der Platz ist für uns mittags reserviert. Wir haben die Wand im Rücken, sehen wer reinkommt und können uns ungestört unterhalten. Also, bis heute Mittag, unter der fetten Henne!«

Das hatten sie ihm zugerufen und Fabio wollte es sich mit seinen neuen Kollegen nicht verscherzen.

Er ging beherzt auf den Tisch unter dem Bild mit der »fetten Henne« zu und betrachtete es. *Das ist ein Hahn und keine Henne*, dachte er, als er von hinten angesprochen wurde.

»Entschuldigung, aber dieser Tisch ist reserviert.« Alfio blickte Fabio freundlich an. »Ich weiß«, sagte Fabio. »Aber ich gehöre dazu.«

Alfios Gesicht verzog sich zu einem Lächeln. »Ah, dann sind Sie der neue Vicequestore. Die Herren haben mir von Ihnen erzählt. Sie kommen seit der Eröffnung der Trattoria zu mir. Beide haben erzählt, dass sie bald einen neuen Kollegen bekommen. Ich bin entzückt. Ich stehe sozusagen unter Polizeischutz.« Er lachte. »Ein Scherz, Vicequestore, nur ein Scherz.«

Fabio wusste nichts zu erwidern, was auch nicht nötig war, denn jetzt traten mit lautem Hallo seine beiden Kollegen ein und begrüßten Alfio überschwänglich, wie man es bei alten Freunden tut.

Roberto fragte gleich: »Was gibt es heute Gutes? Was hat Salvatore heute frisch gemacht?«

Mario mischte sich ein. »Aber zuvor für uns drei einen guten Wein zum Aperitif. Habt ihr euch schon kennengelernt? Das ist Vicequestore Fabio Fameo. Wenn es ihm hier so gut schmeckt wie uns, dann sind wir vielleicht öfter zu dritt, Alfio. Dagegen wirst du nichts einzuwenden haben, schätze ich.«

Schulterklopfend nahm man Platz, die beiden unter dem Bild, Fabio ihnen gegenüber. Währenddessen informierte Alfio, dass es heute Melonensalat mit Büffelmozzarella, Tomaten und Blattsalat, Heidelbeerrisotto und Tagliata vom Hirsch mit Polenta oder Röster als Beilage gäbe. Bevor sie bestellten, sagte Mario: »Heute laden wir dich ein, Fabio, als Willkommensgruß. Aber danach zahlt jeder für sich.« Damit waren die Regeln klar.

»Sagt mal«, begann Fabio das Gespräch, »ihr wisst schon, dass die fette Henne ein Hahn ist?« Roberto grinste ihn an. »Ja, das wissen wir, aber die Dame, die den Hahn hält, na, du kannst es doch gut erkennen, oder?« Fabio hatte bemerkt, dass der Maler die weibliche Figur üppig ausgestattet hatte. Er verstand.

»Ist ein Code. Wir sagen ›fette Henne‹ und nur wir wissen, was damit gemeint ist. Wir hätten auch ›polnische Militärmission‹ oder etwas anderes sagen können. Hauptsache ist, dass die Chefetage nicht weiß, wo wir sind. Die fette Henne ist unser Rückzugsort. Manchmal braucht man so einen Platz.«

Fabio nickte, denn er hatte mit Tommaso auch so einen Rückzugsort gehabt. Das Café *Marlin,* nicht weit von der Trattoria. Bis der Inhaber gewechselt hatte, trafen sie sich dort, wenn sie unter sich reden wollten. Ein kurzer Moment von Traurigkeit erfüllte ihn, weil diese Zeit nun endgültig zu Ende ging. Tommaso würde in wenigen Wochen pensioniert werden. Hinzu kam, dass Fabio als Leiter des Amtes für kriminalpolizeiliche Ermittlungen andere Aufgaben hatte als zuvor. Die Zeiten als Commissario waren vorbei. Er war nicht mehr direkt mit den

Fällen betraut. Das mussten Francesca und Eduard allein übernehmen.

»Was ist, Kollege?«, rief Mario. »Warum so ein trauriger Gesichtsausdruck? Bloß weil wir die Dame als ›fette Henne‹ bezeichnen? Also, wenn dich das stört, dann suchen wir uns ein anderes Tarnwort. Vorschläge nehme ich ab sofort entgegen.« Mario lachte Fabio an.

Fabio musste jetzt auch lachen. »Nein, nein, es ist alles gut. Mir schoss eine Erinnerung an alte Zeiten durch den Kopf. Das werdet ihr an meinem Gesichtsausdruck gesehen haben. Gefühle halt. Aber jetzt bin ich wieder ganz bei euch. Mit der ›fetten Henne‹ kann ich leben.«

»Die alten Zeiten als Commissario sind für dich vorbei. Willkommen im Club der Entscheidungsträger. Deine Nachfolgerin, Commissario Giardi, wird das gut machen. Sie war in der Vergangenheit positiv aufgefallen, soweit wir das mitbekommen haben. Dein alter Chef war uns gegenüber eher sparsam im Austausch. Fachlich korrekt, aber so auf informeller Ebene, da war er entweder ein Autist oder er kochte lieber sein eigenes Süppchen.« Roberto lehnte sich zurück und beobachtete, wie Fabio reagierte.

Fabio hatte nicht damit gerechnet, dass sich das Tischgespräch als Erstes um Vicequestore Pallua drehen würde, seinen früheren Chef. Ihm hatte er einiges zu verdanken. Unter anderem, dass Fabio ihm nachfolgen konnte. Vor drei Jahren, als Pallua in Pension hätte gehen können, hatte er auf Kanälen, die er auch gegenüber Fabio nie offenbart hatte, wahrgenommen, dass eine Person auf diesen Stuhl gesetzt werden sollte, die bereits Jahre zuvor für Ärger gesorgt hatte. Für einige Monate hatte diese Person, Carmelita Cantallielo, damals Vicequestore Pallua ersetzt. Pallua kam zurück und die Cantallielo verschwand, weil ihr eine Plagiatsaffäre nachgewiesen wurde. Fabio war es vorgekommen, als hätte Pallua im Hintergrund an vielen Fäden gezogen, um ein ihm genehmes Ergebnis erzielen zu können. Pallua schlug Fabio vor, dass er noch zwei Jahre auf seinem Vicequestore-Sessel kleben bleiben wolle, um so zu verhindern, dass die Cantallielo in einem zweiten Anlauf diesen Platz einnehmen konnte und somit Fabios Aufstieg blockierte. So war es auch gekommen.

Nach den zwei Jahren »Nachsitzen« schien die Gefahr vorüber und Fabio konnte Pallua beerben.

Fabio überlegte also gut, wie er auf die Äußerung seiner neuen Kollegen reagieren wollte. »Es ist doch so, dass jeder seine Eigenheiten hat. Ich bin mit meinem Chef gut ausgekommen. Dass er so war, wie ihr ihn schildert, kann ich aus meiner Erfahrung nicht bestätigen. Mir und meinen Kollegen gegenüber war er zugewandt und vor allem sehr interessiert an unserer Arbeit. Wir hatten die Freiheit, die wir brauchten, und bekamen Unterstützung, bei Bedarf.« Fabio machte eine Pause. Die anderen schauten ihn an. Neugierig, so kam es ihm vor. »Was ihr mir erzählt, kann ich nur glauben. Ich war nicht dabei.« Dabei ließ es Fabio bewenden und beobachtete seine Kollegen. Die beiden schienen nicht weiter interessiert, denn ihre Blicke gingen Richtung Küche, aus der Alfio mit einem Ensemble Teller auf dem Arm auf sie zu balancierte.

»Hier kommen zweimal Melonensalat und einmal das Risotto, kleine Portion. Bitte schön. Ich wünsche guten Appetit. Soll ich noch Wein bringen?«

Roberto und Mario nickten und mit Appetit widmeten sie sich ihrem ersten Gericht.

Die Stimmung war sofort gesellig, gemütlich und nett, wie Fabio feststellen konnte. Offensichtlich hatten die beiden großen Spaß am Essen und zelebrierten das auch. Das Thema Pallua war vom Tisch. Auf dem Tisch stand die Tagliata vom Hirsch. Es war köstlich.

-3-

»Mutter, wie kannst du so was sagen?« Margit war außer sich. So engstirnig hatte sie ihre Eltern nicht eingeschätzt. Vor Jahren hatte sie sich ihnen gegenüber geoutet, dass sie keinen Mann an ihrer Seite haben würde, der als Weinbauer die schwere Arbeit im Weinberg übernehmen könnte. Ihre Eltern hatten Hoffnung geschöpft, dass ihre einzige Tochter im heiratsfähigen Alter endlich den ersehnten Mann ins Haus holen würde, als sie für kurze Zeit mit dem Sarner Eduard angebandelt hatte. »Ist zwar ein Sarner und kennt nur Vieh, aber den machen wir zum Weinbauern«, hatte der Vater damals zur Mutter gesagt. Da hatte er bereits ausgeblendet, dass Eduard Polizist war und deshalb eine andere berufliche Perspektive hatte. Margits Vater ging davon aus, dass der Mann seiner Tochter den Weinbaubetrieb übernehmen würde. Dann kam das. Sie hatte ihnen verkündet, dass es mit Eduard aus sei, weil sie jetzt endgültig wisse, dass sie mit den Männern nichts am Hut habe. Sie liebe eben Frauen. Punkt. Die Eltern müssten es akzeptieren. Das war ein Schock. Sie wussten nicht damit umzugehen. Aber solange es im Dorf nicht rum war, wäre es zu ertragen. Außerdem änderten sich Dinge. Man müsse Geduld haben. In den Jahren danach hatten sie nicht feststellen können, ob sich bei Margit etwas bewegte. Sie hatte keine Freundin, von der sie gewusst hätten. Im Dorf redete man zwar über die »Jungfrau vom Wolkensteinhaus«, aber es waren leise Töne. Noch waren es leise Töne. Jedes Jahr wurden auf den Dorffesten die neuen Verbindungen zwischen den Geschlechtern befestigt. Margit blieb weiterhin unbemannt. Nicht, dass es ihr an Bewerbern mangelte, aber sie blitzten alle ab. Für Margit war das Stress, für die Bewerber eine Niederlage. Schnell galt sie als Prinzessin auf der Erbse, der man es nicht recht machen konnte. Margit konnte damit leben, ihre Eltern, darauf angesprochen, flüchteten sich in Ausreden.

Doch jetzt hatte ihnen ihre Tochter soeben eröffnet, dass sie mit dieser Polizistin, dieser Francesca, zusammenziehen wolle. Die Mutter erschrak, der Vater wurde wütend. Wie stelle sie sich das vor? Was würde das Dorf sagen? Das waren noch die harmlosen Einwände. Die Sätze prasselten auf Margit ein wie Hammerschläge. Die Eltern entluden sich. »Nicht unter meinem Dach!«, hatte der Vater gerufen. Der Frust der vergangenen Jahre, die Hoffnung, dass sich alles zum Besseren regeln würde, all das platzte aus ihnen heraus. Da wurde Margit schlagartig bewusst: Sie war 30 Jahre alt, die Stütze des Betriebes, denn sie regelte seit Jahren alles Kaufmännische, half auch beim Wimmen und der Betreuung der Erntehelfer in der Zeit der Traubenlese, verhandelte mit der Genossenschaft, wenn der Vater für Streit gesorgt hatte, und jetzt musste sie sich anhören, dass sie nicht länger im Dorf wohnen könne, zöge sie mit der Walschen zusammen.

Mit der »Walschen«, das war das Wort, das für Margit das Fass überlaufen ließ.

»Wo steht ihr denn überhaupt, dass ihr mir mit diesen alten Zöpfen kommt! ›Mit der Walschen‹! Geht's noch? Das ist Denken von vorgestern!«, schrie Margit zurück. Sie war derart in Wut geraten, dass ihr nur noch die Flucht blieb. Ansonsten hätte sie alles zusammenschlagen müssen. Laut knallend schlug sie die Tür zu und musste sofort Distanz gewinnen.

Margit wusste nicht wohin. Sie wusste nur, dass man ihr ansah, dass sie stinkwütend war. Das Einzige, was in diesem Moment half, war Bewegung. Am liebsten wäre sie laut schreiend weggelaufen. Aber im Dorf geht so was nicht. Tramin ist klein, übersichtlich. Jeder kennt hier jeden. Das würde Gerede geben. Von der Hans-Feur-Straße, wo ihr Geburtshaus, das Wolkensteinhaus, stand, war es nicht weit bis in die Weinberge. Mit schnellen Schritten eilte sie zum Dorf hinaus. Manch neugieriger Blick folgte ihr. Angesprochen wurde sie aber von niemandem.

Erst zwischen den Weinpergeln konnte sie den Versuch starten, ihre Gedanken zu sammeln. Sie tobten wild durch ihren Kopf. *Es ist doch nicht zu fassen. Das also denken sie wirklich. Ich kann da nicht bleiben. So geht das nicht. »Eine Walsche« haben sie gesagt. Das ist schlimmer, als ich es mir jemals gedacht habe. Schon klar, dass sie Schwierigkeiten haben, mich so zu akzeptieren. Kein Mann an meiner Seite, der für die Arbeit passt. Keine Enkelkinder. Ist blöd für sie. Aber nur aus ihrer Sicht. Meine Sicht scheint sie nicht zu interessieren.*

Während die Gedanken rasten, schritt sie kraftvoll aus. Hier und da fielen Wörter aus ihr heraus. Selbstgespräche. Das half eigentlich, sich zu fokussieren. Jetzt aber nicht. Sie war viel zu aufgewühlt. Die Stimme traf sie daher unvorbereitet: »Hallo Margit. Was ist los mit dir?« Es war eine freundliche Stimme. Margit kannte sie. Sie gehörte ihrem Onkel.

»Ach, Onkel Alfred, du sollst mich nicht so sehen.«

Alfred trat aus den Weinpergeln hinaus auf den Weg, der zwischen den Weinbergen verlief. »Mit dir ist was, das sehe ich doch«, sagte er und nahm seine Nichte in den Arm. Er hatte sofort erkannt, dass hier ein großer Kummer unterwegs war. Tränenreich brach es aus Margit hervor. Sie erzählte ihrem Onkel alles.

Alfred hörte geduldig zu. Dabei schritten sie beide langsam den Weg bergauf, Richtung Söll. Es musste gegen drei am Nachmittag sein, denn die Glocke von St. Jakob in Kastelaz schlug drei Mal. Zwei Männer begegneten ihnen. Margit und Alfred erkannten ihren Maresciallo und grüßten. Den zweiten Mann kannten sie nicht. Claudio grüßte zurück, stockte kurz, als er das verheulte Gesicht von Margit sah. Aber da er Alfreds Miene entnahm, dass er alles im Griff hatte, beließ er es bei dem Gruß. Irgendwann endete Margits Vortrag. Sie hatte fertig erzählt. Alfred war im Bilde und er verstand Margit und ihren Kummer. Er verstand auch Margits Eltern. Alfred war der ältere Bruder von Margits Mutter Bruni. Seinen Schwager schätze er nicht besonders, aber für einen handfesten Streit hatte es nie gereicht.

Er überlegte, wie er Margit trösten konnte. »Schau, Margit, das Leben ist kompliziert. Hier auf dem Dorf musst du es schlau angehen. Das gilt auch für deine Eltern. Ich teile deine Auffassung, dass deren Ansicht, dass eine Walsche nichts für dich ist, völlig daneben ist, geradezu aus der Zeit gefallen. Ich kann dich auch verstehen, wenn du sagst, dass du jetzt nicht mehr im Wolkensteinhaus leben möchtest. Aber wie lösen wir das Problem?« Er machte eine Pause, drehte sich zu Margit und schaute ihr ins Gesicht. »Ich habe da eine Idee. Die hatte ich schon länger.« Er seufzte leise. »Weißt, mein Mädchen, es wird sich bald alles fügen.« Er machte eine lange Pause. Margit war so sehr in ihrem Gedankenkarussell gefangen, dass sie es nicht bemerkte. Dann sagte Alfred: »Du musst jetzt die Zähne zusammenbeißen und bitte zu Hause kein Porzellan zerschlagen, bis ich mit dir das nächste Mal gesprochen habe.« Er überlegte. »Wir treffen uns bei mir, nächste Woche Montag um 9 Uhr. Nur wir beide. Erzähl bitte niemanden davon, vor allem deinen Eltern nicht. Versprich es mir.«

Margit nickte. Sie überlegte. Heute war Donnerstag. Bis zum Montag würde sie es aushalten, auch wenn sie sich nicht vorstellen konnte, ins Wolkensteinhaus hineinzumarschieren, als sei nichts geschehen. Wie sollte sie es mit ihren Eltern zukünftig halten, wie es mit ihnen aushalten? Sie wischte über ihr Gesicht, schaute Alfred an: »Gut, ich halte mich zurück. Aber nur bis Montag.«

Alfred schien zufrieden, hakte sich bei Margit unter und sagte: »Komm, Liebes, wir schauen mal, ob man beim *Plattenhof* einen ordentlichen Apfelstrudel hinbekommt.« Er lachte. »Das war ein Scherz. Der Apfelstrudel dort ist klasse.«

-4-

»Hast du das auch mitgekommen? Der Alfred soll gebeichtet haben. Beim Herrn Dekan. Gestern erst.«

»Nein, wirklich? Warum denn in Kaltern? Er kann doch auch in Tramin beichten gehen.« Das Gesicht hellte sich auf. »Ach, jetzt verstehe ich. Der Alfred wollte nicht, dass es in Tramin bekannt wird. Der ist doch noch nie beichten gegangen. Der Alfred doch nicht. So kenn ich ihn. Niemals ist der zur Beichte.« Nach einer kleinen Pause. »Bist du da sicher? Ich meine, war das wirklich der Alfred? Beim Herrn Dekan sagst du?«

Der Angesprochene nickte. »Hat mir die Resi erzählt, die will es vom Messner gehört haben.«

Mit einer wegwischenden Handbewegung kam die Antwort: »Ach, hör doch auf! Der eine weiß es vom anderen, der es irgendwo von irgendwem, irgendwann gehört hat.«

»Ja, aber an jedem Gerücht ist etwas Wahres dran.«

Die beiden schauten verträumt über ihre Weingläser hinweg in den Innenhof des *Drescherkellers,* der sich allmählich mit Fahrradtouristen füllte, die ihre Tour entweder hinter sich hatten oder ihre Fahrt hier unterbrachen, um sich zu stärken. Binnen kurzer Zeit war der Eingang mit E-Bikes zugeparkt und Rentner in Fahrradkluft besetzten die letzten freien Plätze im Freien.

»Das hat zugenommen.«

»Ja, und wie. Das sag ich dir. Mein Bruder verleiht die Dinger in seinem Hotel. Seitdem ist er ausgebucht. Sporthotel ist er jetzt.«

»Ja, wenn's Geld bringt.«

-5-

»Du kommst zu meiner Verabschiedung?« Tommaso stellte diese Frage. Etwas anderes als eine Zusage hätte er nicht erwartet.

Claudio nickte ihm zu. »Kommst du später dann zu meiner?«

Diesmal nickte Tommaso. Das gemeinsame Mittagessen im *Plattenhof* hatte ihnen gutgetan. Sie hatten bisher selten die Zeit gehabt, gemeinsam etwas zu unternehmen. Seine Frau Anna verstand sich ganz gut mit Magdalena, der Frau von Claudio. »Wenn wir dann beide frei sind, sollten wir uns besuchen. Prissian ist nicht weit weg. Anna kocht vorzüglich.«

Claudio lachte und schüttelte Tommasos Hand. »So wollen wir es halten. Lass uns hoffen, dass uns kurz vor der Pensionierung nicht noch ein dickes Ding eingebrockt wird.«

Tommaso schüttelte den Kopf: »Nein, das wird nicht passieren. Wir genießen die letzten Tage, räumen den Schreibtisch auf und dann war es das.«

- 6 -

Als Francesca das Telefongespräch mit Margit beendete, spürte sie ungute Gefühle in sich aufkommen. Da waren Angst und eine leichte Wut in ihrem Bauch. Sie atmete tief durch.

Mit so einem Konflikt hatte sie nicht gerechnet. Margits Eltern waren ihr gegenüber bisher freundlich aufgetreten. Es war noch alles recht frisch, ein knappes Jahr, seit sie und Margit ein Paar wurden. Sie hatten sich seither mal in Tramin, mal in Bozen getroffen. Im Februar hatten sie einen schönen gemeinsamen Urlaub in Costa Rica verbracht, hatten das beschwingte Gefühl und den lockeren Lebensstil dort genossen, der Frohsinn und Optimismus verbreitete. Dieses beschwingte Urlaubsgefühl hatte bis in den Herbst hinein, bis heute, angehalten. Jetzt zerbrach es an der bisher verborgenen Haltung von Margits Eltern. *So ein Mist*, dachte sie. *Das kann ich nicht gebrauchen.*

Francesca hatte Margit sofort angeboten, zu ihr nach Bozen zu ziehen. Zumindest fürs Erste. So lange, bis sich die Dinge klären würden. Was auch immer man darunter verstehen will. Eine andere Lösung hatte Francesca nicht anzubieten.

Margit wollte noch einige Sachen aus dem Wolkensteinhaus besorgen und dann nach Bozen kommen. *Heute Abend wird es eine Krisenbesprechung geben*, dachte Francesca.

- 7 -

»Ja, der Herr Dekan, grüß Gott.«

»Grüß Gott«, und mit einem Blick auf seine rote Nase, »Heute wieder lange im *Drescherkeller* gewesen?«

»Ja, ja, es gibt schon den Neuen.«

»Ah, den Neuen hast du verkostet?«

»Ja, ja, der ist nicht schlecht.« Er schaute dem Dekan von unten ins Gesicht. »Stimmt es, dass der Alfred bei Ihnen zur Beichte war?«

»Wie kommst du da drauf?«

»Es wird erzählt. Das wäre komisch, wo der Alfred doch von Tramin ist.«

»Ja, aber ich bin der Dekan. Zu mir können alle kommen. Auch du, wenn du es brauchst. Aber ich habe dich noch nie bei mir im Beichtstuhl gesehen. Dann brauchst du es wohl nicht?«

»Aber ist schon komisch, das mit dem Alfred. Also ich tät denken, dass er nicht wollen hat, dass man in Tramin weiß, dass er beichten war. Drum ist er nach Kaltern. Oder?«

»Mach dir keinen Kopf dazu. Bei mir darf beichten kommen, wer mag und es braucht.«

»Also, dann war er doch beichten?«

»Das habe ich nicht gesagt und du wirst es von mir auch nicht erfahren. Beichtgeheimnis nennt sich das.«

»Ich will nicht wissen, was er gebeichtet hat, sondern nur, ob er gebeichtet hat.«

Der Dekan schaute nach oben. *Herr, lass Hirn vom Himmel fallen,* dachte er. Freundlich sagte er: »Frag ihn doch selber.«

Montag

-1-

»Hast du alles zusammen?«

»Ja, ich habe alles.«

»Das ist jetzt schon blöd, dass die hier überall mit der Weinlese beginnen.«

»Aber ich konnte nicht anders. Ich habe nur diese eine Woche Urlaub bekommen.«

»Was machen wir, wenn sie uns rauswerfen? Ich meine, vielleicht sind die Weinberge auch verschlossen? Ich habe so etwas gelesen. Da soll es eine Art Wächter geben, stand in dem Buch. Saltner heißen die. Sehen unheimlich aus.«

»Ach, was du immer liest. Ist das ein Buch von früher? Ich glaub das nicht. Lass uns jetzt losgehen. Noch ist es früh. So früh ist keiner unterwegs.«

-2-

Alfred Oberhofer war mit dem ersten Tageslicht bei seinen Trauben unterhalb von St. Jakob. *Bald kann ich wimmen,* überlegte er, als er sie prüfend betrachtete und kostete. *Ich muss noch den Lesetermin mit der Kellerei abstimmen.* Er pfiff ein leises Lied. *Alles ist besorgt. Die Dinge sind geregelt. Aber diese Lese will ich noch machen.*

Der nächste Gedanke zerbarst in seinem Kopf.

-3-

»Halte die Sonde hier hin. Da könnte was sein.«

»Nee, keine Ausschläge. Hier ist nichts.« Er blickte den Hang hinauf, sah St. Jakob oben auf dem Hügel. »Bist du sicher, dass hier eine Burg war? Ich sehe nichts, was darauf hindeutet. Nur eine kleine Kirche.«

»Das stimmt schon. Die Burg gruppierte sich um diese Kapelle, St. Jakob in Kastelaz. Das soll bewiesen sein. So um 1200 oder

1300. Genauer weiß ich das nicht. Die Burg hatte keinen ewigen Bestand. Die Kapelle ist geblieben. Auf diesem Hügel rund um die Burg finden wir bestimmt etwas. Hier muss es von interessanten Funden wimmeln. Wir müssen sie nur finden.«

»Was ist mit den Römern?«

»Die haben überall etwas hinterlassen. Es gab hier Funde. Aber nichts aus Metall, glaube ich.«

»Soll ich ein Feld höher gehen?«

»Mach das. Ich suche hier weiter.«

»Was ist das denn? Da liegt einer. Komm mal!«

-4-

»Sie haben den Mann so aufgefunden, wie er hier liegt und nichts verändert?«

»Ich habe an ihm gerüttelt. Wollte wissen, ob ich ihm helfen kann. Dann«, ihm brach die Stimme, »dann habe ich gesehen, dass alles voll Blut war. Danach habe ich ihn nicht mehr angerührt, ehrlich.«

Claudio traute diesen Touristen nicht. Hobby-Schatzsucher seien sie, haben sie ihm erklärt. Sie hatten komische Geräte dabei. Metallplatten an langen Griffen, von denen Kabel zu einem Kopfhörer gingen. Damit könnten sie hören, ob unter der Erde Metall läge.

»Haben Sie etwas gehört? Einen Schuss vielleicht?«

»Nein, nein, hier war alles ruhig.«

Claudio war aufgewühlt. In der letzten Woche vor seiner Pensionierung so etwas. Der Tote war Alfred Oberhofer. Jeder im Dorf kannte ihn. Einer der großen Winzer. Claudio hatte in sofort erkannt. Ihm fiel die Geschichte von vor 40 Jahren ein. *Ich dachte, das wären alle Leichen gewesen, die ich je sehen würde. Und jetzt, kurz vor Schluss noch ein Bekannter. Schrecklich.* Claudio hatte zurzeit einen weiteren Carabiniere in seiner Wache, doch er kam erst nachmittags. Daher war er zunächst allein, als die beiden Touristen die Nummer der Carabinieri angerufen hatten. Jetzt stand er vor Alfreds Leiche und hatte diese zwei Zeugen.

»Geben Sie mir bitte Ihre Ausweise. Wo wohnen Sie?«

Wie sich Claudio gedacht hatte, waren sie im zentralen Hotel im Dorf abgestiegen. *Ohne ihre Ausweise werden sie sich nicht davonmachen,* überlegte er. »Ihre Ausweise behalte ich vorerst. Bitte halten Sie sich zu unserer Verfügung. Ich komme dann später in Ihr Hotel und nehme alles zu Protokoll. Dann bekommen Sie auch Ihre Ausweise zurück. Jetzt bitte ich Sie, diesen Tatort zu verlassen. Gehen Sie in Ihr Hotel und reden Sie mit niemanden, bis ich bei Ihnen war. Haben Sie das verstanden?«

Die beiden Männer nickten. Sie sammelten ihre Utensilien ein und gingen mit hängenden Köpfen davon.

»Was für ein blöder Urlaub.«

»Kann man so sehen. Oder auch ganz anders. Kommt auf den Standpunkt an.«

»Wie jetzt? Unsere Schatzsuche? Die ist doch blöd gelaufen, oder?«

»Aber wir sind jetzt mitten in einem Mordfall. Das ist doch auch spannend.«

Claudio beobachtete den Abmarsch der beiden Männer. Die Uhr von St. Jakob schlug neun Mal. Es war 9 Uhr in der Frühe. Dann herrschte wieder Stille. Nur die Vögel waren zu hören. Claudio betrachtete den toten Alfred. Er zog seine Dienstmütze und verharrte. Dann straffte er sich und zog die Nase hoch. *Bloß nicht schwach werden,* sagte er zu sich selbst. 40 Jahre im Dienst und jetzt zum Schluss noch einen Toten. *Einen Mord,* wie er gedanklich ergänzte. Die beiden hatten nichts gehört, hatten sie ausgesagt. Auch, dass sie seit 8 Uhr hier unterwegs gewesen wären. Auf der Suche nach Metall, das in der Erde liegen könnte. Alte Gürtelschnallen und so was. Darauf waren sie aus. Claudio kannte solche Vögel. Seit hier in der Gegend Altertümer gefunden worden waren, kamen sie hin und wieder.

Also muss Alfred vor 8 Uhr erschossen worden sein. Aber woher kam der Schuss? Er blickte sich um. Rings um ihn waren Rebstöcke. Weitläufige Felder, die zu St. Jakob in Kastelaz anstiegen. Abfallend endeten die Felder im Dorf. *Einen Schuss müsste man im Dorf gehört haben. So weit sind die ersten Häuser nicht weg, dass man einen Schuss nicht hören kann,* überlegte er. Claudio kannte das Haus, das Alfred gehörte. Die alte Kellerei in der Hans-Feur-Straße. Er konnte von seinem Standpunkt aus gut einschätzen, wo es war. *Also wurde er nicht weit von seinem Haus erschossen. Inmitten seiner Reben.* Claudio betrachtete die Leiche. Alfred lag auf dem Rücken. Der Schuss hatte ihn in der Herzgegend getroffen. Die Einschussstelle war gut zu erkennen. Unter ihm hatte sich eine Blutlache gebildet. Die Erde schluckte sie nicht ganz. Alfred lag mit dem Kopf hangabwärts. Claudio schaute hangaufwärts. Es fiel ihm nichts auf. Keine konkrete Position, von der aus der Schuss hätte abgegeben werden können. *Eigentlich von überall her,* dachte er. *Das wird die Kriminaltechnik herausfinden,* seufzte er und zog sein Telefon aus der Tasche.

- 5 -

St. Jakob schlug neun Mal und Margit stand vor der Tür zur alten Kellerei, dem Haus von Onkel Alfred. Sie konnte das Geläut schwach ausmachen. Es war ihr aber vertraut, weil sie es seit 30 Jahren vernahm. Nicht vertraut war ihr, dass der Onkel unpünktlich war. *Oder hatte er unsere Verabredung vergessen? Das sieht ihm nicht ähnlich.* Sie klingelte erneut. Nichts rührte sich.

Wohin jetzt?, überlegte sie. Im Wolkensteinhaus war sie seit Donnerstagabend nicht mehr gewesen. Kurz rein, das Gerede der Eltern ignoriert, keinen Satz mehr gewechselt, schnell das Nötigste zusammengerafft, rausgestürmt und keine Nachricht hinterlassen, wo sie zu finden sei. *Sollen schon merken, dass mit mir ab jetzt nicht zu spaßen ist.* Dass sie bei Francesca unterkommen würde, würden sie sich denken können. Danach herrschte Funkstille. Kein Anruf. Nichts.

Er wird sich verspätet haben, überlegte sie. *Etwas ist dazwischengekommen. Aber er hätte eine Nachricht schicken können. WhatsApp oder eine SMS.* Sie rief ihn an.

Es läutete in Alfreds Hosentasche. Claudio hörte es. Er musste es ignorieren. Der Auffindeort durfte nicht verändert werden. Die Spurensuche und Dr. Phillipi vom Institut der Gerichtsmedizin waren informiert und würden bald hier sein.

Dann kann er jetzt nicht drangehen, überlegte sie. *Lange rumstehen vor der Tür mag ich nicht. Ins Wolkensteinhaus will ich auch nicht. Was bleibt? 's Platzl vielleicht. Ja, das geht. Auf einen Caffè. Onkel Alfred hat mich jetzt in seiner Anrufliste. Er wird sich schon melden.*

- 6 -

Dr. Phillipi und seine Assistentin Paula nahmen die Leiche in Augenschein. Nachdem die Spurensicherung alles fotografiert hatte, drehten sie den Leichnam um. »O Mann«, entfuhr es Paula. Auch Phillipi stieß Luft durch die zugespitzten Lippen. Claudio folgte ihren Blicken. Da sah er den Grund, der sie zu ihren Lautäußerungen veranlasst hatte. Das ganze Hemd war blutgetränkt, im unteren Rücken total zerfetzt. Das legte den Blick auf den Rücken frei und der wies ein großes Ausschussloch auf. Nicht so ein Loch, wie es ein durchschlagendes Geschoss normalerweise aufweist. Das erkannte auch Claudio. Hier musste ein besonderes Geschoss verwendet worden sein. Claudio überlegte. Wenn der Einschuss in der Herzgegend war und der Ausschuss tief unten im Rücken, dann müsste der Schütze weit über dem Opfer gestanden haben. Er müsste von oben heruntergeschossen haben. Sein Blick ging erneut nach oben, den Hang hinauf. Auch Paula und Phillipi schauten nach oben. Das Einzige, was sie sehen konnten, war der Turm von St. Jakob. Die drei schauten sich an. Phillipi trat zu Claudio. »Da sollten Sie suchen. Wir haben alle drei dasselbe gedacht. Es wird noch dauern, bis wir alles durchgerechnet haben. Schusswinkel, Entfernung und all das. Sie bekommen eine Skizze von uns. Aber wie ich das sehe, kann es gut sein, dass der Schütze von dort oben heruntergeschossen hat.« Phillipi nahm einen Stock, der auf dem Boden lag, und stellte sich knapp neben die Stelle, an der der tote Alfred lag. Er justierte den Stock in der Höhe seiner Herzgegend und neigte ihn bis zu der Stelle, an der der Schuss Alfreds Körper verlassen hatte. Paula ging in die Hocke und visierte über den Stock die Schussrichtung. Sie winkte Claudio herbei. Claudio tat es ihr nach. Der Stock zielte ziemlich genau auf die oberen Fenster des Kirchturms von St. Jakob.

- 7 -

»Hoi Margit«, grüßte Heidrun freundlich. »Einen Caffè?« Margit grüßte zurück und setzte sich. »Ich hätte auch gerne ein Hörnchen«, rief sie. »Gerne«, tönte es hinter der Theke zurück.

's Platzl war Margits Lieblingsrückzugsraum in Tramin. Klein und fein, fand sie es. Nicht so laut wie anderswo. Sie nahm auf der halbrunden Sitzbank gleich rechts vom Eingang Platz, von der aus man einen guten Blick auf die Vitrine hatte.

»Ach, Heidrun, ich hätte auch noch gerne eines von den Tramezzini, das mit Thunfisch bitte.«

Heidrun brachte ihr das Gewünschte. »Noch kein Frühstück gehabt?«

Margit druckste ein wenig herum. »Ich war das Wochenende unterwegs und hatte mich um 9 Uhr mit Onkel Alfred verabredet. Da hätte ich ein Frühstück bekommen. Aber jetzt ist er nicht da. Wahrscheinlich etwas dazwischengekommen. Da habe ich an dich gedacht.« Sie lächelte Heidrun an.

»Fein, dass du an mich denkst.« Bevor sie fragen konnte, warum es bei ihr zu Hause, nicht weit von der alten Kellerei des Onkels, kein Frühstück gab, betrat eine Schar Männer *'s Platzl*, besetzten die Theke, bestellten Caffè und für jeden ein Hörnchen. Heidrun hatte jetzt alle Hände voll zu tun.

Margit betrachtete die Einrichtung des kleinen Cafés, um ihre Gedanken zu beruhigen. Am Kopf des Raumes stand ein Holzregal, gefüllt mit Flaschen, Büchern und dem Bild einer Meerjungfrau, das Heidruns Tochter gemalt hatte. Über dem Regal hing eine Replik von Edward Hoppers berühmten Bild *Nighthawks,* auf dem drei Gäste in einer Bar eine einsame Kommunikation übten. Das Besondere an der Replik war, dass in das Bild zwei Leuchtstreifen, grün und rot, eingearbeitet waren, die für ein stimmungsvolles grünes Deckenlicht sorgen. Das rote Licht strahlte nach unten. Links daneben hing eine Uhr. Sie zeigte 9.45 Uhr.

Die Männer hatten ihren Caffè getrunken und verschwanden lärmend, nicht ohne ihre Blicke über Margit schweifen zu lassen. Einige der Burschen zwinkerten ihr zu. Margit kannte das. Sie lächelte zurück, obwohl sie dazu keine Lust hatte.

Onkel, wo bleibst du, dachte sie. *Du bist jetzt echt überfällig.* Sie versuchte erneut, ihn zu erreichen.

Alfreds Telefon klingelte zum zweiten Mal in seiner Hosentasche. Paula griff behandschuht hinein und nahm das Gespräch an.

Eine fremde Stimme meldete sich: »Ja?« Margit dachte, dass sie sich verwählt hatte und legte auf. *Aber die Nummer war doch gespeichert. Ich kann mich nicht verwählt haben.* Sie versuchte es erneut und wieder meldete sich die weibliche Stimme mit einem »Ja?«

»Hier ist Margit. Ich möchte meinen Onkel Alfred sprechen. Das ist doch seine Nummer?«

»Ja, das ist seine Nummer. Ich heiße Paula und kann Ihnen jetzt nur sagen, dass Ihr Onkel nicht zu sprechen ist. Aber vielleicht sagen Sie mir, was Sie von ihm wollen?«

Margit war erstaunt. *Eine Paula hat Onkel nie erwähnt. Hat der Junggeselle auf seine alten Tage jemanden gefunden? Oder kannte er diese Paula schon länger und hat das geheim gehalten? Dieser Schlingel!* »Wir waren für 9 Uhr verabredet und ich fahnde jetzt nach ihm. Können Sie ihm das ausrichten?«

»Wo waren Sie denn verabredet?«, fragte Paula zurück.

»Hören Sie, ich kenne Sie nicht. Vielleicht geht Sie das nichts an. Geben Sie mir meinen Onkel oder richten ihm aus, dass ich jetzt im Café *'s Platzl* bin, am Rathausplatz in Tramin. Ich würde gerne wissen, ob es sich lohnt, zu warten.«

Paula überlegte kurz. »Ich werde es ausrichten. *'s Platzl* sagen Sie? Am Rathausplatz. Geht in Ordnung.« Sie legte auf. »Claudio, kennen Sie eine Margit? Sie soll die Nichte des Toten sein.«

Claudio bestätigte das. »Die beiden waren für 9 Uhr verabredet und jetzt wartet die Nichte im Café *'s Platzl*. Wollen Sie?« Sie sprach nicht weiter.

»Was ist mit dem Kirchturm?«

Phillipi mischte sich ein. »Der läuft nicht weg. Einen Täter werden wir dort jetzt nicht mehr finden. Wenn wir Glück haben, finden wir Spuren.« Phillipi machte eine Pause. »Sind Sie allein hier?«

Claudio nickte. »Ich habe noch einen jungen Carabiniere auf der Wache. Aber er kommt erst am Nachmittag. Als mich die Zeugen angerufen haben, bin ich allein hier rauf. Da war noch nicht klar, dass wir es mit einem Mord zu tun haben. Ich melde das jetzt nach Bozen. Dort wird man entscheiden, wer noch eingeschaltet wird.« Claudio dachte dabei an Tommaso.

»Ich führe jetzt das Telefonat und dann entscheide ich, was ich als Erstes mache.«

- 8 -

Tommaso hörte Claudio zu, ohne ihn zu unterbrechen. Er ahnte, was in seinem Freund vorging. *Auf die letzten Tage noch einen Mord. Aber Carabiniere sein, heißt im Dienst zu sein. Das geht auch über die Pensionierung hinaus. Einmal Carabiniere, immer Carabiniere. So sagt man.*

Tommaso sah die konkrete Situation. *Unterrichtung der Angehörigen. In diesem Fall jedenfalls die Nichte, die in einem Café saß und auf ihren Onkel wartete. Außerdem die Spurensuche im Turm von St. Jakob. Das kann man allein nicht machen.* Was zu tun war, wusste er sofort.

»Claudio, du kennst die Menschen im Ort. Geh du jetzt zur Nichte und unterrichte die weiteren Verwandten des Toten. Befrage sie, du weißt schon: Hatte das Opfer Feinde und so weiter. Dann knöpfe dir noch einmal die beiden Schatzsucher vor. Muss ich dir nicht erklären. Ich übernehme jetzt die Arbeit am Tatort. In 20 Minuten bin ich da. Phillipi und Paula sollen auf mich warten. Auch die Leute von der Spurensicherung. Mit ihnen werde ich mir den Turm der kleinen Kirche ansehen, schauen, ob von dort geschossen wurde. Wenn ich mich richtig erinnere, steht das Kirchlein nicht allein, sondern da gibt es Häuser drum herum. Dort müsste man doch einen Schuss gehört haben. Vielleicht gibt es Augenzeugen? Vielleicht hat einer jemanden weglaufen gesehen? Sollen wir es so machen?«

Claudio willigte gerne ein. Ihm war es recht, wenn Tommaso die Dinge in die Hand nahm. *Einen Mord aufklären. Im Dorf. Mit eineinhalb Carabinieri auf der Station. Kurz vor der Pensionierung.*

Claudio wusste nicht, ob und wann seine Stelle neu besetzt werden würde. *Sie nehmen jetzt ganz junge Maresciallo, direkt von der Akademie.* Er hatte noch als einfacher Carabiniere angefangen. Einen mühsamen Aufstieg gemacht. *Diese jungen Leute sind alle gut ausgebildet, aber sie haben noch keine Erfahrung. Sie können die Menschen im Dorf nicht kennen, für die sie zuständig sind.* Wer weiß, wer da kommen würde.

»Danke, Tommaso. So machen wir es.«

Claudio wandte sich an Dr. Phillipi und teilte ihm das Ergebnis des Telefongesprächs mit.

Phillipi nickte, schaute kurz auf die Uhr. »Das lässt sich für uns einrichten.«

Paula nickte zustimmend. »Wir können in der Zeit die Leiche intensiv betrachten. Ich habe da eine Theorie. Ich denke insbesondere an das große Ausschussloch.«

Paula ist wirklich gut, dachte Phillipi. *Dort hätte ich auch angesetzt.*

Claudio nahm das Telefon von Alfred Oberhofer und wählte Margits Nummer, die sich als letzte unter den Anrufen fand. Es klingelte bei Margit im *'s Platzl.*

Margit kannte Maresciallo Claudio und war zunächst erstaunt, kurz danach bestürzt, als er ihr mitteilte, dass er sie dringend sprechen müsse und dass am besten auch ihre Mutter dabei sein sollte. Er schlug vor, ins Wolkensteinhaus zu kommen.

»Claudio, muss es dort sein? Ich meine, wir können uns auch im *'s Platzl* treffen. Warum überhaupt so geheimnisvoll? Was ist mit Onkel Alfred? Du rufst von seinem Handy an. Warum kann er nicht selbst sprechen? Ist ihm etwas zugestoßen? Sag doch was! Bitte!«

»Margit, ich komme nicht ins *'s Platzl.* Ich komme ins Wolkensteinhaus«, sagte Claudio sehr bestimmt. »Dort erfährst du alles. Vorerst möchte ich das nur dir und deiner Mutter erzählen. Also, ich komme jetzt zu euch. Bin in zehn Minuten dort.«

Margit erkannte, dass Claudio keinen Widerspruch zuließ. Sie kannte ihn als gemütlichen, angenehmen Menschen, der seine Arbeit ernst nahm und immer ein offenes Ohr für die Belange der Dorfbewohner hatte. Streng und gerecht, aber auch mild und verständnisvoll konnte er sein. So war er all die Jahre gewesen. Jetzt hörte sie an seiner Stimme, dass etwas passiert sein musste, das ihn aufgewühlt hatte. *Es ist etwas mit Onkel Alfred passiert. Etwas Schlimmes. Vielleicht ist er verunglückt? Hoffentlich lebt er noch!*

Sie richtete sich auf, zahlte und ging mit einem mulmigen Gefühl in der Magengegend zu ihrem Elternhaus, dessen altrosa gestrichene Fassade im Morgenlicht schön aussah. Das Magendrücken nahm aber zu, als sie vor dem gewaltigen Holztor stand, das, weit geöffnet, auch einen Kleinwagen hereinlassen konnte. Es gab im Tor eine mannshohe Eingangstür. Sie schloss die Tür auf und betrat den vertrauten Raum, der sie von je her fasziniert hatte. Von mächtigen Pfeilern getragen, stützen die in- und gegeneinander gemauerten Steinbögen das gesamte Haus, dessen Wohnflächen sich erst ab der ersten Etage befanden. Das Erdgeschoss und die Keller waren Wirtschaftsräume, Lagerräume gewesen. So, wie sie im Mittelalter für den Handel erforderlich gewesen waren. Das Wolkensteinhaus war eines von vielen architektonisch und historisch interessanten Gebäuden in Tramin.

Margit betrat die erste ausgetretene Stufe des steinernen Treppenaufgangs links vom Eingangsportal und sofort öffnete sich oben, auf der ersten Etage, die Tür zu Wohnung ihrer Eltern. Ihre Mutter kam heruntergestürzt.

»Da bist du ja endlich wieder. Warum warst du so lange weg? Wir können doch reden!«, rief sie aus. Sie war sichtlich in Sorge. Der wortlose Abgang der Tochter am Freitag hatte sie zunächst geärgert, dann aber überwog die Sorge. Nicht die Befürchtung, dass ihrer Tochter etwas passieren könne, sondern dass sie, die Mutter, allein dastehen würde. Nur noch ihren Mann hätte. Dass die Stütze wegfiel, die ihr die Tochter war.

Ihr Mann hatte seither nicht viel gesprochen. Er war immer ein Grantler gewesen. Reden war nicht seine Stärke. Er machte sich Sorgen über die anstehende Weinlese und darüber, dass er jetzt die Arbeit, die Margit sonst übernahm, allein verrichten musste. Das war nicht wenig. Sein Teil der Arbeit war es, die Erntehelfer beim Wimmen zu unterstützen und vor allem, die Trauben zur Kellerei zu fahren. Margit koordinierte den Einsatz der Helfer und half selbst mit beim Wimmen. Wenn sie ausfiel, musste ein weiterer Erntehelfer bezahlt werden. Außerdem fehlte dann die Aufsicht in den Reben. Es musste jemand ein Auge darauf haben, ob die Helfer auch ordentlich arbeiteten. Sonst warfen sie womöglich faule Trauben mit rein und das gab dann Abzüge bei der Bewertung in der Kellerei. Margits Mutter sorgte für die Verpflegung der Männer. Zur Lesezeit war die ganze Familie jeden Tag im Einsatz. Oftmals länger als zwölf Stunden am Tag. Ein Ausfall von Margit war schwer zu ersetzen. Außerdem war sie die kaufmännische Leiterin des Betriebs. Sie kannte sich mit allem aus, was Zahlen brauchte. Auch darin war Brunis Mann nicht gut.

Die beiden hatten am Wochenende nicht mehr über »das Problem« gesprochen. Es stand wie der berühmte Elefant im Raum. Dick, nicht zu übersehen, aber durchaus schweigend ignoriert.

In Margits Mutter brodelte es. Das Mutterherz, ihre Angst, dass sie das einzige Kind verlassen könnte. *Wegen einer anderen Frau. Einer Walschen. Auch das noch. Das Gerede, die Blicke. Wie soll ich da in die Kirche gehen? Zu den Frauengruppen, denen ich angehöre. Gesangverein, Strickrunde und all die anderen. Das bleibt doch nicht unbemerkt im Dorf. Die Leute reden doch. Was soll ich sagen, wenn ich gefragt werde?*

Sie ahnte, dass Margit zu Francesca gegangen war. Wohin hätte sie auch gehen können? Sie hätte dort anrufen können, aber das verbot sie sich. Hinterherlaufen wollte sie nicht. *Vielleicht kommt sie zur Besinnung,* dachte sie.

Aber jetzt war sie wieder da und es quoll aus ihr heraus: »Du musst doch nicht gleich fortlaufen, Kind. Wir können doch miteinander reden.«

Margit schaute ihre Mutter an, die vom oberen Treppenabsatz auf sie herunterschaute. *Reden? Reden findet in dieser Familie selten statt.* Margit liebte ihre Eltern, wie sie waren. Ideal waren sie nicht. Der Vater war ein schweigsamer Mensch. Die Mutter tänzelte herum, versuchte die Konflikte klein zu halten. Es gab schöne Momente zusammen. Es war nicht total unharmonisch. Aber es waren festgefahrene Pfade, in denen das Familienleben stattfand. Margit war es hier bereits zu eng geworden, als sie das

Wirtschaftsgymnasium besuchte. Sie hatte überlegt zu studieren, aber die Eltern zeigten einen deutlichen Widerwillen dagegen und überredeten sie, den Betrieb zu führen. Margit arbeitete sich in das Zahlenwerk ein und erkannte damals schnell, dass ihr Vater damit überfordert war. Sie brachte den Laden auf Vordermann und solange ihr Vater als Betriebsleiter und Winzer in der Genossenschaft auftreten konnte, war alles gut. Bei den offiziellen Anlässen musste er vorne stehen. Das war in Ordnung für Margit, zumal sie in diesen Jahren erkannte, dass sie nie einen Mann heiraten würde. Ihr Erkenntnisprozess hatte einige Zeit gedauert. Das waren die Jahre, in denen sie verpasst hatte, sich vom Elternhaus abzunabeln. Blickte sie auf ihre Bilanz, musste sie sich eingestehen, dass sie kein festes Gehalt bezog, nichts gespart hatte und finanziell von ihren Eltern abhängig war. Sie war 30, ein Alter, in dem andere eine Familie aufbauen.

»Reden? Wir können reden?« Margit zuckte die Schultern. »Maresciallo Claudio kommt gleich. Er will mit uns reden. Mit dir und mit mir. Es hat mit Onkel Alfred zu tun. Das ist der Grund, warum ich jetzt hier bin. Er wollte hier mit uns reden.«

In dem Moment klopfte Claudio unten an die Tür.

- 9 -

Tommaso ließ sich von Paula ins Bild setzen. »Schau hier, Tommaso. Der Einschuss in die Brust und der Ausschuss tief unten im Rücken. Von oben quer nach unten.« Sie stellte sich an die Stelle, auf der der Ermordete wahrscheinlich gestanden hatte, als ihn der Schuss traf. »Wenn du vom Ausschuss zum Einschuss peilst, dann siehst du auf den Turm von St. Jakob. Von dort könnte der Schuss abgegeben worden sein.«

Tommaso blickte den Hügel hinauf. »Dann lasst uns dorthin gehen. Vielleicht finden wir etwas.«

Der Fußweg zum Kirchlein St. Jakob war steil, dauerte aber nicht lange. Von der kleinen Kirche aus hatte man einen herrlichen Ausblick auf den Kalterer See und über Tramin. Das modern gestaltete Kellereigebäude war zu sehen, die alten Straßen des Ortes, in der die Häuser mit den typischen alten Mönch- und

Nonnenziegeln gedeckt waren. Es pfiff ein ordentlicher Wind hier oben.

Tommaso, Phillipi und Paula schauten hinunter zum Auffindeort der Leiche, an dem die Kriminaltechniker ihrer Arbeit nachgingen. »Von hier aus betrachtet ist es nicht weit bis zu den ersten Häusern von Tramin. Dass niemand einen Schuss gehört hat, kann man nicht glauben«, meinte Phillipi. Tommaso schaute ihn an. »Schalldämpfer?« Phillipi merkte auf. Daran hatte er nicht gedacht.

Der Eingang zum Glockenturm befand sich außen, auf der dem Dorf zugewandten Seite. Drei Stufen führten zu einer hölzernen Pforte, die von dicken Steinen ummauert war. Tommaso drückte die Klinke und die Tür öffnete sich. »Hier muss also jemand gewesen sein«, murmelte er und ärgerte sich, dass er zuvor keine Handschuhe angezogen hatte. Das holte er jetzt nach. Die beiden anderen hatten ihre Handschuhe noch an.

Vier Stockwerke hatte der Turm. Im ersten Stock gab es einen Fensterschlitz. Tommaso spähte heraus, konnte aber nicht auf den Auffindeort der Leiche sehen. Unter den Schalllöchern der Glockenstube befanden sich zwei Fensteröffnungen. Von dort kommt man den Auffindeort der Leiche gut erkennen. »Das könnte der Platz gewesen sein, von dem aus der Täter geschossen hat. Ab jetzt bitte nichts mehr verändern. Wir sollten nicht mehr herumtrampeln, bis die Kriminaltechniker hier fertig sind.« Er ging vorsichtig zurück, bemüht, keine Spuren zu verwischen.« Phillipi deutete auf eine kleine Ansammlung von Zigarettenstummeln unter dem Fenster. »Ein Raucher vielleicht?«

Tommaso nickte. »Das könnte uns helfen. Jetzt lassen wir die Kriminaltechnik ran. Dann sehen wir weiter.«

- 10 -

Sie hatten in der mit Holz getäfelten Küche im ersten Obergeschoss Platz genommen. Margit, ihre Mutter Bruni und Claudio. Brunis Mann, Viktor, war in den Weinbergen. Er wollte einige Lagen besuchen und entscheiden, ob die Trauben reif zum Wimmen waren.

»Euch beiden will ich als Erste berichten, was geschehen ist.« Claudios Stimme war belegt. Es fiel ihm nicht leicht. »Heute Morgen ist dein Bruder, Alfred, und dein Onkel, Margit, in einem Weinberg tot aufgefunden worden. Wir gehen von einem Verbrechen aus.«

Der Schreck, der sich in Margit ausbreitete, war groß. Alles krampfte sich in ihr zusammen. Sie mochte ihren Onkel sehr. Jetzt sollte er tot sein? Auch Margits Mutter war außer sich. »Was ist denn um Himmels willen passiert? Wieso?« Sie wurde von einem Krampf geschüttelt. Auch wenn ihr Verhältnis zu ihrem Bruder Alfred nicht das beste gewesen war, so war er doch ihr Bruder. Der einzige, den sie hatte.

Claudio war jetzt ganz der Profi, der er sein musste. »Ich kann noch nichts sagen. Aber da wir von einem Verbrechen ausgehen, muss ich euch jetzt befragen. Vielleicht könnt ihr uns helfen und einige Fragen beantworten?«

Margits Mutter nickte, schaute Claudio aber nicht an. Margit schaute ihn an und sagte: »Frag.«

»Wisst ihr, ob Alfred Feinde hatte?«

Margit und ihre Mutter schüttelten den Kopf.

»Gab es etwas in jüngster Vergangenheit, was euch aufgefallen ist?«

Margits Mutter schüttelte wieder den Kopf. Margit wollte es ihr gleichtun, als ihr einfiel, dass sie heute mit Alfred verabredet gewesen war. »Er wollte mich heute treffen. Um 9 Uhr bei sich zu Hause, in der alten Kellerei.«

Claudio notierte das. »Worum ging es?«

»Das kann ich nicht sagen. Ich habe ihn am Donnerstag getroffen. Ich hatte«, sie stockte, »ich hatte eine Auseinandersetzung mit meinen Eltern.« Brunis Augen schossen Pfeile auf Margit ab. *Was geht das den Carabiniere an*, sollten sie sagen. »Ich bin wütend durch die Felder oberhalb vom Dorf gegangen und dort hat mich Onkel Alfred gesehen. Ich habe ihm alles erzählt.« Die Pfeile schossen und schossen. Margit hielt sie aus, blickte ab jetzt aber nur noch Claudio an. »Er hat sich alles angehört und mir gesagt, dass er eine Idee hätte und dass er glaube, dass sich alles zum Besseren wenden werde. Ich solle heute um 9 Uhr zu ihm kommen.«

Claudio notierte und fragte: »Was wollte er mit dir besprechen?«

»Das weiß ich nicht. Er hat es mir nicht gesagt.«

»Hast du eine Idee?«

»Nein. Habe ich nicht. Aber Onkel Alfred hat für mich immer Verständnis gehabt.«

Claudio betrachtete Mutter und Tochter. »Den Konflikt, den ihr hattet, wollt ihr mir davon erzählen? Ich weiß nicht, ob uns das weiterhilft. Es ist gut, das Drumherum zu kennen. Bei mir ist die Information gut aufgehoben.«

Margit schüttelte den Kopf. Der Mund ihrer Mutter war jetzt ein Strich. Claudio verstand ihre Antworten. Sprechen musste niemand.

»Gut. Dann noch eine Frage. Wo wart ihr heute Morgen vor 9 Uhr?«

Margit und ihre Mutter schauten sich an.

»Es ist eine Routinefrage. Ihr seid nicht verdächtig. Ich muss das fragen und notieren. Das ist meine Aufgabe.«

»Ich war hier im Haus, habe Viktor das Frühstück gemacht. Danach habe ich die Marende für die Erntehelfer vorbereitet.«

Claudio notierte. »Zeugen?«

»Nur Viktor, bis er dann raus ist.«

»Wo warst du?« Er blickte zu Margit.

»Ich bin gegen 8.45 Uhr aus Bozen gekommen. Mit dem Auto. Das parkt noch am Schützenplatz. Dann bin ich zum Haus vom Onkel. Dort war ich pünktlich um 9 Uhr. Weil er nicht da war, bin ich ins *'s Platzl* gegangen. Das kann Heidrun bezeugen. In Bozen war ich bei meiner Partnerin Francesca. Sie ist bei der Polizia. Du kennst sie vielleicht. Du erreichst sie in Bozen, in der Questura. Willst du ihre Nummer?«

Claudio winkte ab. »Wie gesagt, ich muss das fragen und notieren. Das ist nur eine Pflicht. Ich mache das mit allen Personen, die ich befrage.« Er stand auf. »Mein Beileid. Es tut mir aufrichtig leid. Wir tun alles, um …« Hier brach er ab, weil er das Wort »Mörder« nicht in den Mund nehmen wollte. Umständlich setzte er seine Dienstmütze auf und verabschiedete sich.

Beim Hinausgehen fiel ihm noch eine Frage ein. »Wann genau hat Viktor das Haus verlassen?«

Margits Mutter schaute verdutzt, doch dann sagte sie: »So um 7 Uhr, schätze ich.«

- 11 -

»Sind die Kippen noch frisch?« Tommaso deutete auf die Zigarettenstummel, die unter dem Fenster lagen.

Der Kriminaltechniker packte die Stummel in eine Plastiktüte. »Kann ich nicht sagen. Nur, dass es eine Filterzigarette ist.« Er schnupperte. »Riecht eigenartig. Nach Pfefferminze würde ich meinen.«

Ein anderer Kriminaltechniker hatte den denkbaren Standort des Mörders abgesucht. »Nichts Auffälliges«, vermeldete er. »Keine Fußabdrücke, kein Krümel, der auffällig wäre, kein Abrieb.« Er blickte auf die Öffnung im Mauerwerk. »Ich würde das Gewehr hier an die Wand drücken.« Er zeigte auf die Stelle, die er meinte. »So würde es ein Jäger machen. Das Gewehr wird damit stabilisiert. Die Schussentfernung ist beträchtlich. Ich schätze so 150 Meter. Da muss das Gewehr schon sehr ruhig liegen, damit der Schuss sitzt. Aber an dieser Stelle ist nichts zu erkennen. Kein Abrieb, einfach nichts. Wir nehmen einen Abstrich von der Wand. Vielleicht findet sich unter dem Mikroskop etwas.«

Tommaso hatte die Arbeit der beiden Techniker von Anfang an aus der Entfernung verfolgt, um zu verhindern, dass er Spuren verwischte. »Ihr seid jetzt fertig? Alle Fotos gemacht?«

Die Techniker nickten. Tommaso trat an die Fensteröffnung. Er stellte sich so auf, wie er es als Schütze tun würde. Der Techniker hatte recht gehabt. Die Schussentfernung betrug ungefähr 150 Meter. Tommaso tat so, als lege er ein Gewehr an und zielte auf den Platz, an dem die Leiche von Alfred Oberhofer lag. *Das ginge von hier aus. Wenn ich hier die Waffe an die Wand andrückte, dann ginge das,* überlegte er.

Er drehte sich zu Phillipi und Paula um, die beide noch in der Türöffnung standen und dem Treiben der Techniker und seinem Tun zugesehen hatten. »Es könnte alles passen. Der Mörder muss ein sehr guter Schütze gewesen sein. Nichts für einen Anfänger. Auch nichts, was spontan geschah. Das war alles gut überlegt. Kein Zufall.« Tommaso dachte nach. *Wir befragen jetzt die Anwohner. Aber wenn niemand einen Schuss gehört hat, so wie die Schatzsucher, die ab 8 Uhr vor Ort waren, dann hätte das nur dann gelingen können, wenn der Täter einen Schalldämpfer eingesetzt hat.*

»Wie lange werden Sie brauchen?«, fragte Tommaso Phillipi.

»Schwer zu sagen. Gibt es etwas, was Sie schnell brauchen?«

»Das Kaliber, die Art des Geschosses, Waffentyp, so was wäre jetzt gut.«

Paula trat ebenfalls an das Fenster heran. »Sie meinen, es war ein Profi?«

Tommaso zuckte mit seinen mächtigen Schultern. »Ist merkwürdig. Wenn der Mörder von hier aus geschossen hat, dann muss er seinem Opfer aufgelauert haben. Er muss gewusst haben, dass das Opfer in der Frühe allein im Weinberg sein wird. Die verwendete Munition sorgt für eine extrem große Ausschusswunde, sodass auch bei einem schlecht platzierten Schuss die Verletzung so groß ist, dass das Opfer verbluten wird. Der Ort war gut gewählt, um sich vorzubereiten und vielleicht auch, um unerkannt zu entkommen. Das alles deutet auf eine Vorbereitung, auf einen Plan hin. Deine Frage, ob es ein Profi war, kann ich noch nicht beantworten. Aber es könnte ein Profi gewesen sein. Einer, der sich auf so was versteht. Einer, der das schon einmal gemacht hat. Der das vielleicht oft macht.«

Tommaso schaute den beiden Medizinern nacheinander in die Augen. »Das gilt es jetzt herauszufinden. Gibt es ein Motiv? Wer hat ein Motiv? Welche Feinde hatte das Opfer? Ist einer der Feinde in der Lage, einen Auftragsmörder zu engagieren? Damit interessieren wir uns für das Opfer, sein Umfeld, seine Geschäfte.«

- 12 -

»Was wollte Alfred von dir?«

Diese Frage traf Margit unerwartet. Es war die Betonung, die Farbe der Stimme, die sie traf. Nachdem Claudio sie verlassen hatte, hatte ein tiefes Schweigen geherrscht. Margit war in ihren Gedanken versunken. *Onkel Alfred. Tot. Wie? Warum? Was war passiert? Ein Verbrechen? Wer? Wieso?*

Was ihre Mutter bewegte, wusste Margit nicht. Bis zu dieser Frage: »Was wollte Alfred von dir?« In der Stimme zeigten sich Spuren des Misstrauens. Etwas lauerte, wenig bis nichts trauerte. So kam es Margit vor. »*Was wollte Alfred von dir?« Wenn sie es nur selber wüsste.*

Margit riss sich zusammen. Sie holte Luft, um zu erwidern. Da traf sie die zweite Frage.

»Wieso hast du dem Maresciallo erzählt, dass wir uns gestritten haben? Das geht den doch nichts an! Wie stehen wir jetzt da?«

Margit sah ihre Mutter an. *Was geht in dieser Frau vor? Ihr Bruder ist tot und sie denkt nur daran, ob sie gut dasteht.*

Margit überlegte kurz. Dann stand sie auf und ging. Wortlos. Sie wollte jetzt allein sein.

- 13 -

Margits Gedanken verwirrten sich. *Was hatte Claudio gesagt? In einem Weinberg sei Onkel Alfred aufgefunden worden.* Weinberge hatte er viele. Onkel Alfred war einer der großen Winzer in Tramin. Mindestens fünf Hektar hatte er. Sie musste sich jetzt bewegen. Am liebsten wäre sie gelaufen, aber das wäre auffällig gewesen. Sie musste aus dem Dorf raus, so wie am Donnerstag, als sie Onkel Alfred getroffen hatte. Margit nahm denselben Weg. Sie hörte St. Jakob 11 Uhr einläuten.

Ein dunkler Kombi passierte ihren Weg. Er fuhr Richtung Landstraße. Kurz danach begegneten ihr zwei weitere Wagen. Ein Carabinieri-Fahrzeug mit einem Carabiniere und ein unauffälliges Auto. Darin saßen vier Personen, in ein Gespräch vertieft.

Margit wusste sofort, was sie gesehen hatte. Mit dem ersten Fahrzeug war ihr Onkel abtransportiert worden. Sie schluchzte laut auf. Hielt sich die Hand vor den Mund. *Also hier ist es passiert.* Nicht weit von der Stelle, an der sie Onkel Alfred am Donnerstag getroffen hatte.

Margit kam ein Gedanke: Francesca muss helfen. Sie rief ihre Freundin an, erzählte abgehackt, doch der Reihe nach, sodass Francesca nicht viel nachfragen musste.

»Soll ich vorbeikommen? Ach, was frage ich! Ich komme jetzt sofort. Wo wollen wir uns treffen?«

Margit schlug den *Plattenhof* als Treffpunkt vor. »Dort sind wir ungestört. Der *Plattenhof* liegt außerhalb.«

Francesca überlegte, ob sie Tommaso anrufen sollte. Wenn die Carabinieri dran sind, dann kann sie nicht die Ermittlungen übernehmen. Tommaso würde am ehesten wissen, wer zuständig ist. Dann verwarf sie diesen Gedanken fürs Erste. *Das kann ich später machen. Jetzt kümmere ich mich erst um Margit.* Sie setzte noch eine kurze Nachricht an Fabio ab, damit er unterrichtet war, dass sie nach Tramin fahre. Eduard war heute nicht im Büro. Fabio musste wissen, wo seine einzige Commissario steckte.

- 14 -

Fabio hatte in einer dieser Besprechungen gesessen, an die er sich noch gewöhnen musste. Jeden Montag mussten sie zu dritt beim Quästor erscheinen und darüber berichten, was derzeit anlag und wie sich bestimmte Dinge weiterentwickelt hatten. Anwesend war auch der Vertreter des Quästors, Vicario Giuseppe Marzollo. Der führte in diesen Lagebesprechungen gerne das große Wort. Fabio hatte sich immer noch nicht an diese Art von Sitzungen gewöhnt, weil es offensichtlich auch darum ging, die Hierarchien untereinander auszufechten. Es ging nicht nur um die Sache. Der Ablauf war vorgegeben. Jeder der beiden Vicequestore, die jeweils ein Amt leiteten, berichteten kurz darüber, was in der vergangenen Woche geschehen war und was in dieser Woche anstand. Ihr Vorgesetzter, der Abteilungsleiter Kriminalpolizei, konnte ergänzen. Dabei wurden ihre Berichte gerne durch Monologe Marzollos unterbrochen, der es gerne noch präziser gewusst hätte oder eigene Ideen beisteuern wollte. Der Quästor ließ das alles laufen und äußerte sich selten.

Fabio verließ die Montagsbesprechung gemeinsam mit Roberto und Mario. Bereits auf dem Gang, der vom Besprechungsraum des Quästors abbog, machte sich Roberto Luft: »Dieser Marzollo geht mir auf die Nerven. Hauptsache er weiß von allem und vor allem von allem mehr als man selbst.«

Mario sagte: »Pst ... Nicht so laut. Nicht hier.« Dabei blickte er sich um. »Diese Wände haben Ohren.« Er blickte auf die Reihe der Türen, die sie soeben passiert hatten.

»Pft!«, stieß Roberto aus. »Was soll's.« Er hatte dabei die Lautstärke seiner Stimme deutlich abgesenkt. Er verabschiedete sich und ging in sein Büro.

Fabio spürte, was hier vorging. Aber einordnen ließ es sich noch nicht. Dafür war nicht lange genug dabei. Vor der Tür zum Büro von Mario fragte er: »Was ist denn mit Marzollo?«

Mario schob Fabio in sein Büro und bot ihm einen Platz am Besprechungstisch an. »Marzollo will Karriere machen. Das ist alles. Er schleimt sich beim Quästor ein, wo er kann, und das bei jeder Gelegenheit. Er tut so, als wüsste er mehr, als wir alten Haudegen und vor allem hat er immer Alternativen zu dem, was wir vorschlagen.« Mario seufzte. »Seit Pallua weg ist, läuft er zur Höchstform auf.«

»Was hat Pallua damit zu tun?«, fragte Fabio.

Mario schmunzelte jetzt. »Pallua war uns allen rhetorisch überlegen. Das ließ er Marzollo jedes Mal spüren. Der wird froh gewesen sein, als er weg war.«

»Ihr habt euch nicht dagegen gewehrt?«

Mario schaute Fabio schräg an. »Das ist nicht so einfach. Du kannst es probieren. Wir haben es probiert. Es hat nichts gebracht.«

»Was sagt der Quästor dazu? Lässt er das so laufen?«

Mario nickte langsam. »Sieht ganz danach aus. Marzollo wird nicht gestoppt. Es scheint, als hätte er Oberwasser.«

»War das immer so?«

»Es ist schlimmer geworden seit die neue Regierung im Amt ist. Denkbar, dass er ein Parteigänger einer der rechten Parteien ist. Gesagt hat er nichts, aber sein Auftreten ist seit der Regierungsbildung in Rom deutlich frecher geworden. So, als verspräche er sich davon etwas.«

- 15 -

»Ja, bist du schon wieder da«, begrüßte Werner Dissertori Margit, als er sie in der Gaststube des Restaurants sitzen sah. »War der Apfelstrudel so gut, dass es dich nach einem zweiten Stück gelüstet?«, lachte er sie an. »Wo ist denn dein Onkel? Heute nicht dabei?«

Margits Gesicht verzog sich, sie musste schlucken und kämpfte mit ihren Tränen. Werner Dissertori erkannte sofort, dass hier etwas nicht stimmte.

»Ist etwas passiert? Du machst einen mitgenommenen Eindruck.«

Margit schüttelte tapfer ihren Kopf: »Lass gut sein. Es geht gleich vorbei.« Sie versuchte zu lächeln, was aber nicht gelang. »Ich bin hier verabredet.«

»Magst du einen Kaffee?«

»Bring mir lieber einen Treber. Oder gleich einen Doppelten, bitte.«

Werner wunderte sich, entschied aber, nicht weiter nachzufragen und brachte das Gewünschte. *Irgendwas wird schon sein, aber wenn sie es noch nicht erzählen will, dann ist das eben so.*

Eine junge dynamische Frau kam herein, erblickte Margit und ging direkt auf sie zu. Sie umarmten einander und Werner fühlte sich fehl am Platz, weil ihm niemand Beachtung schenkte.

Er beobachtete etwas Intimes, das über das Verhalten von Freundinnen, die sich auf einen Kaffee verabredet hatten, hinausging. Dennoch musste er seine Gastgeberrolle einhalten. »Darf ich Ihnen etwas bringen?«

Die Frau schaute kurz auf, als hätte sie ihn erst jetzt wahrgenommen. Fahrig sagte sie: »Einen Caffè bitte.« Dann wandte sie sich mit einem intensiven Blick Margit zu.

Als Werner den Caffè brachte, waren die beiden bereits in ein Gespräch vertieft und es schien, als merkte niemand, dass er das Getränk auf den Tisch stellte.

Francesca hatte Margit erzählen lassen, hatte zugehört und an zwei Stellen nachgefragt. Sie wusste jetzt schon einiges.

»Um herauszufinden, was vorgefallen ist, muss ich die Ermittlungen in die Hand bekommen. Das ist schwierig, wenn die Carabinieri dran sind. Aber das bekomme ich vielleicht geregelt. Du hast Fabio kennengelernt, vor einem Jahr im Herbst, beim Törggelen in deinem Keller. Er hat beste Kontakte zu den Carabinieri.

Wir werden sehen, ob er uns helfen kann. Wenn nicht, dann ermittele ich parallel.«

Francesca notierte sich den Namen von Margits Onkel. Dann fragte sie: »Wie geht es zu Hause?«

»Gar nicht, fürchte ich. Es war absurd.«

»Dein Vater?«

»Ihn habe ich heute nicht gesehen. Er war schon weg. In der Lesezeit müssen wir hier alle früh raus und kommen sehr spät nach Hause.«

»Was willst du jetzt machen?«

»Ich kann hier nicht bleiben. Meine Mutter ... sie war so komisch. Da stirbt ihr Bruder, der einzige, den sie hat, und sie scheint nicht zu trauern. Sie sorgt sich nur darum, was die Leute sagen könnten.«

»Was dein Onkel mit dir besprechen wollte, weißt du nicht?«

»Nein, er hat gesagt, dass er eine Idee hätte, die ihn schon länger umtreibt und dass sich alles fügen würde. Onkel Alfred redet nicht so daher. Er hatte einen Plan. Aber nun kann er ihn mir nicht mehr mitteilen.« Margit schniefte und es schüttelte sie.

Francesca nahm sie in den Arm. »Ich sollte jetzt zurück in die Questura, wenn ich heute noch etwas herausfinden will. Ich muss mit Fabio sprechen, damit er uns mit den Carabinieri hilft.« Sie knuffte Margit. »Du wohnst ab jetzt ganz bei mir, wenn du magst. Wir sehen uns heute Abend. Den Schlüssel zur Wohnung hast du.«

Margit nickte und blickte Francesca dankbar an. Nach Hause ins Wolkensteinhaus wollte sie nicht mehr.

- 16 -

In der Lobby des Hotels befragte Claudio die beiden Schatzsucher. Jochen und Michael stammten aus Dortmund und erzählten, dass sie ihrem Hobby, der Schatzsuche, erst seit drei Jahren nachgingen.

»Haben Sie etwas gefunden?«, fragte Claudio, um die Ernsthaftigkeit dieses Treibens abzuschätzen.

»Nicht viel, um ehrlich zu sein. Aber immerhin ein paar Gürtelschnallen. Eine aus der Jetztzeit. Aber eine andere, die könnte sehr alt sein. Wissen Sie, es ist die Suche an sich, die Spaß macht. Wenn es im Kopfhörer fiept, könnte der große Schatz unter der Erde liegen. Das ist ein Gefühl, wie man es bei einer Lotterie hat. Nur halt im Freien, an der frischen Luft.«

»Kommen Sie mit Ihrem Hobby den echten Archäologen nicht in die Quere?«

Die beiden schauten sich an. »Also, wir haben noch nie einen echten Archäologen getroffen. Außerdem könnten die froh darüber sein, wenn wir etwas Wichtiges finden.«

»Wie suchen Sie sich die Gegenden aus, in denen Sie sondeln? Wie sind Sie auf Tramin gekommen, wie auf dieses spezielle Stück Land, auf dem Sie heute Morgen gesucht haben?«

»Wir suchen an Orten, die geschichtsträchtig sind und an denen Funde vorgekommen sind – wie hier in Tramin. Auf dem Hügel, den wir untersuchen wollten, hat im frühen Mittelalter eine Burg gestanden. Rund um die Kapelle, die oben auf dem Hügel steht. Solche Orte sind interessant. Da ist die Wahrscheinlichkeit hoch, dass man etwas findet.«

»Außerdem gibt es im Internet Seiten von Schatzsuchern, die sich gegenseitig Tipps geben«, ergänzte der andere.

Claudio schaute sich die beiden Gestalten an. *Hobbys gibt's*, dachte er und gab ihnen die Ausweise zurück. »Ich habe jetzt Ihre Aussagen. Ich fasse kurz zusammen: Sie sind knapp vor 8 Uhr zu Ihrem Suchgebiet aufgebrochen und haben, recht kurz nachdem Sie mit der Suche begonnen hatten, die Leiche gefunden. Sie haben sie nur berührt, um festzustellen, ob Sie helfen können. Danach haben Sie nichts am Fundort verändert. Richtig?«

Die beiden nickten und schauten Claudio erwartungsvoll an.

»Dann haben Sie die Nummer der Carabinieri gewählt. Das war exakt um 8.15 Uhr. Das weiß ich, da ich selbst abgenommen habe.«

Die beiden nickten erneut. Claudio nervte es, dass sie immer nickten, statt zu sprechen.

»Sie haben keinen Schuss gehört und niemanden gesehen, der sich in der Nähe des Fundortes aufgehalten hat. Ihnen ist nichts aufgefallen.«

»Das stimmt. Ist das jetzt ein echter Mordfall? Ich meine, sind wir da jetzt Zeugen in einem Mordfall?«

Claudio schaute die beiden an. Sie betrachteten die Tatsache, dass sie eine Leiche gefunden hatten, als Urlaubserlebnis der besonderen Art. Eines, von dem sie zu Hause erzählen konnten. Sich wichtigmachen konnten. Die Schatzsucher zeigten keinerlei Anteilnahme und Mitgefühl.

»Wie lange wollen Sie noch bleiben?«, fragte er ungerührt.

»Wir haben fünf Tage gebucht. Heute war unser erster Tag.«

Claudio überlegte. »Für Ihre Schatzsuche ist das Gebiet, in dem Sie den Toten gefunden haben, vorerst Tabu. Das versteht sich von selbst. Auch muss ich Ihnen raten, sich von den Weinbergen fernzuhalten. In der Lesezeit verstehen die Winzer keinen Spaß, wenn sie jemanden zwischen ihren Weinstöcken antreffen. Das war es für heute.«

- 17 -

Als Claudio mit der Vernehmung der Zeugen fertig war, wollte er von der Wache aus Tommaso anrufen. Das erübrigte sich, denn Tommaso wartete dort bereits auf ihn.

Sie tauschten aus, was sie erlebt hatten.

»Was weißt du über den Toten? Wer war Alfred Oberhofer?«, fragte Tommaso und konnte eine umfassende Antwort erwarten. Claudio musste als Kommandant der Station in Tramin jeden kennen, der hier lebt. So war es bei Tommaso auch gewesen, als er die Station in Terlan geleitet hatte.

Claudio holte aus: »Alfred Oberhofer ist älter als 70 Jahre. Er lebt in der alten Kellerei von Tramin in der Hans-Feur-Straße. Ein sehr großes Gebäude. Für einen allein jedenfalls. Aber er hat es erworben und seither lebt er dort. Er ist einer der großen Weinbauern im Dorf. Er liefert seine Trauben an die *Kellerei Tramin*. Selber macht er keinen Wein. Oberhofer beschäftigt Saisonkräfte, die bei ihm im Haus, in der alten Kellerei, wohnen. Alfred hat nur eine Schwester, sonst keine Verwandten. Seine Schwester heißt Brunhild Oberhofer. Sie hat den Viktor Casagrande geheiratet. Aus Erzählungen weiß ich, dass sich die Geschwister nicht grün waren. Bruni ist eine weichende Erbin gewesen, hat also einen kleinen Geldbetrag erhalten, als Alfred das Weingut übernommen hat. Ihr Mann Viktor hat einen Hektar Weingarten. Das reicht knapp zum Leben. Die Weinberge Alfreds liefern deutlich bessere Qualität als der von Viktor. Deshalb herrschte zwischen den Geschwistern keine gute Stimmung. Ansonsten kann ich sagen, dass Alfred ein angesehenes Mitglied in der Dorfgemeinschaft war. Mir sind keine Feindseligkeiten bekannt. Ich kann mir auch nicht vorstellen, wer ihn erschossen haben könnte.«

Tommaso hatte konzentriert zugehört. »Aber irgendwas muss gewesen sein. Es wird nicht einfach so jemand erschossen. Dann noch mit einer Munition, die auch auf große Entfernung töten kann. Ich habe dir erzählt, was wir im Kirchturm gefunden haben, und dass wir derzeit davon ausgehen, dass der Mörder von dort geschossen hat. Das kann kein Zufall gewesen sein. Der Mörder hat seinem Opfer aufgelauert und er muss gewusst haben, dass sein Opfer dort sein wird.«

»Wir müssen also herausfinden, warum Alfred heute Morgen dort war. Ob er sich vielleicht verabredet hat«, sinnierte Claudio.

»Phillipi meinte auch, dass Alfred heute Morgen ermordet worden ist. Die Körpertemperatur ließe darauf schließen. Aber hier bekommen wir noch genaue Angaben, nachdem sie die Leiche untersucht haben.« Tommaso schaute auf seine Uhr. »Das wird jetzt passieren, schätze ich. Wollen wir ins Labor runter nach Leifers fahren und uns die Sache anschauen?«

- 18 -

Leichenschauen sind nichts für Leute mit schwachen Nerven und nervösen Mägen. Der Anblick, der Geruch, die Atmosphäre, daran muss man gewöhnt sein. Phillipi und Paula hatten damit keine Probleme, Tommaso hatte es öfter erlebt, aber für Claudio war es das erste Mal. Ihm wurde schlecht, als er vor dem geöffneten Leib des Alfred Oberhofer stand. Er riss sich zusammen, atmete tief, was aber nicht viel half. Der Geruch war ungewohnt. Die Nase brauchte Zeit, sich daran zu gewöhnen.

Tommaso betrachtete seinen Freund von der Seite. Er stand stabil.

»Meine Herren«, sagte Phillipi, »das Geschoss, das den Körper des Opfers durcheilt hat, war zur Erzielung maximalen Schadens ausgewählt worden. Wir sehen starke Zersplitterung direkt nach dem Auftreffen. Die Bleifragmente entfalten eine verheerende Wirkung auf das gesamte Gewebe, sodass das Opfer keine Chance hat, diesen Angriff zu überleben. Aber der Schuss war zudem auch präzise. Das Herz ist zerfetzt. Ich würde sagen, das Opfer hätte den Knall nicht gehört, wenn es einen gegeben hat. Schusseintritt und Schussaustritt weisen eine Linie auf, die vermuten lässt, dass der Schütze weit über dem Opfer gestanden hat. Die These, dass vom Kirchturm aus geschossen worden ist, könnte daher stimmen. Wir berechnen das. Was wir jetzt sagen können, ist, dass der Todeszeitpunkt in der Zeit von 7 bis 8 Uhr heute Morgen gelegen hat.«

Tommaso fragte: »Also ist der Tote kurz nach seiner Ermordung gefunden worden?«

Claudio referierte für alle Anwesenden, was ihm die Schatzsucher erzählt hatten und dass er genau um 8.15 Uhr von ihnen angerufen worden war.

Tommaso schaute Claudio an: »Wir müssen jetzt alle befragen, die in der Nähe der Kapelle wohnen. Wer hat heute Morgen wen dort gesehen? War jemand dabei, der sonst nicht dort oben rumläuft? Ist irgendwem irgendwas aufgefallen? Ein Auto, das sonst nicht dort parkt? Ein Fremder, den man zuvor dort nicht gesehen hat? Wir haben jetzt ein knappes Zeitfenster. Zwischen 7 und 8 Uhr heute Morgen. In der Zeit muss der Mörder den Turm verlassen haben.«

Auf der Fahrt zurück nach Tramin fragte Tommaso Claudio, wann sein Carabiniere in der Station sein werde. Nach einem Blick auf die Uhr murmelte Claudio: »Er müsste eingetroffen sein. – Ich rufe ihn an.« Er tippte in sein Handy. »Salvatore, ich bin auf dem Weg nach Tramin. Du musst jetzt bitte Folgendes machen: Gehe in die Hans-Feur-Straße in das Haus der alten Kellerei. Der Eigentümer, Alfred Oberhofer, ist heute Morgen ermordet worden. Ich war bei der Leichenschau. Du schaust dich bitte im Haus von Alfred Oberhofer um und zwar in allen Räumen. Verändere nichts, aber ruf mich an, wenn du meinst etwas Interessantes gefunden zu haben. Es könnte gut sein, dass sich im Haus einige von Alfreds Saisonkräften aufhalten. Die Lese hat begonnen und wenn er frühe Sorten hat, werden einige der Helfer schon da sein. Wenn du jemanden antriffst, nimmst du die Personalien auf und fragst, wo sie heute Morgen gewesen sind. Besonders interessiert uns die Zeit zwischen 7 und 8 Uhr. In dieser Stunde liegt der Todeszeitpunkt. Auf Fragen gehst du nicht ein. Noch können nur wenige aus dem Dorf etwas mitbekommen haben. Aber, du kennst das ja, heute Abend wissen sie alle Bescheid und wissen auch, wer der Mörder war. Notier dir alles, was dir auffällt. Die Sache ist noch heiß. Wir, das sind Maresciallo Maggiore Caruso und ich, befragen jetzt die Anwohner auf Kastelaz. Anschließend treffen wir uns in der Wache.«

Salvatore hatte alles verstanden und machte sich auf den Weg. *Ein Mord in Tramin. Das gibt es doch nicht. Mein erster Mord. Ich bin doch gerade erst dabei.* Salvatore war aufgeregt.

- 19 -

Die Straße hoch nach Kastelaz war schmal. Es gab nicht viele Häuser hier oben auf dem Hügel. Sie passierten ein Hotel, danach gabelte sich der Weg vor einem spitz in den Weg ragenden Haus. »Fahr rechts«, sagte Claudio. »Hier können wir gleich beginnen«, er deutete auf eine von Wein umrankte Terrasse. »Das ist der *Kastelaz Keller.* Der einzige Treffpunkt auf dem Hügel.« Die beiden stiegen aus. Die Terrasse war mit schweren hölzernen Tischen und Bänken eingerichtet. Über ihnen wölbte sich ein Dach aus Reben und Weinlaub. »Lass uns reingehen, die Wirtin befragen.«

Claudio war überall bekannt, jeder grüßte ihn freundlich. Neugierig waren die Blicke wegen des zweiten Mannes. Ihn kannten sie nicht. Die Wirtin hatte alle Hände voll zu tun, denn drinnen und draußen saßen Gäste für ein spätes Mittagessen. »Ich komme gleich zu euch«, rief sie, als Claudio sie heranwinkte. Dann verschwand sie mit Tellern voller Gulasch auf die volle Terrasse. »Riecht gut«, meinte Tommaso. Claudio schaute ihn an. »Sollen wir?« Tommaso zuckte mit den Schultern. »Essen muss man.« Die beiden setzten sich in die Gaststube und nickten den beiden Gästen zu, die drinnen Platz genommen hatten. Claudio kannte die beiden Männer. Der eine war Journalist, freiberuflich, der andere ein Traminer Original. Beide wären bestens dafür geeignet, eine halbwegs interessante Nachricht in Windeseile zu verbreiten. Claudio nickte erneut freundlich in ihre Richtung, was den Journalisten zu der Frage veranlasste: »Was gibt es hier oben in Kastelaz, dass die Carabinieri hier auftauchen? Muss ich mir Sorgen machen?« Claudio winkte ab. »Wir überprüfen die Alibis all derer, die hier essen. Das ist so eine Routineaufgabe. Das müssen wir einmal im Jahr machen.« Der Journalist lachte, erkannte, dass Claudio einen Spaß machte. »Du kannst bei mir anfangen. Dann frag mich mal.«

Claudio lehnte sich zurück und tat so, als überlege er. »Nun, dann sag mir doch, wo du heute Morgen zwischen 7 und 8 Uhr warst.« Der Journalist legte seinen Kopf in den Nacken und tat so, als müsste er überlegen. »Ich war im Bett, glaube ich. Aber das kann niemand bezeugen. Außer meiner Katze. Die könnte es bezeugen. Aber die spricht nicht mit dir.«

»Dann bist du also verdächtig. Das ist dir schon klar.«

»Das sind wohl alle, die so früh noch im Bett waren, ganz allein. Also viele hier.« Er lachte in Richtung des Traminer Originals. Aus dessen fast zahnlosem Mund kam eine Art Antwort, die sich so ähnlich anhörte wie: »Zu früh, um wach zu sein. Morgenstund hat Gold im Mund. Aber besser ist es, zu ruhen.«

Da trat die Wirtin an ihren Tisch. Sie bestellten beide das Gulasch und Claudio folgte ihr in die Küche. Die Wirtin war erstaunt, ließ es aber zu. »Hör kurz zu«, sagte Claudio, »du hast jetzt nicht viel Zeit, das sehe ich, aber es ist wichtig. Wer war heute Morgen in der Zeit von, sagen wir, 6 Uhr bis circa 8 Uhr hier Gast? Waren es viele? Ich brauche alle Namen, wenn du sie kennst.«

»Ist denn was passiert? Ich verstehe nicht.«

»Das musst du auch nicht. Ich brauche von dir die Namen, und das bitte schnell. Du kannst sie mir auf einen Zettel schreiben und mit dem Essen bringen. Geht das in Ordnung?«

Die Wirtin nickte.

»Wenn dir etwas in diesem Zeitraum aufgefallen ist, notiere das bitte für mich. Gib mir den Zettel so, dass die beiden da drinnen es nicht mitbekommen.«

Die Wirtin schaute erstaunt. Aber sie verstand.

- 20 -

»Was machen wir jetzt? Rumsitzen ist doch blöd. Wir haben Urlaub. Außerdem wollen wir nach Schätzen suchen. Das hat der Polizist uns nicht verboten. Er hat nur gesagt, dass wir den Winzern nicht in die Quere kommen sollen. Was meinst du?«

»Ich weiß nicht. Wir haben einen Toten entdeckt. Da war viel Blut. Er ist ermordet worden. Also ein Verbrechen! Wir sollten da jetzt nicht mehr rumlaufen.«

»Oder gerade dort. Vielleicht entdecken wir noch etwas.«

»Du meinst, wir sollten herumschnüffeln?«

»Ja, das sollten wir. Das ist doch mindestens so spannend wie alte Gürtelschnallen suchen. Mensch! Wir haben Urlaub. Noch vier Tage und der Rest von heute. Also ich hänge jetzt nicht rum. Das Dorf haben wir bereits gestern gesehen und hier gibt es nicht viel zu erleben.«

»Ja, wenn du meinst. Was sollen wir denn konkret machen?«

»Wir gehen jetzt das Gebiet ab und halten die Augen auf. Das kann uns niemand verbieten.«

- 21 -

Das Gulasch kam und auf den Tellern lagen noch jeweils zwei große Klöße und eine ordentliche Portion Rotkraut. »Lasst es euch schmecken«, sagte die Wirtin und legte dabei unter Claudios Teller einen Zettel. Tommaso bemerkte es und wollte schon fragen, als Claudio raunte: »Nicht jetzt.« Dabei schoss er einen kurzen Blick Richtung Journalist und Original. Der Journalist lächelte zurück. Kurz darauf verließen die beiden ihre Plätze und gingen nach draußen. »Jetzt können wir«, sagte Claudio und holte den Zettel hervor. Darauf standen drei Namen. Zwei kannte er. Es waren Leute, die hier oben in Kastelaz lebten. Der dritte Name war ihm unbekannt. Er erklärte Tommaso, was es mit dem Zettel auf sich hatte. »Die beiden, die gegangen sind, sollten nichts mitbekommen. Die sind Schwatzbacken. Es wird ohnehin nur bis heute Abend dauern, bis die Geschichte im Dorf rum ist.«

Tommaso hatte den Mund voll und nickte daher zustimmend. Er kannte das noch. Der Dorffunk funktionierte überall nach demselben Muster und vor allem ging es schnell. Einer sah etwas, fragte nach oder dachte sich was. Das erzählte er weiter. Dann ging es wie mit der berühmten Stillen Post. Einige Stunden später war das Gerücht im ganzen Ort unterwegs. Manchmal auch zwei Gerüchte gleichzeitig, die sich miteinander verwoben, sich verdichteten und spätestens am nächsten Tag als Wahrheit durch das Dorf getragen wurden.

Claudio winkte die Wirtin heran, die scheinbar die Hauptlast des Mittagsgeschäftes hinter sich hatte. Sie setzte sich unaufgefordert neben Claudio.

»Danke für den Zettel. Es waren also diese drei Männer heute früh hier bei dir?«

»Ja, diese drei. Die kommen jeden Tag, trinken hier einen Kaffee, plaudern ein wenig und gehen dann. Nur einer ist heute nicht gekommen, der sonst immer hier ist.«

»Das wäre?«

»Der Alfred Oberhofer. Der hat sich hier jeden Morgen mit seinem besten Freund, dem Franz Caliari, getroffen.«

»Ach ja, das ist der Name, nach dem ich jetzt gleich gefragt hätte. Den kannte ich nicht.«

»Der Franz und der Alfred sind Freunde, seit sie hier geboren sind. Der Franz hat dann nach Kaltern geheiratet. Aber sie haben jeden Morgen hier ihren ersten Caffè getrunken. Dann sind sie zur Arbeit.«

»Weißt du, wo der Franz wohnt?«

»Ihm gehört das Hotel *Zum Dicken Elefanten* in Kaltern.«

»Danke dir. Das hilft uns vielleicht. Bevor du fragst, warum ich das alles wissen will, frag ich dich noch, ob dir irgendetwas heute Morgen aufgefallen ist. Ein Geräusch vielleicht, das hier nicht hingepasst hat?«

Die Wirtin schaute Claudio neugierig und interessiert an. »Nein, mein lieber Claudio. Hier war es heute Morgen so, wie es hier jeden Morgen ist. Meine Stammgäste kommen zur selben Zeit, bleiben nicht allzu lange, weil sie alle ihren Arbeiten nachgehen. Danach gibt es eine Pause, in der ich das Mittagessen koche und ab 11.30 Uhr läuft das Mittagsgeschäft bis um 15 Uhr, dann kommen die Nachmittagsgäste für Kuchen und Kaffee. Das sind die Frauen der Männer, die morgens hier waren. Abends ist nichts los. Dann schließe ich. Manchmal hocken hier welche zum Karten. Dann lasse ich auf, auch wenn es sich nicht lohnt. Aber es ist halt gemütlich und in der Küche habe ich immer etwas zu tun. Sollen sie doch karten.«

Die Wirtin schaute Claudio jetzt erwartungsfroh an. Sie hatte ihren Teil beigetragen. Jetzt wäre es an ihm, sie aufzuklären.

Claudio nickte ihr zu. »Jetzt willst du wissen, warum ich das frage. Nun, heute Morgen ist nicht weit von hier der Alfred Oberhofer ums Leben gekommen. Wir wissen noch nicht so viel, aber es könnte sein, dass sich hier oben«, er machte eine weit ausholende Bewegung, die ganz Kastelaz andeuten sollte, »eine zwielichtige Person so zwischen 6 und 8 Uhr herumgetrieben hat.«

Die Wirtin war sichtlich erschrocken. »Der Alfred? Nein! Das darf nicht sein. Das ist ja schrecklich. Wie ist es denn passiert?«

»Doch. Leider ist es so. Deshalb befragen wir heute alle, die hier wohnen. Wir wollen wissen, ob jemandem etwas aufgefallen ist, etwas Ungewöhnliches: ein Auto, das hier sonst nicht parkt, ein Mensch, der hier fremd ist. Deshalb sei so gut und denke in Ruhe darüber nach, was du heute alles gesehen und gehört hast. Jede Kleinigkeit könnte interessant sein. Zum Beispiel, wann sind die drei von der Liste genau gekommen, wann sind sie gegangen, was haben sie hier gemacht?«

Die Wirtin dachte kurz nach. »Die exakte Uhrzeit kann ich dir nicht nennen. Ich sperre um 6 Uhr auf. Dann kommen die frühen Gäste. Die vier, die ich dir genannt habe, kommen regelmäßig. Sie kennen sich alle untereinander. Sie hocken im Raum verteilt, trinken ihren Caffè, unterhalten sich über die Tische hinweg. Alfred und Franz hocken immer zusammen. Hier, genau an dem Tisch, so, wie ihr hier sitzt. Der eine am Kopf, der andere auf der Bank. Die haben sich immer was zu erzählen.«

»Gab es da etwas Besonderes in letzter Zeit?«

Die Wirtin überlegte. »Also, ich höre da nicht zu, wenn die Männer reden. Ich mache den Caffè und ansonsten bin ich mit den Vorbereitungen für das Mittagessen in der Küche beschäftigt. Aber mir ist aufgefallen, so vor einem Monat vielleicht, kann auch länger her sein, dass da eine niedergeschlagene Stimmung geherrscht hat. Das habe ich nicht gekannt. In der letzten Woche war aber alles wieder normal.«

»Warum die Stimmung niedergeschlagen war, weißt du nicht? Oder hast du eine Ahnung?«

»Nein, das habe ich nicht mitbekommen. Ich höre nicht aktiv zu. Aber sie haben auch ihr Gespräch unterbrochen, als ich aus der Küche kam. Daran kann ich mich noch erinnern. Als hätten sie über etwas gesprochen, das ich nicht hören sollte. Ist mir recht. Ich muss nicht alles wissen. Ich weiß ohnehin mehr, als die meisten Ehefrauen von ihren Männern wissen.«

»Waren denn noch andere Gäste anwesend, als die beiden diese niedergeschlagene Stimmung verbreitet haben?«

»Ach, du stellst Fragen. Wie soll ich das jetzt noch wissen? Kann sein, kann auch nicht sein. Die anderen Stammgäste bleiben nicht lange. Ein Espresso, zwei, drei Sätze und dann sind sie weg. Beide machen Wein und du weißt ja, dass da viel zu tun ist über das ganze Jahr.«

»Der Alfred und sein Freund, der Franz, die saßen länger?«

»Ja, die haben immer Zeit gehabt. Der Alfred macht auch Wein, aber die Arbeit machen seine Arbeiter. Er überwacht das alles nur noch. Ist über 70, würde ich meinen. Der Franz ist ähnlich alt, schätze ich. Sie haben erzählt, dass sie in dieselbe Klasse gegangen sind. Ich weiß nicht, ob der Franz viel zu tun hat. Ein Hotel macht viel Arbeit, aber vielleicht hat er auch seine Leute dafür. Was weiß ich?«

»Du kennst den Franz Caliari also nicht gut?«

»Nur vom Sehen. Er soll als junger Bursche nach Kaltern gegangen sein. Ich habe den *Kastelaz Keller* seit zehn Jahren in Pacht. Von früher kann ich ihn nicht kennen, weil ich aus Bozen bin. Die Traminer kenne ich also erst seit zehn Jahren.«

Mit einem Blick auf Tommaso: »Sie waren doch schon heute Morgen hier. Mit einigen anderen Leuten. Sie haben sich den Turm von St. Jakob angesehen. Hat das etwas mit dem Alfred zu tun?«

Tommaso lächelte die Wirtin an. Der *Keller* lag neben dem Weg zur Kirche und jeder, der sich hier oben bewegte, wurde registriert. Der Funk unter den Bewohnern der etwa sieben Häuser in Kastelaz funktionierte reibungslos. »Ja, ich war heute Morgen hier oben. Sie haben recht, wenn Sie vermuten, dass es mit dem Tode von Alfred Oberhofer zu tun hat.«

»Aber was genau, das wollen Sie mir nicht sagen?«

»Es ist noch zu früh, etwas zu sagen. Wichtig ist das, worum Sie mein Kollege gebeten hat. Wenn Ihnen irgendetwas einfällt, dann sagen Sie es uns bitte. Jedes auch noch so unwichtig erscheinende Ereignis kann helfen.« Er lächelte freundlich, aber seine Haltung drückte aus, dass ab jetzt nichts mehr kommen würde.

- 22 -

Salvatore musste lange und ausdauernd um Einlass bitten, bis ihn jemand hörte. Die alte Kellerei Tramin hatte rechts neben dem alten Tor zwar eine Klingel, aber zunächst reagierte niemand auf sein Drücken. Er pochte schließlich an das Holztor. Erst verhalten mit den Knöcheln, dann laut und fordernd mit der Faust. *Irgendjemand muss mich doch hören*, dachte er. *Verdammt noch mal.* Die neugierigen Blicke aus den Fenstern der gegenüberliegenden Häuser spürte er in seinem Rücken. Die Hans-Feur-Straße war schmal. Im Mittelalter war sie die Hauptstraße durch das Dorf. Es mussten damals von Ochsen oder Kühen gezogene Karren durchfahren können. Heute, wo jede Ausbuchtung der Straße als Parkraum für Autos reserviert ist und Autoverkehr in der schmalen Straße zugelassen ist, wirkt sie eng und Fußgänger, Radfahrer und Autofahrer können sich nicht auf Augenhöhe begegnen. Die Fußgänger bewegen sich dicht entlang der Häuserfront fort, sei es, weil Kolonnen von E-Bikern in bunten Hotelhemden eine Fahrt durch das romantische Tramin machen oder Einheimische mit ihren Autos bis zum Dorfplatz fahren, um dort in einem der Cafés ihren Espresso zu nehmen. Auch Salvatore musste auf seinem Weg zum alten Kellereigebäude einige Male Radfahrern und Autos ausweichen. *Da schützt mich die Uniform wie ein Schutzpanzer,* wusste er. *Die Autofahrer reduzieren ihre Geschwindigkeit, die Radfahrer haben Respekt in den Augen.* Er wollte schon aufgeben, sich am Tor bemerkbar zu machen, als ihm schließlich geöffnet wurde. Es war vielleicht einer von Alfred Oberhofers Arbeitern. Ein älterer Mann mit hellem Blick.

Salvatore stellte sich kurz vor und bat um Einlass.

- 23 -

Tommaso und Claudio hatten mit allen gesprochen, die auf Kastelaz wohnten und heute zu Hause waren. Niemand hatte irgendetwas bemerkt, vor allem hatte niemand in der Früh einen Schuss gehört. Nichts Auffälliges sei passiert, insbesondere sei kein Fremder gesehen worden. Die Aussagen deckten sich. Beschrieben wurde, wie es hier oben jeden Tag zuging. Die Jungen, die noch arbeiteten, waren alle in der Genossenschaft oder bei einem der großen Winzer beschäftigt. In der Lesezeit bedeutete das sehr früh am Morgen raus und spät am Abend zurück. Die Alten, die nicht mehr arbeiteten, gingen morgens in den *Kastelaz Keller* auf einen Caffè. In dem Zeitfenster, in dem Alfred Oberhofer erschossen worden war, hätten nur die Alten etwas sehen oder hören können. Auch die beiden, deren Namen auf der Liste der Wirtin gestanden hatten, beschrieben, dass es so war wie immer: »Wir haben im Keller gesessen und einen Caffè getrunken. Der Franz war auch da und hat auf den Alfred gewartet. Wir sind nicht lange dagesessen. Als wir gingen, hat nur der Franz im *Keller* gesessen. Auch die Wirtin war noch da. Nichts Besonderes. So wie jeden Morgen.«

- 25 -

Salvatore betrat das interessante Gebäude. Hinter dem Tor befand sich eine geräumige Halle mit Rundbögen und einigen Türen an den Seiten. Auf der Stirnseite zeigte sich ein weiteres großes Tor mit Glaseinlagen, durch die Sonnenlicht eindrang und den Hofraum erhellte. Der staunende Blick des Carabiniere ließ den älteren Mann zum Architekturführer werden. »Das ist die alte Kellerei Tramin«, erzählte er. Am fragenden Blick des jungen Carabiniere sah er, dass diese Erläuterung nicht ausreichen würde, um ihm die Bedeutung dieses Ortes nahezubringen. »Bis zum Umzug in die neu gebaute Kellerei im Jahr 1974 ist in diesen Räumen Wein gekeltert worden. Ich war damals dabei. Den Umzug habe ich noch mitgemacht.«

Salvatore schaute den deutlich älteren Mann an. »Sie arbeiten jetzt wieder hier?«

»So bin ich noch zu was nütze. Die schwere Arbeit machen die Erntehelfer, die nächste Woche hier eintreffen. Ich bin der Koordinator der Lese, teile die Helfer ein, sorge dafür, dass ihre Verpflegung stimmt, dass sie hier ein Quartier haben. Der Alfred ist aber der Chef. Er bestimmt, wann wo gewimmt wird. Er fährt auch die Trauben zur Genossenschaft. Alles geht an die Genossenschaft Tramin. Wir machen hier keinen Wein mehr selbst.«

Der Mann schaute Salvatore jetzt neugierig an. »Was möchten Sie denn hier?«, fragte er freundlich.

»Darf ich zunächst fragen, mit wem ich es zu tun habe?«

»Gerne. Ich bin der Erwin. Sind Sie neu hier? Ich kenne Sie noch nicht. Den Claudio, den kennen hier alle.«

»Ja, ich bin ganz neu hier. Mein Maresciallo schickt mich. Es tut mir leid, Ihnen mitteilen zu müssen, dass Alfred Oberhofer heute früh tot aufgefunden worden ist. Man hat mich geschickt, um hier nach dem Rechten zu sehen.«

Erwin war sichtlich betroffen. »Was ist denn passiert? Wieso tot? Wie kam es dazu?«

»Das weiß ich nicht, denn ich war nicht dabei, als man ihn gefunden hat. Mein Maresciallo hat mich gebeten, hier nachzuschauen, ob ich irgendetwas finde, was uns helfen könnte.« Er räusperte sich. »Können Sie mir Zugang zur Wohnung von Alfred Oberhofer ermöglichen?«

Erwin nickte und zeigte auf eine ausgetretene, steinerne Treppe, die in den ersten Stock führte. »Kommen Sie, wir müssen hier hinauf.« Er ging voran. Oben gab es erneut eine Rundbogendecke zu bestaunen und alte Terrazzoböden. Dann schloss er eine der Türen auf. »Hier ist es. Hier wohnt Alfred.«

Auch hier überall alte Terrazzoböden, teils mit Ornamenten. Einige der Räume waren holzvertäfelt, einige zeigten das Mauerwerk. Insgesamt wirkte diese Wohnung eher praktisch als chic. In der geräumigen Küche lagen auf einem großen, schweren Holztisch fein nebeneinander sortiert einige dünne Papierstapel. Es lag jeweils ein weißes Blatt auf den Stapeln. Alle Blätter waren beschriftet: *Testament, Grundbuchauszüge, Kontoauszüge, Arztsachen*. Behutsam nahm Salvatore das Blatt mit der Aufschrift »Arztsachen« hoch. Im Stapel fanden sich einige Arztberichte. Salvatore las Worte, die ihm nichts sagten. *CUP-Syndrom* stand dort und *Insuffizienz* und andere medizinische Fachbegriffe. »Damit kann ich nichts anfangen«, sagte er und Erwin nickte zustimmend. Salvatore zückte sein Handy und machte ein Foto. »Da sollte niemand dran gehen, bis wir das Material freigeben.« Der alte Mann nickte. Auch er hatte die Überschriften auf den Zetteln gelesen. »Wer wohnt noch hier?«, fragte Salvatore.

»Derzeit niemand. Ich selbst wohne im Dorf und bereite hier alles für die Lese vor. Die Erntehelfer kommen erst in der nächsten Woche. Wir haben keine frühen Sorten und ich schätze, dass wir in der kommenden Woche mit der Lese beginnen werden. Wenn das jetzt überhaupt noch geht.«

»Wieso sollte es nicht gehen?«, fragte Salvatore.

»Nun, Sie sagten, dass Alfred tot sei. Er war hier der Chef, er hat uns bezahlt. Wer bezahlt unsere Arbeit, wenn er nicht mehr da ist?« Erwin zeigte auf den dünnen Stapel, dessen Deckblatt die Aufschrift »Testament« trug. »Wer sind seine Erben und wie sind sie eingestellt? Werden sie den Weinbaubetrieb weiter betreiben? Werden sie uns für die anstehende Ernte beschäftigen? Das sind Fragen, die schnell geklärt werden müssen. Sonst werde ich die bestellten Erntehelfer nach Hause schicken.«

»Verstehe«, sagte Salvatore. »Wir berücksichtigen das. Wir erreichen Sie hier?«

»Ich gebe Ihnen meine Mobilnummer. Damit erreichen Sie mich auch in den Weinbergen.«

- 26 -

Die beiden Schatzsucher waren bei St. Jakob angelangt und blickten auf Tramin und die weite Landschaft des Überetsch. Im Kalterer See spiegelte sich das Sonnenlicht.

»Kann man sich nicht vorstellen, dass in dieser Idylle ein Mann ermordet worden ist.«

»Nee, kann man sich nicht vorstellen. Aber schau mal: Von hier aus kannst du die Stelle sehen, wo wir ihn gefunden haben.«

»Stehen wir vielleicht an der Stelle, an der auch der Mörder war?«

Michael schaute Jochen an. »Vielleicht.«

»Dann können wir der Polizei helfen?«

Michael schüttelte langsam seinen Kopf. »Womit denn?«

»Wir müssten was finden. Komm, wir suchen hier alles mit unseren Sonden ab. Vielleicht finden wir eine Patronenhülse. Etwas, was der Polizei hilft.« Jochen war Feuer und Flamme.

Michael überlegte. »Keine schlechte Idee. Ist nicht verboten, hier oben nach Metall zu suchen. Aber die Geräte sind im Hotel. Ich laufe nicht hinunter und hole sie. Das können wir morgen machen. Jetzt habe ich Hunger und wir sind doch an einem Restaurant vorbeigekommen. *Kastelaz Keller* habe ich auf einem Schild gelesen. Lass uns dort essen gehen.«

- 27 -

In der Carabinieri-Wache in Tramin saßen sie zu dritt um einen Tisch. Tommaso und Claudio hörten zu, was Salvatore zu berichten hatte. Sie betrachteten die Fotos, die Salvatore von dem Tisch in Alfreds Küche gemacht hatte.

»Testament, Grundbuchauszüge, Kontoauszüge und Arztsachen, das sind wichtige Themen, die Alfred dort versammelt hat«, meinte Claudio. »Sieht so aus, als hätte er etwas vorbereitet. Für ein Gespräch vielleicht? Ich habe von seiner Nichte Margit erfahren, dass sich die beiden für heute Morgen um 9 Uhr zu einem Gespräch verabredet hatten. Ich denke, wir sollten uns diese Unterlagen ansehen. Was meint ihr?«

»Hat seine Nichte sagen können, worum es in dem Gespräch gehen sollte?«

Claudio schüttelte den Kopf. »Nein, sie wusste es selbst nicht. Aber sie sprach davon, dass ihr Onkel eine Idee gehabt habe, die alles zum Besseren wenden würde. Das bezog sich möglicherweise auf den Konflikt, den Margit mit ihren Eltern hatte. Aber worum es dabei ging, wollten sie mir nicht verraten.«

Tommaso schaute auf die Uhr. »Es ist schon spät. Es reicht, wenn wir uns die Unterlagen morgen ansehen.«

Da klingelte Tommasos Handy. Er hörte kurz rein und sagte dann: »Ich stelle das mal laut.« So konnten alle hören, was Dr. Phillipi zu berichten hatte:

»Wir haben den Schusskanal im Körper untersucht und berechnet, von woher der Schuss gekommen sein kann. Die Theorie von heute Morgen, dass vom Turm der Kirche heruntergeschossen worden ist, können wir mit hoher Wahrscheinlichkeit bestätigen. Das verwendete Geschoss hat eine verheerende Wirkung im Körper entfaltet. Der Bleikern hat sich aufgespalten und den Schusskanal enorm vergrößert. Teile des Kerns, aber auch Reste vom Geschossmantel, haben wir in vielen Organen gefunden. Das Herz war komplett zerstört. Der Austritt des Geschosses hat eine große Wunde verursacht. Reste vom Geschoss haben wir im Erdreich bisher nicht gefunden. Nach unserer ersten Einschätzung könnte es sich um Munition gehandelt haben, die man für die Jagd verwendet. In dem Fall wurde allerdings die Kappe der Geschossummantelung abgesägt, wofür die soeben skizzierten Besonderheiten des Schusskanals sprechen. So etwas wird gemacht, um das zu erlegende Wild stark zu verletzen, insbesondere um einen starken Blutverlust herbeizuführen. Das ist zutiefst unwaidmännisch und deshalb verboten. Verwendung findet diese Art von Munition da, wo es schnell gehen muss, man auf weite Entfernungen schießt und dennoch sichergehen will, dass bei einer Nachsuche das Wild auch dann gefunden wird, wenn es nicht gut getroffen worden ist. Etwa im Bauchbereich oder in den Schenkeln. Zum Kaliber können wir keine konkreten Angaben machen, weil wir das Restgeschoss nicht gefunden haben. Nach unseren Erfahrungen war es eher ein großes Kaliber. Sollte es sich um eine Jagdwaffe gehandelt haben, schätzen wir das Kaliber auf zum Beispiel eine 7 x 64 oder größer. Geeignet für Rotwild. Wenn ihr die Waffe finden solltet, werden wir im Innenlauf erkennen können, dass mit manipulierter Munition geschossen wurde. Diese Manipulation sorgt auch dafür, dass der Drall im Innenlauf in Mitleidenschaft gezogen wird. Das wäre gut zu erkennen und könnte als Beweis dienen. Also findet die Waffe, dann kommen wir weiter. Was wir noch sagen können, ist, dass das Opfer nicht gelitten hat. Der Mann war sofort tot. Unsere Kriminaltechnik untersucht noch die Zigarettenstummel und die Tatortfotos auf weitere Hinweise. Das kann jetzt dauern, denn die Kollegen sind stark belastet. Mehr haben wir derzeit nicht.«

- 28 -

»Hier gibt es Schnitzel. Sollen wir die nehmen?« Jochen hatte die Speisekarte vom *Kastelaz Keller* studiert. An den Nachbartischen saßen Leute, die nicht wie Touristen aussahen. Es war später Nachmittag. St.Jakob schlug 17 Uhr. Die Wirtin nahm die Bestellung auf. Dabei konnte Jochen nicht widerstehen, ihr eine Frage zu stellen: »Haben Sie etwas davon mitbekommen, was hier in der Nähe heute Morgen passiert ist?« Michael hatte die Frage nicht verhindern können. Er schaute Jochen tadelnd an. Die Wirtin reagierte gelassen: »Nein, ich weiß von nichts. Zweimal Schnitzel also?« Michael nickte: »Und zwei Bier bitte.«

»Was ist denn heute Morgen hier passiert?«, fragte ein Mann vom Nachbartisch. Jochen wollte sofort antworten, aber Michael legte ihm eine Hand auf den Arm. Jochen verstand. Der Mann schaute beide neugierig an und erzählte: »Heute Morgen waren hier zwei Carabinieri und es kommt selten vor, dass sich die Staatsmacht heraufbemüht. Ich habe gehört, dass sie jeden befragt haben, ob heute Morgen etwas Auffälliges bemerkt worden war.

Also muss es einen Vorfall gegeben haben, oder?« Die drei schauten einander an. Jochen konnte es nicht länger aushalten: »Wir haben heute früh einen Toten gefunden, im Weinberg unter der kleinen Kirche.« Jetzt war es raus. Der Mann vom Nachbartisch griff sein Bier und kam zu den beiden herüber: »Erzählen Sie mal, das klingt spannend.« Also berichtete Jochen und später dann auch Michael von dem, was sie erlebt hatten und fügten eigene Mutmaßungen hinzu. Die anderen Gäste im Restaurant spitzten die Ohren. Einer meinte: »Der Weinhang gehört doch Alfred Oberhofer.« Ein anderer sagte: »Genau, der Alfred. Der ist heute Morgen nicht hier gewesen. Der Franz hat noch auf ihn gewartet, als wir gegangen sind. Sonst war der immer da, wenn wir auch da sind.«

Als die Wirtin die Schnitzel brachte, war ein lautes Gespräch im Gang und niemand nahm Notiz davon, dass der Mann vom Nachbartisch sein Bier zahlte und ging.

- 29 -

Im Café *Goldener Löwe* ging es an diesem Abend laut zu. In dem zentral am Rathausplatz gelegenen Lokal mit seinem großen Gastraum trafen sich die jüngeren Weinbauern. Die Stimmung zu Beginn der Weinlese war jedes Jahr aufs Neue einzigartig. Die Gespräche drehten sich um alle Facetten der Qualität der Trauben und welche Preise in diesem Jahr zu erzielen wären. Der *Goldene Löwe* war von außen ein großes, prunkvolles Haus. Innen zeigte es gewaltige Gewölbedecken. Auf dem Platz davor parkten die Autos und die Traktoren der Gäste. Um einen dieser Traktoren ging es bei dem lauten Gespräch, das sich zwischen den Gästen an einem der großen Tische links und denen an der Theke rechts abspielte. Die Röggler-Brüder, zwei stattliche, kräftige Männer, saßen auf den Hockern vor der Theke und jeder hatte ein Bier vor sich stehen. Vier andere Männer, ebenfalls kräftig gebaut, saßen an einem der Tische zusammen und schauten den beiden auf den Hockern in den Rücken.

»Wie passt das denn jetzt? Ein neuer Fendt-Traktor? So ein teures Ding? Das ist doch euer Fendt, oder? Direkt vor der Tür parkt er. Brandneu würde ich sagen.«

Die beiden an der Theke tranken ihr Bier, grinsten sich an. Sagten jedoch nichts.

Da wurde es unter den vieren am Tisch munter. »Ja was jetzt? Ist das euer Fendt? Wie kommt ihr denn an den? Ich dachte, euer Betrieb geht den Bach runter?«

Da drehte sich einer der beiden um und nahm denjenigen ins Visier, der sich zuletzt geäußert hatte. Sie alle erkannten einander an der Stimme. Sie waren zusammen aufgewachsen, hatten Weinbau gelernt, arbeiteten alle auf ihren Betrieben und lieferten die Trauben in der *Kellerei Tramin* ab. »Was geht dich das an? Euch andere auch, was wollt ihr? Ja, das ist unser neuer Fendt. Wir starten jetzt durch. Nix ist mit dem, was ihr gehört haben wollt. Alles dummes Zeug. Es ist besser, ihr erzählt solchen Schwachsinn nicht rum. Schaut auf den Fendt. Wer sich so ein Gerät leisten kann, ist nicht am Ende, würde ich sagen. Lasst uns unser Bier trinken und ansonsten lasst uns in Ruhe.«

Das klang gemütlich. Aber jeder der vier wusste, dass die Röggler-Brüder nicht gemütlich waren. Raufbolde waren sie, die keinem Streit aus dem Weg gingen. Mit ihnen mochte sich keiner anlegen. Heute waren sie nicht auf Krawall aus, wie es aussah. Sie wirkten zufrieden, ihren Fendt präsentieren zu können. Sie tranken ihr Bier aus und gingen. Vier Augenpaare verfolgten sie und sahen, wie einer der beiden den Schmalspurtraktor bestieg und ihn anließ. Der andere hüpfte behände auf eine seitliche Stufe und ab ging die Fahrt Richtung Röggler-Hof.

»Ich kann das nicht glauben«, ließ sich der Erste vernehmen. »Es hat doch noch vor einem halben Jahr geheißen, dass der Hof versteigert wird.« Ein anderer flocht sich ein: »Das habe ich auch gehört. Auch, dass die beiden nicht erfolgreich waren. Ich kenne die Zahlen aus der Kellerei. Was die abgeliefert haben, reicht vorne und hinten nicht, um über die Runden zu kommen. Es wird geredet, dass sie die halbe Fläche an den Alfred verkauft hätten.« Ein Dritter meinte: »So ein Fendt kostet leicht 100.000 Euro. Woher wollen die so viel Geld bekommen? Die Bank gibt denen doch schon lange keinen Kredit mehr.« Alle bestellten mehr Bier und diskutierten, ohne zu einem plausiblen Ergebnis zu kommen.

Der dorfbekannte Journalist, der eben noch in Kastelaz am Nachbartisch der Schatzsucher gesessen hatte, setzte sich zu den vieren und hörte zu. Als das Gespräch sich darum drehte, dass Alfred Oberhofer über die vergangenen Jahre nach und nach Weinberge von den Rögglers gekauft haben sollte, holte der Journalist tief Luft und sagte: »Der Alfred, der ist tot, habe ich gehört. Zwei Touristen wollen ihn heute Morgen gefunden haben. Erschossen worden sei er.«

Das Gespräch erstarb sofort. Alle schauten Fernando an.

»Was sagst du da? Der Alfred? Wer hat ihn gefunden? Warum denn erschossen?« Viele Fragen wurden gleichzeitig gestellt und auch Wirt Ivo hatte lange Ohren bekommen. Fernando konnte diese Fragen nicht alle beantworten. Er berichtete, wie er heute am späten Mittag im *Kastelaz Keller* gewesen war, als zwei Carabinieri dort gegessen hatten. Er erzählte von dem vermeintlich harmlosen Gespräch mit Maresciallo Claudio. »Ist doch jetzt klar, warum die dort oben waren«, meinte er. »Am Abend wollte ich dann noch ein Bier trinken und treffe diese Touristen. Das, was sie erzählt haben, erklärt, warum Claudio da war. Der andere war nicht von hier. Also hat sich Claudio Verstärkung geholt.«

»Könnte stimmen«, erwiderte einer. »Weil es ein zu großes Ding ist. Das mit dem Mord.«

Als das Wort Mord gefallen war, wurde es sehr still. Jeder war in seinen Gedanken gefangen. Wer würde so etwas tun? Wer kam in Frage? Was gab es für Gründe?

Nach einem weiteren Bier verabschiedete sich die Gruppe und jeder überlegte, wem er diese Neuigkeit, dass Alfred einem Mord zum Opfer gefallen war, weitererzählen konnte.

- 30 -

In der Questura hatte Francesca einen günstigen Moment abgewartet, um mit Fabio zu besprechen, wie sie sich in die Mordermittlungen einschalten könne. Sie berichtete, was sie wusste. »Jetzt hoffe ich, dass du mit Tommaso sprechen kannst. Ich will den Carabinieri nicht reinpfuschen, aber ich könnte helfen oder die Sache übernehmen.«

Fabio musste nicht lange überlegen. »Das müsste ich mit der Staatsanwaltschaft besprechen. Wenn die Carabinieri sich aus der Sache raushalten wollen, was ich nicht glaube, dann könnte die Staatsanwaltschaft uns die Ermittlung übertragen. Oder sie kann entscheiden, dass wir gleichzeitig an dem Fall arbeiten. Das gibt es, wie du weißt.« Er schaute Francesca an: »Du willst das für Margit tun, richtig?« Francesca nickte. »Nun, ich fahre gleich mit Tommaso zurück nach Prissian und setze ihn dort ab. Auf der Fahrt werde ich die Sache ansprechen.«

Dienstag

- 1 -

Claudio und Salvatore waren pünktlich zur alten Kellerei gekommen und Erwin erwartete sie vor dem Tor. Claudio und Erwin kannten einander seit vielen Jahren. Die Begrüßung war herzlich. »Wie geht es deinem Bruder?«, fragte Claudio.

»Ach, wie soll es ihm schon gehen. Lebt recht zufrieden mit seiner Frau in Sarnthein und hat nicht mehr viel zu tun. Beschäftigt sich mit der Federkielstickerei und ist darin recht geschickt, wie es aussieht. Das hat ihm seine Frau beigebracht. Deren Familie ist mit diesem Handwerk seit Generationen verwoben. Genau das Richtige für einen Rentner.«

Über dieses Geplauder waren sie auf der ersten Etage angekommen und Erwin schloss die Tür zu Alfreds Wohnung auf. Salvatore ging voraus und zeigte Claudio den Tisch, den er gestern in Augenschein genommen hatte. Es lag nur noch ein Stapel dort.

»Da fehlen glatt drei Stapel«, sagte Salvatore und zeigte das Foto, das er gestern mit seinem Handy gemacht hatte. Es lag jetzt noch der Stapel mit der Überschrift »Arztsachen« auf dem Tisch. Die Stapel »Testament«, »Grundbuchauszüge« und »Kontoauszüge« fehlten.

Claudio schaute Erwin an. »Wie erklärst du dir das?«

Erwin wirkte konsterniert. »Ich weiß nicht, wer diese Papiere an sich genommen hat. Ich war es jedenfalls nicht«, stieß er hervor. »Ich habe die Wohnung abgeschlossen, als dein junger Kollege gestern hier gewesen ist. Auch die Haustüre, als ich gegangen bin.«

»Wann war das genau?«, fragte Salvatore.

»Ich weiß nicht die exakte Uhrzeit. Ich hatte hier noch etwas zu tun und dann bin ich nach Sarnthein gefahren.«

»Wie ist die Adresse Ihres Bruders?«, fragte Salvatore.

Erwin gab sie ihm. »Ihr glaubt doch nicht, dass ich die Papiere genommen habe? Was soll ich denn damit?«

Salvatore räusperte sich: »Sie haben mir gestern gesagt, dass Sie gerne wissen würden, wer Alfred beerbt. Dann könnten Sie mit den Erben regeln, dass Sie und die Arbeiter, die zur Lese kommen sollen, bezahlt werden. Also, ich denke mir, dass Sie ein Interesse an den Papieren gehabt haben könnten.«

Erwin war außer sich. »Claudio, du kennst mich doch. So was würde ich nicht machen. Warum auch?« Er fasste sich wieder. »Also, nochmal: Ich habe diese Papiere nicht angerührt und ich bin nicht lange, nachdem ich Sie«, er zeigte auf Salvatore, »hier rausgelassen habe, nach Sarnthein gefahren. Ich kam spät nach Hause zurück, das war so gegen 23 Uhr. Ich wohne nicht hier, wie ich Ihnen schon gesagt habe. Heute bin ich um 9.45 Uhr hierhergekommen, um aufzusperren, wie wir es gestern am Telefon vereinbart haben. Mehr weiß ich nicht.«

»Wer außer dir hat noch einen Schlüssel?«, fragte Claudio.

»Alfred hat einen. Von jemand anderen weiß ich nicht.«

»Ist dir heute Morgen irgendetwas aufgefallen, was auf einen Einbruch schließen lässt? Ein offenstehendes Fenster vielleicht?«

Erwin schüttelte den Kopf. »Nein, aber ich bin auch nicht durchs Haus gegangen und habe danach gesucht. Das Tor war verschlossen, so wie ich es hinterlassen habe. Die Tür zur Wohnung war auch verschlossen, wie ihr gesehen habt.«

Die drei gingen durch die Wohnung und überprüften, ob in einem der Zimmer ein Fenster offenstand oder eingeschlagen war. Fehlanzeige. Alles war verschlossen. Einbruchsspuren waren keine zu erkennen.

»Wie ist das im Erdgeschoss? Kommt man da leicht rein?«

»Das ist riesig dort unten. Da ist die Ansetz und der Raum für die Gärfässer. Die Fässer sind nicht mehr, aber die Räume sind alle noch da. Klar gibt es dort überall Zugänge und Ausgänge. Sie müssten alle verschlossen sein, aber das wird nicht täglich kontrolliert.«

»Was hast du denn hier gemacht, als dich Salvatore angetroffen hat?«

»Ich habe die Quartiere für die Erntehelfer hergerichtet. Sie werden hier oben auf der ersten und auch auf der zweiten Etage wohnen. Da haben wir Räume eingerichtet. Ich muss dann auch die Küche herrichten.«

»Was ist mit den Verwandten von Alfred, seiner Schwester, seiner Nichte und auch seinem Schwager? Hat er denen einen Schlüssel gegeben?«

Erwin wiegte seinen Kopf hin und her. »Ich glaube nicht. Das Verhältnis zu seiner Schwester war eher abgekühlt. Ich hatte den Eindruck, dass sie ihm seinen Erfolg neidet. Alfred hatte alle Jahre einen guten Ertrag aus dem Weinbau und war kein armer Mann. Die Schwester hat vom elterlichen Hof nicht viel erhalten. Ihr Mann, Alfreds Schwager, hat wenig Grund und der Ertrag reicht für das Nötige. Es gab diese großen Unterschiede. Als Alfred dann die alte Kellerei gekauft hat, in derselben Straße wie das Wolkensteinhaus, da konnten sie sich auch nicht mehr aus dem Weg gehen. Deshalb glaube ich auch nicht, dass Alfred seiner Schwester einen Schlüssel gegeben hat.«

»Was ist mit der Nichte, der Margit?«

Erwin schüttelte den Kopf. »Ich weiß es nicht. Aber ich denke mir, dass Alfred es nicht getan hat.«

Claudio schaute Salvatore an. Dann kam ihm noch eine Frage in den Sinn.

»Ist nur Routine, Erwin, aber wo warst du gestern früh zwischen 7 und 8 Uhr?«

»Bei mir zu Hause.«

»Gibt es dafür Zeugen?«

»Nein. Ich lebe doch allein. Das weißt du.«

- 2 -

»Tommaso hat gemeint, dass es in diesem besonderen Fall sogar gut wäre, wenn du neben den Carabinieri ermitteln würdest. Die Wache in Tramin ist derzeit personell nicht gut aufgestellt. Auch geht der Maresciallo, Claudio Tettamani, bald in Pension. Als Unterstützung hat er halbtags einen jungen Carabiniere, frisch von der Prüfung. Tommaso hat erreichen können, dass er ab jetzt ganztägig in Tramin arbeitet, aber der junge Mann ist noch unerfahren. Das ist die Situation. Deshalb hat Tommaso nichts dagegen, wenn du ebenfalls einsteigst. Zwei Voraussetzungen müssen erfüllt sein: Erstens muss die Staatsanwaltschaft darüber informiert werden. Das mache ich gleich. Zweitens musst du dich mit dem Maresciallo abstimmen. Du wirst sehen, dass das Vorteile hat. Er kennt das Dorf und die Bewohner. Du bist dort fremd. Was du nicht erkennst, erkennt er vielleicht. Der Maresciallo ist nicht erfahren in Mordfällen, du schon. Also könnt ihr voneinander profitieren.«

Francesca hatte aufmerksam zugehört. »Wann kann ich anfangen?«

»Lass mich noch das Telefonat mit der Staatsanwaltschaft führen. Wenn dort keine Bedenken bestehen, spreche ich mit Tommaso. Er möchte den Maresciallo selbst informieren. Er ist ein alter Freund von ihm, hat er mir erzählt.«

-3-

»Wir nehmen den letzten verbliebenen Stapel mit.« Claudio blätterte durch die Papiere. Es ging ihm wie Salvatore. Die Texte sagten ihm nichts. »Sag mal, Erwin, wusstest du von Alfreds Krankheiten? Hat er dir etwas erzählt?«

»Nein, hat er nicht. Nie hat er irgendetwas erzählt. Jedenfalls ist mir nichts aufgefallen.« Er dachte nach. »Da war mal was, das ist aber länger her, zwei Monate schon, ja, da war er komisch. So in sich gekehrt, fast trübsinnig. Ich habe ihn auch gefragt, was denn sei, aber er hat abgewunken. Er wollte nicht reden. Ich habe das dann vergessen. Alfred war so wie eh und je. Unternehmungslustig und kraftvoll. Das war alles, mehr weiß ich nicht.«

Claudio schaute auf die Daten der Arztberichte. »Diese Unterlagen sind zwei Monate alt. Was du beobachtet hast, hängt vielleicht mit dem Inhalt dieser Berichte zusammen. Dann brauche ich jetzt jemanden, der mir den Text erklärt.«

-4-

Im *'s Platzl* ging es bei den kurzen Gesprächen, die während des schnellen Morgencaffès geführt wurden, hoch her. Genauso nebenan im Café *Goldener Löwe*. Inzwischen war es Dorfgespräch, dass Alfred Oberhofer tot war. Über die Todesart gab es unterschiedliche Berichte. Sprachen die einen von einem Herzinfarkt, wollten andere gehört haben, dass er erschossen worden sei, wiederum andere waren der Meinung, dass man ihn erschlagen aufgefunden habe. Das waren nur drei der vielen Varianten. Diejenigen, die der Mordthese anhingen, hatten auch verschiedene Motive beizusteuern. Der eine wollte gehört haben, dass Alfred Schulden gehabt und ein Schuldeneintreiber zu heftig zugeschlagen hatte, andere mutmaßten, dass Alfred in dunkle Geschäfte verstrickt gewesen sei und seine dubiosen Geschäftspartner ihn aus dem Weg räumen wollten. Gemunkelt wurde viel und es wurden auch uralte Geschichten ausgegraben, die im Lichte von Alfreds plötzlichen Ableben Sinn zu machen schienen.

Als Claudio und Salvatore durch das Dorf gingen, wurden sie von jedem auf den Todesfall angesprochen und ungefragt hörten sie die verschiedenen Versionen. Claudio blieb höflich und hörte zu. Salvatore verstand nicht, wie man sich diesen ganzen Unsinn anhören konnte.

»Du musst dir bewusst sein, dass ein solches Ereignis in einem Dorf nicht spurlos an den Menschen vorbeigeht. Jeder verbreitet ein Gerücht gerne weiter, um von anderen mehr Informationen zu erhalten, damit man sich dieses schreckliche Ereignis erklären kann. Der Mensch ringt nach Erklärungen. Das ist nur zu verständlich. Als Maresciallo musst du zuhören und darfst das nicht verurteilen. Merke dir das. Hier auf dem Dorf geht es nicht nach Lehrbuch zu.« Salvatore nickte. »Außerdem ist manchmal auch Brauchbares für unsere Arbeit dabei.«

Salvatore schaute Claudio an: »War etwas dabei?«

»Nein, das war alles Unsinn. Das ist am ersten Tag so, würde ich meinen. Wenn einer was weiß, dann kommt er schon.«

Die beiden kamen am Wolkensteinhaus vorbei. »Lass uns hier fragen, ob Alfreds Schwester einen Schlüssel hat.« Salvatore wusste nicht, dass die Schwester so nahe an der alten Kellerei wohnte und fragte daher: »Hier wohnt die Schwester? War die Kellerei der alte Hof der Familie, von dem sie weichen musste?«

»Nein, der Hof der Familie Oberhofer liegt außerhalb. Alfred hat die Kellerei gekauft, nachdem sie einige Jahre vorher dichtgemacht worden war.«

Salvatore nickte: »Davon hat mir der Herr Erwin erzählt, auch, dass er bis zur Schließung in der alten Kellerei gearbeitet hat. Das war 1974.«

»Erwin ist ein Mann des Weines. Er hat das Weinmachen von der Pike auf gelernt, so wie das früher ging. Heute gibt es gute Schulen. Als Erwin jung war lernte man vom anderen, durch abschauen, ausprobieren und Erfahrung sammeln. Er hat mir sein Leben erzählt, so wie es hier viele machen. Du musst bereit sein, zuzuhören, wenn du ein Maresciallo sein willst.«

Das große Tor des Wolkensteinhauses stand offen und gab den Blick in die große Halle im Erdgeschoss frei. Sie klingelten. Claudio kannte das Haus, aber für Salvatore war es ein Erlebnis zu sehen, dass dieses Haus ähnlich aufgebaut war wie die alte Kellerei. Gewölbedecken, große Flächen und eine große Luke waren zu sehen, von der aus eine breite Treppe in einen Keller führte. Claudio sah den staunenden Blick seines jungen Kollegen. »Alles hier ist Mittelalter. Dieses Haus gehörte verschiedenen wohlhabenden Handelsleuten und Adeligen. Es war ein repräsentatives Wohnhaus für damalige Verhältnisse.«

»Heute gehört es der Schwester von Alfred Oberhofer?«

»Eher der Familie ihres Mannes, nehme ich an. Die Schwester hat hier hineingeheiratet.«

Sie warteten, dann entschied Claudio: »Da haben wir Pech. Scheint niemand da zu sein. Wir versuchen es später noch einmal.«

- 5 -

Fernando hatte lange keine Geschichten mehr veröffentlicht. Als freier Journalist hatte er sich in der Szene der Reiseberichterstattung getummelt, war auf diese Weise herumgekommen und hatte sich mit seinen Berichten ein bescheidenes Leben leisten können. Ungebunden kam er mit wenig Geld aus. Aber seine Rücklage würde bald aufgebraucht sein. Er musste eine Geschichte finden, die Geld brachte. Er telefonierte mit den Verlagen, für die er gearbeitet hatte.

»Eine True-Crime-Geschichte ist das. Spannend und nah am Leben. Ein reicher Weinbauer wurde erschossen. Ich bin da mittendrin, kenne alle, die mit ihm zu tun hatten. Der Polizeichef hier ist zugänglich, da bekomme ich Insiderinfos. Also, was meinen Sie, wäre das was für das Magazin? Ich schlage vor, dass ich ein Exposé schreibe, damit Sie das einplanen können. Bei einem laufenden Fall kann niemand sagen, in welche Richtung er sich entwickelt und wie lange die Ermittlungen dauern. Wir könnten also eine Serie andenken. Die Leser sind dann fast in Echtzeit dabei. Was halten Sie davon?«

So oder so ähnlich telefonierte er die drei Verlage durch, mit denen er bisher zusammengearbeitet hatte und einer davon biss an. Die Honorarfrage wurde besprochen und Fernando wusste, dass die kommenden Monate gesichert waren. Das Geschäft war hart. Es wurde gut gezahlt, aber die Aufträge kamen unregelmäßig rein und wenn er keine Sensationen liefern konnte, war er schnell ausgetauscht. Freelancer wie ihn, gab es viele.

-6-

Jochen und Michael hatten an diesem Morgen ihr Equipment vollständig dabei und suchten damit den Bereich rund um St. Jakob ab. Sobald es in ihren Kopfhörern piepte, wurden sie aktiv, gruben mit kleinen Schaufeln an dieser Stelle tiefer, hielten erneut die runden Metallsonden hin und wenn sich das Piepen verstärkte, gruben sie erneut.

»Was macht ihr hier?«, wollte jemand wissen. *Dem Dialekt nach ein Einheimischer,* dachte Jochen. »Wir suchen nach Metall.«

»Habt ihr eine Erlaubnis dafür? Das ist hier Grund von der Kirche. Da darf man so was nicht ohne Erlaubnis machen.«

»Wir machen nichts kaputt. Wenn wir ein Loch graben, machen wir es anschließend wieder zu. Ich denke, das geht in Ordnung«, sagte Michael.

Jochen, nicht sehr besonnen: »Auch hilft das der Polizei.«

Michael sah Jochen an, als hätte er den Verstand verloren. *Warum quatscht der drauf los?*

»Was hilft der Polizei? Dass ihr hier herum grabt? Wonach grabt ihr denn?«

Michael stellte sich jetzt zwischen Jochen und den Frager. »Wir suchen nach Metall, das ist alles. Das ist ein Hobby, verstehen Sie? So wie Pilze oder Blumen sammeln. Wir suchen nach Metall, das in den Boden gesunken ist. So finden wir Euros oder altes Geld, Lira zum Bespiel. Sollten wir Altertümer finden, dann geben wir das bei der Polizei ab. Ehrensache. Wir sind keine Grabräuber.«

Der Frager schien misstrauisch. Schaute Michael skeptisch an und dreht dann ab. Zu Hause griff er zum Telefon und rief die Nummer der Carabinieri an.

-7-

Fabios Gespräch mit der zuständigen Staatsanwältin war kurz. Sie kannte Fabio aus früheren Fällen, ebenso Francesca. »Ich habe nichts dagegen, wenn beide Polizeien in diesem Fall ermitteln. Nur bitte kein Konkurrenzgebaren. Wenn sich die Einheiten untereinander abstimmen, bin ich damit einverstanden.«

Tommaso wurde informiert und rief gleich darauf Claudio an: »Du bekommst Verstärkung von der Polizia. Es sei denn, du willst es allein machen.« Claudio stutzte, denn er hätte erwartet, dass die Verstärkung von den Carabinieri kommen würde. Tommaso erläuterte ihm, was er von Francesca erwarten konnte. »Ich kenne die Commissario seit Jahren. Sie ist wirklich gut. Sehr teamfähig.« Claudio willigte ein.

Als Fabio Francesca das Ergebnis der Gespräche mitteilte, fuhr sie direkt los.

-8-

»Claudio? Hier oben bei St. Jakob sind zwei Männer mit so Geräten, die nach Metall suchen. Dürfen die das überhaupt? Einer von denen hat gesagt, sie wollen der Polizei helfen. Weißt du davon?«

Claudio stöhnte auf. »Danke für die Information. Ich werde mich kümmern. Aber ich habe jetzt anderes zu tun. Ich denke, ich weiß, wer die beiden sind. Ich rede mit ihnen.«

»Salvatore, fahr hoch zu St. Jakob. Da wirst du auf zwei Männer treffen. Touristen aus Dortmund. Sie haben gestern Morgen die Leiche gefunden. Heute suchen sie mit ihren Metallsonden den Boden rund um St. Jakob ab. Scheuch sie weg. Sag, sie dürften nicht auf archäologischem Boden suchen oder lass dir was einfallen. Die sollen hier nicht rumschnüffeln und die Leute verrückt machen. Sei freundlich, aber sehr bestimmt. Das funktioniert. Vor den Carabinieri haben sie Respekt und wollen keinen Ärger.«

»Ist es denn verboten, nach Metall zu suchen?«

»Das weiß ich nicht. Aber das ist mir auch egal. Wir haben hier einen Mordfall und diese beiden Zeugen scheinen mir ein bisschen zu engagiert. Sie sollen sich woanders vergnügen, aber nicht in der Umgebung des Tatorts. Sie sollen uns nicht reinpfuschen. Du machst das schon. Verscheuche sie.«

- 9 -

»Nun, wie gefällt Ihnen Ihre neue Aufgabe?« Marzollo trat betont freundlich auf. Fabio hatte bisher noch kein Einzelgespräch mit ihm. Pallua hatte es stets vermieden, dass seine Leute, zu denen Fabio gehört hatte, mit der Führungsetage der Questura näheren Kontakt pflegten. Fabio war das recht gewesen. Alles, was mit der Administration zu tun hatte, war ihm eher fremd. Seit er den Posten von Pallua vor einem halben Jahr bekommen hatte, musste er sich darin zurechtfinden.

»Danke, dass Sie fragen«, begann Fabio vorsichtig. »Gut, würde ich sagen. Ich arbeite mich ein. Es sind andere Aufgaben, als ich gewohnt bin. Aber alle sind interessant.«

»Nun, als Vicequestore hat man mehr Verantwortung, das war Ihnen bewusst, als Sie das Amt von Ihrem Vorgänger übernommen haben. Ich nehme an, dass er Sie eingearbeitet hat?«

Das hatte Pallua nicht getan. Er hatte Fabio lediglich wissen lassen, dass er ihn jederzeit anrufen könne, wenn er nicht zurechtkäme. Fabio lächelte Marzollo an. »Gewiss hat es ein Übergabegespräch gegeben. Ich bevorzuge es, mich in die neue Aufgabe einzuarbeiten, ohne dass ich voreingenommen bin. Ich rede mit den Leuten, lasse mir ihre Aufgaben erklären, lese die Akten. Damit bin ich beschäftigt und mit jedem Tag weiß ich mehr.«

»Schön, schön. Das machen Sie schon, denke ich.« Marzollo machte eine Pause. »Sie haben Ihre Kollegen bereits kennengelernt?«

»Ja, Primo Dirigente Caputo und Vicequestore Barletta habe ich bereits kennengelernt.«

»Schön, schön. Sie alle drei arbeiten mir zu, das wissen Sie ja. Ich will auch alles wissen. Das werden Ihnen die Herren berichtet haben. Merken Sie sich, dass bei mir alles zusammenläuft. Das ist wichtig. Ich habe die Verbindungen nach oben. Das gilt auch umgekehrt: Was von oben kommt, müssen wir hier in der Etappe umsetzen.«

Fabio war verwundert, dass er diesen alten militärischen Begriff verwendete, nickte aber leicht zustimmend.

»Die Lage ist derzeit so«, fuhr Marzollo fort, »dass Italien von einer Unzahl von illegalen Einwanderern überschwemmt wird. Das wissen Sie ja, das berichten die Medien jeden Tag. Die neue Regierung will das eindämmen, zumal die meisten europäischen Staaten Italien mit diesem Problem allein lassen. Die katastrophale Lage, die sich an unseren Küsten zeigt, hat Auswirkungen bis hier in den Norden. Wir müssen uns den Auswüchsen entgegenstemmen. Mit voller Härte, verstehen Sie?«

Fabio verstand nur zu gut. Vor einigen Jahren hatte er ähnliches mit einer Ersatzfigur für Pallua erlebt. Seine Vakanz füllte eine junge, dynamische Frau aus, die vor allem ihre Karriere im Blick hatte. Damals war eine rechte Regierung im Amt, so wie jetzt wieder. Diese Dame hatte die gleichen Töne gespuckt wie Marzollo. Fabio fiel sofort ein, was ihm Roberto und Mario über Marzollo erzählt hatten. *Also wieder einer, der die Inhalte der Polizeiarbeit nach seinen Karrierechancen ausrichtet,* dachte Fabio. Er versuchte, seine Mimik zu beherrschen, aber in seinem Magen krampfte sich alles zusammen.

»Sie verstehen, was ich meine?«, wiederholte Marzollo, mit einem leicht aggressiven Zungenschlag.

»Ich bin sicher, Sie werden es mir jetzt erklären«, erwiderte Fabio und wusste in dem Moment, dass er sich mit dieser Antwort keinen Freund gemacht hatte.

»Sie wollen es erklärt haben? Dabei ist das nicht so schwer zu verstehen, meine ich. Aber gut. Sie wollen es erklärt haben. Ich erkläre es Ihnen.«

Marzollo macht eine Kunstpause und nahm Fabio ins Visier. »Ihre Kollegen haben es gleich verstanden. Aber die sind auch erfahrener als Sie. Gut, ich möchte, dass die Ausländerkriminalität stärker verfolgt wird. Darunter verstehe ich alles, wirklich alles, was in einem Zusammenhang mit Ausländern, insbesondere illegalen Ausländern, steht. War das präzise genug für Sie? Das betrifft auch Erkenntnisse, die im Amt für kriminalpolizeiliche Ermittlungen gesammelt werden können. Schließen Sie sich also mit den Kollegen zusammen und dann wünsche ich wöchentlich einen Bericht, über das, was die drei Herren in dieser Causa unternommen haben oder zu unternehmen gedenken. Die Sache hat hohe Priorität, wie Sie verstehen. Die anderen wissen bereits davon, jetzt sind auch Sie unterrichtet. Das war's.«

Marzollo stand auf und wies Fabio mit einer Handbewegung den Weg zur Tür.

Hinter der Tür musste Fabio durchatmen. *Was für ein ...,* dachte er. *Die gleiche ... wie damals.*

- 10 -

Jochen und Michael waren sauer. Dieser Einheimische hatte sie glatt verpfiffen. Sie hatten noch nichts gefunden, als plötzlich ein Carabiniere auftauchte und nach ihrer Genehmigung fragte. Die beiden wussten, dass ihr Hobby, das Sondeln, so nannten es die Schatzsucher, weil sie eine Metallsonde für die Suche verwenden, nicht überall erlaubt war. In Deutschland war es unter bestimmten Voraussetzungen erlaubt, in Italien, da hatten sie sich erkundigt, war das von Ort zu Ort verschieden. Eine eindeutige Regelung hatten sie nicht erkennen können. Also beugten sie sich dem Willen des Gesetzeshüters, zumal ein Carabiniere in seiner dunklen Uniform Eindruck machte und sie keinen Ärger haben wollten. Auf ihren Hinweis, dass sie der Polizei helfen würden, wenn sie eine Patronenhülse mit ihren Geräten aufspüren, hatte der Carabiniere seine Augenbrauen nach oben gezogen und den Kopf ruckartig zur Seite bewegt, was so viel hieß, wie »Verschwindet von hier«. So hatten sie es jedenfalls verstanden. Jetzt waren sie sauer und tranken ein Bier im

Goldenen Löwen. Beim zweiten Glas setzte sich jemand an ihren Tisch. Es war der Mann, den sie gestern bei ihrer Einkehr im *Kastelaz Keller* kurz kennengelernt hatten. Der Mann vom Nebentisch. Er war auch heute sehr freundlich und als sie ihm erzählten, was sie erlebt hatten, spendierte er ihnen das dritte Bier und trank auch selbst mit.

»Unsere Carabinieri sind so. Da ist nicht mit zu spaßen. Wir vom Dorf kennen sie gut, da kann man miteinander reden. Außer man fährt zu schnell oder unter Alkohol, da sind sie streng geworden, auch zu uns.«

»Wissen Sie, ob das Sondeln hier verboten ist? «

»Das weiß ich nicht. Ich könnte mir aber vorstellen, dass Sie dort, wo Archäologen gerne graben, nicht sondeln dürfen. Das Gebiet rund um Kastelaz, also dort, wo die Kirche St. Jakob steht, ist so ein Gebiet. Es hat hier Funde aus der Römerzeit gegeben. Würde man alle Weinberge umgraben, käme noch vieles zu Tage. Deshalb meine ich, könnte es sein, dass der Carabiniere recht hat. War es ein älterer?«

»Nein, ein ganz junger.«

Fernando nickte. »Dann weiß ich, wer es war. Es gibt hier nur zwei. Die haben viel zu tun.«

»Wegen des Mordes?«, fragte Jochen und Fernandos Augen leuchteten auf.

»Sie beide haben den Ermordeten gefunden, richtig? Haben Sie ein Foto gemacht?«

Bevor Jochen antworten konnte, patschte Michael ihm seine Hand auf den Arm. »Moment, Jochen«, sagte er und dann an Fernando gewandt: »Wer sind Sie eigentlich?«

Fernando blickte Michael in die Augen. *Der ist der Anführer, der andere eine Plaudertasche*, schätzte er die Situation ein. Er zückte eine Visitenkarte. Neben seinem Namen stand da: »Freier Journalist«.

»Ich schreibe für die großen deutschen Magazine. Berichte über Abenteuerreisen und alles, was mit True-Crime zu tun hat. Der Fall interessiert mich. Ich könnte die Geschichte auch mit euch beiden aufmachen. So mit Foto und allem Drum und Dran. Ich mache Fotos wie ihr sondelt und dann gibt es ein Interview mit euch. Wenn ihr ein Foto vom Fundort habt, das habt ihr doch bestimmt gemacht, wäre das gut. Das könnte ich nehmen. Wir können dann auch eure Überlegungen einbauen. Die Suche nach der Patronenhülse, wie euch die Staatsmacht daran gehindert hat. Was meint ihr?«

Jochen bekam große Ohren. Michael überlegte, was das für sie bedeuten könnte.

»Welche Magazine sind das denn, für die Sie schreiben?«

»Alle großen Magazine, die in Deutschland erscheinen.«

»Alle?«

»Ja, alle und euer Hobby, das Sondeln, würde darin ganz groß rauskommen. Da gibt es doch eine Community?«

Damit hatte er die beiden im Sack. Denn das war exakt das, was in Michaels Kopf herumging. Mit einem solchen Bericht in einem der großen Magazine würde er, und leider auch Jochen, in der Szene auf einen Schlag bekannt werden.

Michael zückte sein Handy und zeigte Fernando die Fotos, die er von der Leiche gemacht hatte.

- 11 -

Auf dem Weg in sein Büro traf Fabio auf Roberto. Fabio grüßte knapp, in Gedanken vertieft. Roberto stutzte. So hatte er Fabio noch nicht erlebt. »Was ist? Oder besser gefragt, ist was?« Das riss Fabio aus seinem Gedankenkarussell. »Ach, tut mir leid, ich war in Gedanken bei Marzollo.«

Roberto verstand sofort und nötigte Fabio, ihm in sein Büro zu folgen. »Ich ahne, was du erlebt hast«, fing er an. »Marzollo hat uns alle ins Gebet genommen. Diese Ausländersache, stimmt's?« Fabio blickte auf, nickte.

»Du kennst das noch nicht. Uns alte Hasen schockt das nicht mehr. Gib dem Affen Zucker ist unsere Devise. Der Mann will Meldungen? Er bekommt Meldungen. Wir melden jetzt einfach alles. Jeden Kleinkram meinetwegen. Das macht die Akten dick. Hauptsache Marzollo kann nachweisen, dass er den Laden im Griff hat. Zum Bespiel lasse ich die Streifen öfter an den Unterkünften der Flüchtlinge vorbeilaufen und auch über den illegalen

Straßenstrich. Das gibt jede Menge Meldungen. Es ändert nichts an dem, was draußen passiert, aber unser Boss kann damit glänzen. So einfach ist das. Wir können dir gerne unsere Erkenntnisse über das ein oder andere illegale Tun zukommen lassen. Dann kannst du deine Leute darauf ansetzen und dann hast du was Eigenes, was du nach oben berichten kannst. Wir blasen diese Sachen ein bisschen auf. Illegale tun illegale Sachen. Es bleibt ihnen oft keine andere Wahl.«

»Was tut Mario?«, fragte Fabio.

»Mario hat ebenfalls Anknüpfungspunkte, die er nutzt. Die Realität ist eine Konstante, wir verschieben nur den Fokus. An der Realität ändert das nichts. Wenn dieser Spuk dann vorbei ist, machen wir wieder unsere ganz normale Arbeit. Ist doch egal, wer die Questura leitet. Die Besetzung ändert sich, so wie sich die jeweilige Regierung ändert. Die ändert sich, wie wir wissen, in Italien alle paar Monate. Wir sind die Basis, wir müssen uns an das Gesetz halten und ein bisschen Schaum schlagen, wenn es die Herrschaften über uns wollen.« Er klopfte Fabio freundschaftlich auf die Schulter. »Weißt du, dein alter Chef, der hat da nicht mitgespielt, aber er hatte auch Drähte in die höheren Kreise. Das ließ er hin und wieder durchblicken. Damit hat er Marzollo ganz schön geärgert. Das lässt er jetzt an dir aus, fürchte ich.«

- 12 -

Francesca traf sich mit Claudio in der Wache. Sie waren einander sympathisch, was die Sache erleichterte. Claudio schien froh darüber zu sein, ab jetzt nicht allein ermitteln zu müssen.

»Salvatore stelle ich dir später vor. Ganz frisch von der Akademie. Clever, aber noch unerfahren. Ich habe ihn nach St. Jakob geschickt, um zwei Touristen abzufangen.« Er erläuterte Francesca die Zusammenhänge, als Salvatore eintraf. Sie wurden einander vorgestellt und es schien, als wäre Salvatore erstaunt, dass eine Commissario der Polizia zusammen mit ihnen in der Sache ermitteln sollte. Claudio erklärte knapp die Zusammenhänge zwischen Tommaso und Vicequestore Fameo.

Nachdem Francesca umfänglich über den Stand informiert worden war, hatte Claudio noch eine Bitte: »Francesca, ich weiß, dass Margit Ihre Partnerin ist.« Salvatore spitzte die Ohren, Francesca schien verwundert. »Das wissen Sie?« Claudio schmunzelte: »Wir sind ein Dorf. Hier weiß jeder alles. Vor allem der Maresciallo. Jetzt habe ich eine Bitte. Finden Sie heraus, ob im Haushalt von Margit oder ihren Eltern ein Schlüssel zur Wohnung von Alfred Oberhofer existiert. Wir werden morgen Margits Mutter befragen müssen. Für mich bleibt es ein Rätsel, wie die Unterlagen auf dem Tisch über Nacht verschwunden sind, ohne dass wir Einbruchsspuren finden konnten. Da muss es einen weiteren Schlüssel geben. Alfred Oberhofer hatte seinen in der Hosentasche. Den hat niemand entwendet. Nur der Tote wird wissen, wem er Schlüssel überlassen hat. Die Schwester scheint mir naheliegend, für alle Fälle vielleicht, damit sie nach dem Rechten schauen kann. Muss aber nicht, weil wir in Erfahrung gebracht haben, dass sich die Geschwister nicht gut verstanden haben. Vielleicht können Sie auch hierzu mehr herausfinden?«

Francesca tat sich schwer mit dem Gedanken, ihre Freundin befragen zu müssen. Auch wollte sie es sich mit Margits Eltern nicht verscherzen. Gerade jetzt, wo es offensichtlich reichte, dass sie nicht aus Südtirol stammte, um sie abzulehnen. Nicht, dass ihr etwas an Margits Eltern gelegen hätte, aber um Margits Willen wollte sie den Konflikt nicht verschärfen.

»Ich will sehen, ob es sich zufällig ergibt. Aber du verstehst sicher, dass ich gegenüber Margit und ihren Eltern nicht wie eine Polizistin auftreten kann. Da wäre ich dir dankbar, wenn du diesen Teil übernehmen würdest. Was mich mehr interessiert, das sind die Männer, die morgens im *Kastelaz Keller* zusammensitzen. Insbesondere den Franz Caliari würde ich befragen wollen, wenn es euch recht ist. Mich würde interessieren, was er weiß. Die Arztunterlagen würde ich jetzt sofort einscannen und Dr. Philipi schicken. Er kann bestimmt etwas zur Diagnose sagen.« Sie nahm die Blätter in die Hand. »CUP-Syndrom steht da. Ich google das.« Sie tippte in ihr Handy, las uns pfiff durch die Zähne. »Das ist Krebs, wenn ich das richtig verstehe. Aber kompliziert.« Sie scrollte die Seite. »Die Prognose reicht von einer möglichen

Heilung bis zu einer Lebenserwartung von wenigen Wochen. Uff, das scheint echt kompliziert zu sein. Wenn ich das beim schnellen Lesen richtig verstanden habe, können überall im Körper Metastasen auftreten, aber es gibt keinen erkennbaren Herd. Deshalb ist es schwierig zu behandeln.« Sie überlegte. »Dann müsste Dr. Phillipi Metastasen im Körper gefunden haben. Sie schnippeln doch den ganzen Leichnam auf. Wir rufen ihn jetzt sofort an und du«, sie zeigte auf Salvatore, »scannst den Arztbericht und schickst ihn an Phillipi. Den Arzt aus Meran, der den Bericht aufgesetzt hat, können wir später befragen.«

Claudio und Salvatore staunten. *Was war ihnen da für ein Wirbelwind in die Wache gesetzt worden?*

- 13 -

Fernando hatte die beiden Touristen ausgequetscht. Mehr war aus ihnen nicht herauszuholen. Die Tatortfotos waren klasse. Der ganze Körper, der Einschuss in der Brust, die Blutlache unter der Leiche, alles da. Dann ihre Theorie, dass von der Kirche aus geschossen worden war. Er stand jetzt am ungefähren Fundort der Leiche und fotografierte von hier aus hoch zu St. Jakob. *Jetzt noch ein Foto von oben runter und von der Tür zum Turm. Perfekt das alles. Die Fotos schicke ich gleich an die Redaktion. Text kommt dann morgen,* überlegte er. *Ich bin wieder im Geschäft!* Jochen und Michael hatten sich leicht überreden lassen, für ein Fotoshooting erneut auf den Hügel zu steigen, und Fernando fotografierte sie in verschiedenen Positionen, die Menschen beim Sondeln einnehmen. Metallsonde am Stab, Schäufelchen in der Hand. »Lächelt mal«, rief er ihnen zu. Sie taten, was er wollte.

Zum Ende des Shootings lud er sie auf ein letztes Bier in den *Kastelaz Keller* ein.

»Wann wird das denn erscheinen?«, fragte Jochen.

»Das entscheide nicht ich, sondern die Redaktion. Das Magazin erscheint wöchentlich, jeweils am Donnerstag. Wenn ihr nach Hause kommt, kann es gut sein, dass ihr dann drin seid. Oder in einer der Wochen drauf. Ich schreibe euch eine Nachricht, sobald ich es weiß.«

Sie würden in der Community richtig bekannt werden. Es gab ein Vorbild, dem sie folgten. Ein Mann, der auf YouTube viele Filme von seinen Schatzsuchen veröffentlichte. Er wurde von den Herstellern der Sonden gesponsert und erhielt von ihnen die neueste und beste Ausrüstung. So was wollten sie auch machen. Nach einem Bericht über sie in dem Magazin würde es sicher viele Klicks geben.

- 14 -

Dr. Phillipi bestätigte, dass er viele Metastasen im Körper der Leiche gefunden hatte. »Ich habe das alles in den Bericht geschrieben. Der geht morgen raus. Auch an Sie?« Die Frage ging an Francesca.

»Ja, bitte auch an mich.« Sie erläuterte knapp, warum sie jetzt ebenfalls an der Sache dran war.

»Soll mir recht sein. Also, der Mann war voller Metastasen. Einen Herd habe ich nicht ausmachen können, deshalb spricht vieles für das CUP-Syndrom. Ah, ich sehe, dass Sie mir gemailt haben. Moment bitte.« Phillipi scrollte durch das Dokument. »Alles, was ich beim schnellen Lesen erfasst habe, kann ich bestätigen. Die angedachte Behandlung enthält alles, was es im Bereich der Onkologie gibt. Jede Metastase eine andere Behandlungsform. Ich weiß nicht, ob das Sinn gemacht hätte. Der Mann hätte nach meiner Einschätzung nur noch kurze Zeit gelebt. Die Prognose ist sehr ungünstig. Aber fragen Sie bitte den behandelnden Arzt. Er kann das besser einschätzen.«

Die drei in der Wache schauten sich an. Es war Francesca, die das Wort ergriff. »Wir haben einen todkranken Mann, der sich mit seiner Nichte treffen wollte, um irgendetwas zu besprechen. Um was es sich handelte, hat er ihr aber nicht gesagt. Er wird vor Beginn des Gesprächs erschossen. Wir finden auf einem Tisch vorbereitet Unterlagen, die Gegenstand des Gesprächs hätten sein können. Ein Todkranker will seine letzten Dinge regeln, insbesondere sein Testament machen. In der Nacht nach dem Mord verschwinden alle Unterlagen, die mit der Nachlassregelung zu tun haben. Was denkt ihr?« Diese Frage ging an die Carabinieri.

»Es sieht so aus, als hätte es mit der Erbfolge zu tun. Da wollte jemand verhindern, dass das Testament gefunden wird«, meinte Claudio.

Salvatore sagte: »Dem stimme ich zu, aber es ist nicht sicher, dass der Dieb auch der Mörder ist. Er könnte es sein. Aber das würde doch voraussetzen, dass er oder sie von dem Testament gewusst hat, und ich stelle es mir kompliziert vor, den Alfred Oberhofer vom Kirchturm aus abzuschießen, wie ein Stück Wild. Das ist doch alles aufwendig.«

»Oder der Mörder ist angeheuert worden«, meinte Claudio. »Tommaso hat die Sache so eingeschätzt, dass es auch ein Profi sein könnte. Große Entfernung, Schalldämpfer und das alles. Das kann nicht jeder. Das muss jemand sein, der mit Waffen umgehen kann. Außerdem scheint der Mörder unsichtbar gewesen zu sein. Niemand hat etwas Verdächtiges bemerkt. Also doch ein Profi?«

»Angeheuert von wem? Wer profitiert davon, dass das Testament nicht gefunden wird?« Francesca schaute in die Runde.

Salvatore meldete sich. »Soviel ich weiß, tritt die gesetzliche Erbfolge ein, wenn es kein Testament gibt.«

Francesca schaute ihn anerkennend an. »Wer ist der gesetzliche Erbe?«

Claudio räusperte sich: »Alfred Oberhofer war nicht verheiratet und hatte keine Kinder. Also geht es im Stamm nach oben, aber die Eltern sind lange tot. Dann geht es von den Eltern aus wieder nach unten und da gibt es nur die eine Schwester, die Mutter von Margit.«

Francesca holte tief Luft. »Nun, dann bin ich raus. Ich kann in der Familie von Margit nicht die Befragung vornehmen. Das müsst ihr übernehmen. Wenn Alfreds Schwester davon profitiert, dass das Testament verschwindet, dann ist sie verdächtigt, die Unterlagen entwendet zu haben. Aber trauen wir ihr den Todesschuss zu?«

»Nein, auf keinen Fall. Nicht die Bruni. Die weiß doch gar nicht, wie man ein Gewehr richtig hält«, äußerte sich Claudio.

»Was ist mit ihrem Mann?«, fragte Francesca. »Hat er ein Alibi für die Tatzeit?«

Claudio musste nicht in seinem Blöckchen nachsehen. »Er hat das Haus gegen 7 Uhr in der Früh verlassen, hat Bruni ausgesagt. Angeblich, um in seinen Weinbergen den Reifestand der Trauben zu kontrollieren. Er hätte bis um 8 Uhr leicht am Kirchturm sein können. Er wusste auch, dass Alfred morgens ebenfalls nach seinen Trauben schaut.«

»Kann der Mann mit einer Waffe umgehen?«

»Sicher kann er das. Hier ist fast jeder Jäger.«

»Also befragen wir Viktor, wo er nach 7 Uhr war, lassen uns seine Gewehre zeigen und konfrontieren seine Frau mit der Frage, ob sie einen Schlüssel zur alten Kellerei hat«, äußerte sich Salvatore.

»Grundsätzlich wäre es das, was wir tun müssten. Aber wenn es die beiden gemeinsam waren, was würde Bruni aussagen? Sie würde sagen, dass sie keinen Schlüssel zur Wohnung des Bruders hat. Hier müssen wir anders vorgehen. Was das Gewehr oder die Gewehre von Viktor angeht, kann er die Tatwaffe auch versteckt haben. Er zeigt uns nur die Waffen, die er nicht verwendet hat. Nein, wir müssen herausfinden, ob jemand Viktor in der Nähe des Kirchturms gesehen hat. Dann haben wir einen Anhaltspunkt. Weiß jemand, ob Viktor raucht?«

»Wegen der gefundenen Zigarettenstummel? Ich weiß nicht, ob er raucht, aber das bekommen wir raus«, meinte Claudio.

»Fahrplan für morgen«, sagte Francesca. »Ich besuche den alten Freund von Alfred Oberhofer, den Franz Caliari in Kaltern. Ihr versucht herauszufinden, ob Viktor ein Alibi hat oder ob ihn jemand am Tattag oder auch am Tag zuvor am Kirchturm gesehen hat. Vielleicht bekommt ihr auch heraus, ob er Raucher ist. Wenn ich noch Zeit dafür habe, besuche ich den Arzt, der den Bericht geschrieben hat, in Meran. Einwände?«

Claudio war froh, so eine tatkräftige Kollegin an der Seite zu haben. So kurz vor der Pensionierung einen Mord allein aufzuklären, empfand er als Belastung.

- 15 -

»Du bist fix! Die Fotos sind großartig. Also bist du wirklich ganz nah dran. Wann kommt der Text und gibt es Hinweise auf den

Täter?« Die Reaktion des Redakteurs kam prompt, nachdem er die Fotos erhalten hatte. Offensichtlich hatte er Spätschicht.

»Aber wir brauchen mehr Fleisch an der Geschichte. Erzähle was über das Dorf, in dem du bist. Jedes Dorf hat Geheimnisse. Da kannst du vielleicht etwas finden, was zur Geschichte passt. Alte Rivalität vielleicht oder bau die Mafia ein, das geht immer in Italien. Dunkle Geschichten aus der Vergangenheit, dir fällt schon was ein. Wir brauchen Plausibles als Auflösung, jedenfalls so lange, bis der Mörder nicht gefasst worden ist. Wenn er schnell gefasst wird, dann brauchen wir den ganzen Hintergrund, Motiv und so weiter. Du weißt, was ich meine. Hauptsache Action und Spannung. Schreib was zur Familie des Toten, das interessiert die Leser auch.«

Fernando rauchte der Kopf. *Klar, dass die im hohen Norden Deutschlands keine Ahnung davon haben, wie es in einem Südtiroler Dorf zugeht. Aber ich habe das jetzt angeleiert. Jetzt muss ich durch.*

»Geht klar. Ich hänge mich rein. Morgen gibt es den ersten Aufschlag. Ich schicke euch das Interview. Dann die Fakten, die wir bisher kennen. Das mit dem Dorf und so weiter, da muss ich noch recherchieren. Ich nutze auch meine Kontakte zur örtlichen Polizei. Du hörst von mir.«

Fernando war bewusst, dass er Geschichten ausschlachten musste, die er aus dem Dorftratsch kannte. Er überlegte, wie viele im Dorf das Magazin aus Deutschland lasen. *Muss mich das interessieren? Es geht hier um meinen Verdienst. Ich muss schließlich davon leben. Also was soll es,* waren seine Gedanken, bevor er sich im *Goldenen Löwen* drei Bier zur Nacht gönnen wollte.

- 16 -

»Was ist mir dir?« Elisabeth erkannte sofort, dass ihr Mann niedergeschlagen war. Fabio blickt kurz auf. Er war heute spät nach Hause gekommen. Nach der Besprechung mit Marzollo und dem Gespräch mit Roberto hatte er noch viele Akten abarbeiten müssen. Da er die Historie der Akten aus den beiden für ihn neuen Einheiten seiner Abteilung nicht kannte, las er sie gründlich, um sich in die Angelegenheiten einzuarbeiten.

»Nichts«, antwortete er. Elisabeth runzelte ihre Stirn. »Das glaube ich dir nicht. Ich kenne dich, Mann. Etwas beunruhigt dich.«

Fabio seufzte und erzählte ihr die Geschichte seines Tages. »Es ist genauso wie damals, als die Cantallielo eingesetzt wurde. Das sind Leute, denen es um ihre Karriere geht. Denen ist die Sache, für die wir stehen, nicht wichtig, vielleicht ist sie ihnen sogar egal. Da weht die Flagge im Wind, den die jeweilige Regierung macht. Aber den Tipp, den mir freundlicherweise Roberto gegeben hat, mag ich nicht befolgen. Das widerstrebt mir. Potemkinsche Dörfer soll ich aufbauen. Das ist doch Verschwendung von Ressourcen.« Fabio war empört. Es regte ihn auf. Er spürte, dass sein Blutdruck stieg.

Elisabeth ahnte, was in ihrem Mann vorging. Sie hatte die Geschichte mit der Cantallielo miterlebt und auch, was das mit ihrem Mann gemacht hatte. Sein Empfinden für Gerechtigkeit und Respekt war damals arg gestört worden. Diese Episode hatte zum Glück nicht lange gedauert. Aber jetzt war klar, dass Fabio mit den neuen Strukturen, die ihn umgaben, ein Problem haben würde.

»Ich verstehe ganz gut, was du meinst«, fing sie an. »Ich kann dir dazu keinen klugen Rat geben, denn von deiner Arbeit verstehe ich zu wenig. Das Hierarchische ist mir ohnehin fremd. Möglicherweise hat dein Kollege recht, wenn er meint, dass du das Spiel mitspielen musst. Immerhin sind er und der andere Vicequestore seit vielen Jahren in diesem Amt. Du bist noch ganz neu. Du findest einen Mittelweg, der dich zufriedenstellt. Ändern kann man Leute wie Marzollo nicht. So lange, bis er wegbefördert wird, musst du mit ihm klarkommen. Außerdem weiß man nie, wer ihm nachfolgt. Schlimmer geht immer, heißt es doch. Übe doch an ihm, mit schwierigen Vorgesetzten klarzukommen. Was meinst du?«

Fabio hatte zwar zugehört, aber er war nicht in der Stimmung, darüber zu diskutieren, wie er seinen Job machen sollte. Seine Mimik zeigte es.

»Da ist noch etwas, über das ich mit dir reden möchte«, sagte Elisabeth. »Es ist vielleicht nicht der günstigste Augenblick, aber ich warte nicht, bis es sich glücklich fügt.«

Fabio schaute irritiert.

»Du hast eine neue Aufgabe mit mehr Verantwortung. Über deine Beförderung freue ich mich. Was mich nicht freut, ist, dass du für deine Familie zu wenig Zeit hast. Du gehst früh aus dem Haus, siehst die Kinder im Vorbeilaufen und sie sind im Bett, wenn du nach Hause kommst. Am Wochenende hast du Akten dabei, die du lesen möchtest, um dich auf den Stand zu bringen. Aber so geht das nicht. Wir sind eine Familie und da braucht es ein Mindestmaß an Anwesenheit. Nur so bekommst du mit, was sich bei den Kindern tut. Das sind die wichtigsten Jahre, die Kleinkinderphase. Meine Bitte ist, überlege, wie du deine Prioritäten setzt. Arbeite dich ein, aber überarbeite dich nicht. Höre vielleicht auf deine Kollegen und mach kein Fass auf, das deine Kräfte verbraucht. Was meinst du?«

Fabio hatte den Kopf voll mit den Dingen, die seine Aufgabe von ihm verlangte. Jetzt auch noch das. Er war müde, verärgert wegen des Gespräches mit Marzollo und nicht in der Stimmung, sich um die von Elisabeth angesprochenen Themen zu kümmern. *Ach, überhaupt! Sie weiß nicht, was ich alles am Hals habe. Das muss sie aushalten. Wie stellt sie sich das überhaupt vor?* Diese Gedanken schossen ihm durch den Kopf.

Er sagte nichts, stand auf und ging ins Wohnzimmer, um sich sofort auf die Coach zu setzen. Elisabeth beobachtete, wie es in ihm arbeitete. *Das war vielleicht nicht der beste Moment,* dachte sie. *Aber irgendwann musste ich es ansprechen. Damit er merkt, dass hier was falsch läuft.*

- 17 -

Es würde nicht bei den drei Bieren bleiben. Fernando wollte gehen, als die Röggler- Brüder in den *Golden Löwen* reinpolterten. Ivo, der Wirt, schaute skeptisch, denn er kannte die beiden gut. Sie wirkten betrunken. Wenn sie betrunken waren, neigten sie zum Streit. Den Ivo auf jeden Fall nicht in seinem Café wollte.

Außer Fernando, der nach Ivos Einschätzung heute nicht gut aussah, saßen zwei betagte Einheimische an einem der hinteren Tische und steckten ihre Köpfe zusammen. Keine

Sparringspartner für die Röggler-Brüder, kombinierte Ivo. Auch Fernando war nicht der Typ, der es mit zwei streitlustigen Hünen aufnehmen würde. Ivo nickte kurz in Richtung der zwei Männer: »So spät noch unterwegs? Bier?«

»Genau, Ivo, mach uns zwei Bier!«, rief Walter, der ältere der Brüder, und haute Willi, dem jüngeren, kräftig auf die Schulter. Fernando beobachtete die Szene und es kam ihm so vor, als würde der Mann diesen kräftigen Schlag in keiner Weise bemerken. Willi grinste bloß und richtete seinen Blick auf Fernando. »Na, Edelfeder«, so nannte man ihn im Dorf, »auch noch auf? Komm, trink mit uns«, sagte er und setzte sich links neben Fernando. Walter kam mit den zwei Bieren in der Hand ebenfalls an den Tisch und setzte sich auf die andere Seite. Fernando war eingekeilt. Die Brüder stießen an Fernandos Glas, in dem sich noch ein Schluck Bier befand. *Der letzte Schluck für heute,* hatte Fernando eigentlich gerade gedacht. Jetzt gab kein Entrinnen, denn Walter rief sofort nach einem Bier für die Edelfeder und Ivo war schnell. Ivo dachte: *Je mehr und schneller sie trinken, umso eher ist heute Feierabend.*

Nach dem fünften gemeinsamen Bier war Fernando angetrunken. Die Brüder hingegen wirkten noch fit. Ivo wollte Feierabend machen, die beiden Alten waren längst gegangen und der Stundenzeiger der Uhr lief auf Mitternacht zu. »Noch eine Schnapsrunde auf mich und dann geht es nach Hause, Männer«, sagte er und stellte drei Stamperl auf den Tisch. Die Röggler-Brüder grinsten ihn an. »Willst du uns loswerden?«

Ivo grinste zurück. »Nur heute. Weil es spät ist. Außerdem, wenn dein Lieblingswirt jetzt nicht ins Bett kommt, ist er morgen nicht fit, wenn du wieder hier einkehren willst. Das willst du doch und ich will das doch auch. Also trinkt aus und ich mach heute noch zu«. Er zeigte kurz auf die Uhr. »Wir müssen uns beeilen, wenn ich noch heute zu machen will.«

Fernando nickte, denn ihm war es recht. Er hatte über die fünf gemeinsamen Biere einiges erfahren, was ihm jetzt im Kopf rumging. Das Thema des Abends war – natürlich – der Tod von Alfred Oberhofer. Die Rögglers hatten ihn offensichtlich gut gekannt. Als Fernando das erkannt hatte, ließ er sie erzählen.

Als geschulter Interviewer wusste er, wie man über offene Fragen die Leute zum Reden bringt. Die Röggiers, arglos, nicht schnell im Denken und vom Bier benebelt, ließen sich nicht lange bitten. Fernando wusste daher, dass Alfred Oberhofer den verschuldeten Hof der Brüder über Jahre unterstützt hatte. Die Rögglers waren als Halbwaisen aufgewachsen, ohne ihren Vater richtig zu kennen. Als sie drei beziehungsweise zwei Jahre alt waren, stand ihre Mutter allein mit ihnen da. Es galt einen Hof zu bewirtschaften, der nicht viel abwarf. Die Mutter mühte sich redlich und brachte die Buben durch. Als Walter volljährig war, starb die Mutter. Man erzählte sich im Dorf, dass sie ausgezehrt gewesen war. Aus Erschöpfung gestorben. Die Brüder hatten früh mit anpacken müssen, wurden stark und wild und als sie auf sich gestellt waren, hatten sie es verstanden, den Hof am Laufen zu halten. Sie hatten einige Obstwiesen und Weinberge. Diese aber in ungünstiger Lage, mit wenig Sonne, sodass die Trauben mindere Qualität lieferten. Die wirtschaftliche Lage war nie gut, aber es gab Jahre, da war sie miserabel. Die Brüder brauchten Kredit, aber bekamen keinen. Da sprang Alfred Oberhofer ein. Wenn es eng wurde, das wussten die Brüder, konnten sie Alfred ansprechen. Er kaufte ihnen ihre Weinberge ab, einen nach dem anderen. Für einen Preis, der ordentlich war. Er zahlte das, was sie brauchten, um über die Runden zu kommen. Außerdem ließ er sie die Weinberge weiterhin bewirtschaften. Nach außen sah es so aus, als wären sie weiterhin die Herren auf dem Hof. Warum er so handelte, konnten sich die beiden nicht erklären. »Wir glauben, dass er uns als Patenkinder betrachtet hat, um die man sich kümmert, wenn die Eltern nicht mehr sind«, hatte Walter erzählt. »Ja, das glaube ich auch«, hatte Willi ergänzt. »Er war für uns so wie der Vater, den wir nicht kennengelernt haben.«

Da wurde es kurz trübsinnig, weil beide an den toten Alfred dachten. »Warum erschießt einer den?«, fragte Walter. »Habt ihr eine Erklärung?«, fragte Fernando und hatte gespitzte Ohren. Willi meinte, dass er sich vorstellen könne, dass es ein Unfall war. »Da hat jemand zum Spaß eine Waffe auf ihn gerichtet und nicht gewusst, dass sie noch geladen war und dann, peng, war er tot. Dann hat er die Leiche in den Weinberg gelegt.« Walter nickte, hatte aber noch eine Idee: »Der Alfred war doch einer der Großen. Er hatte die besten Trauben, sagt man jedenfalls. Na ja, da gibt es in Tramin noch andere, meine ich, aber ist auch egal. Da war ihm einer gram und wollte es ihm heimzahlen.«

»Was heimzahlen?« Fernando wurde ungeduldig. Walter schaute ihn an: »Was weiß denn ich? Frag die von der Genossenschaft. Da schaut doch ein jeder auf das, was der andere anliefert. Wer hat die besten Trauben, wer bekommt vom Kellermeister die bessere Bewertung bei der Anlieferung und somit später das meiste Geld. Da würde ich suchen.«

»Du meinst ein Winzerkollege?« Fernando war skeptisch. Walter zuckte mit den Schultern. »Ich habe nichts mitbekommen. Zu uns war er immer korrekt.« Willi haute mit der Hand auf den Tisch: »Mehr als korrekt würde ich sagen. Ich glaube auch nicht, dass es einer von uns Bauern war.«

»Sondern?« Fernando wurde unruhig. *Was wussten die beiden?*

»Also, wenn es kein Unfall war, dann muss es ein Mord gewesen sein.« Walter schaute seinen Bruder an. Der fuhr fort: »Also, wenn es ein Mord gewesen ist, dann hat der auch ein Motiv gehabt, der Mörder.« Fernando wollte am liebsten in die Tischkante beißen, als er diese Allerweltsweisheiten vernahm. Aber Willi war noch nicht fertig. »Ich kann mir vorstellen, dass Alfred irgendetwas gemacht hat, was nicht legal war. Er konnte vor einigen Jahren die alte Kellerei kaufen. Ein großes Objekt. Ich habe gehört, er habe den Kauf bar bezahlt, also keinen Kredit gebraucht. Uns hat er auch über viele Jahre finanziell unterstützt. Ihm gehört zwar unser halber Hof, aber wir durften weiter wirtschaften, als wäre es unser eigener. Wer weiß, wen er noch gesponsert hat. Wir beide wissen doch, wie viel die Kellerei für die Trauben zahlt. Nimm das, was wir bekommen, mal 30, dann hast du ungefähr das, was Alfred hatte. Das ist viel, zugegeben, aber ist es so viel, dass er sich die alte Kellerei leisten konnte? Denk mal darüber nach.«

»Du meinst«, sagte Fernando, »dass er illegale Geschäfte gemacht hat? Welcher Art waren die?«

Willi druckste herum. »Genau weiß ich das nicht. Ich habe eine Vermutung.«

Fernando sah Willi fiebrig an. »Ja?«

»Wo kannst du als Weinbauer am meisten sparen?« Willi hatte diese Frage an Fernando gerichtet.

Fernando wusste nicht, worauf Willi hinauswollte. Er sagte ins Blaue: »Ich weiß nicht. Wo entstehen denn Kosten? Beim Werkzeug? Bei den Maschinen?«

Willi schaute Fernando lange an. »Du weißt nichts. Du bist eben ein Schreiberling. Ein großer Kostenapparat sind die Lohnkosten. Alfred hat mindestens fünf Hektar Weinberge und war ein alter alleinstehender Mann. Alle Arbeit rund um den Rebstock musste er von Fremdarbeitern erledigen lassen. Er hat den Erwin, einen erfahrenen Mann aus dem Ort, als Koordinator angestellt. Aber die Arbeiten rund um den Stock bis zur Ernte machen Fremde. An den Löhnen kannst du sparen.«

Fernando pfiff durch die Zähne. »Verstehe, und du glaubst, dass einer von denen sich übervorteilt gesehen hat. Es kam zu einem Streit.«

»Dann kam es zu einem Streit«, sagte Willi. »Alfred hat den Mann mit einer Waffe bedroht, der hat sie ihm entwendet, ein Schuss hat sich gelöst und dann war Alfred tot.«

»Warum lag er dann in einem seiner Weinberge?«, fragte Fernando.

»Der Streit war in Alfreds Wohnung. Der Täter hat ihn in der Nacht in die Weinberge geschafft.«

»Warum so umständlich? Warum hat er ihn nicht in der Wohnung gelassen?«

»Jetzt fragst du wie ein Polizist. Was weiß denn ich? Frag den Täter, wenn du ihn findest. Ich weiß es auch nicht, aber ich denke halt. Ich denke, so könnte es gewesen sein.« Willi war fertig.

Mittwoch

-1-

Das Hotel *Zum Dicken Elefanten* war eines der größten in Kaltern. Francesca sah es von weitem, als sie auf den Ort zufuhr. Es prangte auf einem Hügel. Ein Haus, dem man ansah, dass es über die Jahre etliche Erweiterungen erfahren hatte. Hier ein Anbau, dort ein paar Erker, hier ein Türmchen, alles frisch gestrichen und ein gepflegter Garten drumherum. Francesca folgte der Ausschilderung, an der vier Sterne auf die Qualität des Hotels hinwiesen, und gelangte in eine halbrunde Kurzparkzone vor dem Hoteleingang.

An der Rezeption fragte sie nach Franz Caliari.

»In welcher Angelegenheit?«

Francesca zückte ihren Dienstausweis: »Das sage ich ihm lieber selber.«

»Moment bitte.« Der Blick des Mannes an der Rezeption verriet Neugier. *Hat der Chef etwas ausgefressen?,* schien er sich zu fragen. *Mal wieder zu schnell gefahren? Mit Alkohol im Blut erwischt worden?*

Franz Caliari war eine beeindruckende Erscheinung. Groß, muskulös und sein Gang federnd. Sein Alter war schwer zu schätzen. 60? 65 vielleicht?

Er schaute Francesca freundlich und neugierig an. »Die Polizia am frühen Morgen, das habe ich noch nie erlebt. Ich hoffe, es ist nichts Schlimmes?«

»Es geht um den Tod von Alfred Oberhofer«, antwortete Francesca. »Sie waren ein guter Freund, haben wir erfahren. Darum möchte ich mit Ihnen sprechen.«

Schlagartig änderte sich Franz' Geschichtsausdruck. Der ganze Mann schien in sich zusammenzufallen. Seine Stimme klang fortan belegt. »Kommen Sie«, sagte er, »wir setzen uns in mein Büro. Da haben wir Ruhe.« Im Vorbeigehen an der Rezeption ordnete er an: »Kaffee und Wasser in mein Büro und dann will ich nicht gestört werden.«

Sie saßen in seinem geräumigen Büro und schwiegen sich zuerst an. Francesca atmete die Atmosphäre ein. Franz Caliari schien schwer getroffen. Nichts erinnerte mehr an den Mann, der ihr soeben mit federnden Schritten entgegengekommen war.

Dann begann er zu reden: »Ich weiß es seit gestern. Alfred und ich haben uns immer morgens im *Kastelaz Keller* auf einen Caffè getroffen. Vorgestern ist er nicht gekommen und ich habe ihn telefonisch nicht erreichen können. Gestern hat mir die Wirtin erzählt, dass man ihn tot am Fuße seines Weinbergs unterhalb von St. Jakob gefunden hat. Erschossen, hat sie mir erzählt. Ich konnte das nicht glauben, aber da Sie heute hier sind, wird es stimmen. Dass man ihn erschossen hat, meine ich. Sonst käme die Polizia nicht vorbei. Es ist schrecklich für mich.«

Es trat eine Pause ein. Wie es schien, war Franz in seinen Gedanken unterwegs. Deshalb fragte Francesca vorsichtig: »Sie kannten sich gut, hat man uns erzählt?«

Franz seufzte laut, er war den Tränen nahe. »Wir sind zusammen aufgewachsen, zusammen in die Schule gegangen. Wir waren wie Brüder, könnte man sagen. Alles haben wir zusammen gemacht, wirklich alles. Ich habe später nach Kaltern geheiratet, bin hier Hotelier geworden. Weinbauer bin ich aber auch, so wie Alfred. Das haben wir beide gelernt, den Weinberg zu bestellen. Er ist leider ledig geblieben, hat keine Familie. Jetzt sind wir beide über 70 Jahre alt und eigentlich könnten wir es ruhig angehen lassen, nur kann keiner von uns die Arbeit sein lassen. Das Körperliche, das können wir nicht mehr so gut wie früher. Dafür haben wir unsere Leute, aber das Heft halten wir noch in der Hand.«

Dann verstummte Franz wieder.

»Sie haben sich jeden Tag im *Kastelaz Keller* getroffen?«

»Seit fünf oder sechs Jahren, schätze ich. Wir haben es uns herausgenommen, den Tag gemeinsam zu beginnen. Diese Zeit gehörte uns. Wir fanden, es sei richtig, die letzten Jahre eng zueinander zu stehen. Wie früher. Er wohnt nicht weit vom Keller und für mich ist es mit dem Auto auch nicht weit.«

»Ist Ihnen in letzter Zeit irgendetwas an ihrem Freund aufgefallen? Gab es ein Ereignis, das ihn beunruhigt hat? Hat er davon gesprochen, dass er Feinde habe, Probleme?«

Franz holte tief Luft. »Feinde hatte er sicher keine. Er war wohlgelitten im Dorf. Da war nur eine Sache, die er mir erzählt hat.«

Francesca musste eine Minute warten, bis Franz weitererzählte.

»Er hat mir erzählt, dass er sterbenskrank sei. Das war vor einigen Wochen. Sein Arzt hätte ihm gesagt, dass er nur noch wenig Zeit zu leben hätte. Bösartiger Krebs, sehr aggressiv. Der ganze Körper sei befallen. Nichts mehr zu machen. Er wollte auf keinen Fall, dass man ihn bestrahlte und mit Chemotherapie behandele. Sein Arzt hätte ihm davon zwar nicht abgeraten, aber er sah wohl auch keine Heilungschance mehr. Diese Gedanken haben ihn also in seinen letzten Tagen umgetrieben.« Franz seufzte tief und lange. »Er war tapfer. Wir haben darüber nicht mehr gesprochen. Ich habe schon gewollt, aber er hat mir gesagt, dass er nicht darüber reden möchte. Er wolle jetzt seine Dinge regeln, ganz in Ruhe, dann möge geschehen, was auch immer geschieht. Er war merkwürdig gefasst, würde ich sagen.«

Francesca und Franz schwiegen einige Minuten. Dann fragte Francesca: »Als er am Montag nicht zur verabredeten Zeit im Keller war, was haben Sie da gedacht?«

Franz schaute sie nicht an, sprach mehr zu sich: »Da habe ich gedacht, es ist so weit.«

»Sie sind aber nicht zu ihm nach Hause?«

»Nein.« Die Antwort kam schleppend. »Ich bin nicht zu ihm nach Hause gefahren. Ich habe nachmittags angerufen und als niemand abnahm, dachte ich, dass es passiert sein könnte.«

»Darf ich fragen, warum Sie ihn nicht aufgesucht haben? Vielleicht hätte er Hilfe gebraucht.«

Franz richtete langsam seinen Blick auf Francesca: »Das wäre falsch gewesen. Ich wusste um seine Krankheit und er hat mir gesagt, dass er in Frieden gehen werde. Am Montag habe ich gedacht, dass er es selbst getan hat. ›In Frieden gehen‹ war für mich eine Umschreibung für einen selbstbestimmten Tod. Ich wollte ihn so nicht finden.«

»Aber dennoch sind Sie am Dienstag zum gewohnten Treffpunkt gekommen?«

Franz nickte. »Sentimentalität vielleicht. Das Gefühl, dass er noch an diesem Ort ist, vielleicht. Nicht alles, was wir Menschen tun, hat Sinn und Verstand, oder? Ich weiß nicht, warum ich wieder dorthin bin. Aber die Nachricht der Wirtin, dass Alfred erschossen worden sei, die hat mich geschockt.«

»Sie haben ja an einen Selbstmord geglaubt.«

»Ja, ich habe auch zunächst verstanden, er hätte sich erschossen. Das war es, was ich mir hätte vorstellen können. Aber die Wirtin hat es immer wieder gesagt, dass er erschossen worden ist. Wahrscheinlich sei vom Kirchturm runter auf Alfred geschossen worden. Dass die Carabinieri da gewesen seien und dass zwei Touristen die Leiche gefunden hätten. Ich weiß nicht mehr alles, was sie erzählt hat. Sie hat in einer Tour auf mich eingeredet und dann auch auf die anderen, die morgens früh auf einen ersten Caffè vorbeikommen. Ich bin dann raus, nach Hause.«

»Eine letzte Frage für heute: Sie haben gesagt, dass Sie sich nicht vorstellen können, dass Alfred Oberhofer Feinde hatte. Fällt Ihnen noch etwas ein, was uns helfen könnte? Mit wem hatte er Umgang, wer waren seine Geschäftspartner?«

Franz war jetzt ganz in sich zusammengesunken. Er zuckte mit den Schultern, blickte auf den Boden.

»Alfred lebte für seine Reben. Die Kellerei war sein einziger Geschäftspartner. Erwin, ein gelernter Kellermeister, koordinierte in den vergangenen Jahren alles für ihn. Den müssen Sie fragen. Wenn einer was weiß, dann Erwin. Er wohnt in Tramin. Ihn kennt dort jeder. Ich fürchte, ich kann Ihnen nicht weiterhelfen. Ich kann mir nicht vorstellen, wer ihm das hätte antun wollen.«

- 2 -

Claudio und Salvatore hatten sich mit Erwin vor der alten Kellerei verabredet. »Vielleicht weiß er doch etwas«, hatten sie überlegt. »Irgendjemand muss einen Zweitschlüssel zur alten Kellerei gehabt haben. Wir schauen uns die Wohnung von Alfred noch einmal gründlich an. Vielleicht finden wir dort einen Hinweis.«

Erwin war pünktlich und schloss den Carabinieri auf. Ihn erstaunte nicht, dass sie erneut alles gründlich anschauen wollten. »Wenn ihr wollt, lasse ich euch den Schlüssel. Dann braucht ihr mich nicht zu fragen. Ich habe jetzt nichts mehr zu tun, bis wir wissen, wer jetzt das Sagen hier hat. Die Fremdarbeiter habe ich informiert, dass unsicher ist, wer ihren Lohn bezahlt. Was glaubt ihr, was da los war. Beschimpft haben sie mich. Dabei kann ich nichts dafür. Aber ehrlich muss man sein. Ich kann die nicht kommen lassen und es gibt dann nichts. Ich fürchte, die gehen jetzt woanders hin. Überall werden erfahrene Erntehelfer gebraucht. Sie finden leicht was Neues. Also, was ist, soll ich euch den Schlüssel geben?«

Claudio nahm ihn. »Wenn du ihn brauchst, ruf mich an. Ich hinterlege ihn in der Wache. Aber denk bitte noch mal nach. Wer könnte einen Zweitschlüssel haben? Was ist mit Alfreds Schwester? Das wäre doch sinnvoll. Dass da jemand ist, der nach dem Rechten schauen kann. Außer dir, meine ich.«

Erwin schüttelte den Kopf. »Das weiß ich nicht. Da musst du sie selbst fragen. Ich weiß nur, dass die beiden nicht gut miteinander auskamen. Die alte Geschichte mit dem geringen Erbe. Ich glaube, dass ihr Mann dahintersteckt. Viktor ist ein Unzufriedener, einer der meint, zu kurz gekommen zu sein. Ich kenne ihn noch als Bub. Er war neidisch auf alles und jeden, sodass mit ihm schlecht auszukommen war. Hatte einer was, was er nicht hatte, dann wurde er gemein. Viktor hat sich nicht geändert und wenn du mich fragst, hat das auf seine Frau abgefärbt.«

»War Viktor neidisch auf Alfred?«

»Viktor war neidisch auf fast alle Weinbauern im Dorf. Bis auf die Röggler-Brüder vielleicht. Die haben noch weniger. Viktor hat ein Hektar Grund mit Wein. Das ist alles. Wenn die Tochter, die Margit, nicht so ein cleveres Mädchen wäre, könnte es sein, dass er längst pleite wäre. Die Margit ist die, die den Betrieb führt. Viktor kümmert sich um die Reben und fährt die Trauben zur Kellerei. Aber den Verstand hat die Tochter.«

Claudio merkte auf: »Haben die keine Erntehelfer? Ich meine, Bruni hätte mir erzählt, dass sie für die Erntehelfer kochen würde.«

»Kann sein, dass sie jetzt jemanden eingestellt haben. Früher hat Viktor alles allein gemacht. Ein Hektar ist zu schaffen. Vielleicht schafft er es nicht mehr? Aber so ein Erntehelfer ist teuer. Wenn er ausfällt oder du hast einen faulen Sack erwischt, dann zahlst du und hast nichts von ihm. Ich meine, das kann sich ein so kleiner Betrieb nicht leisten. Aber was weiß ich schon. Da musst du Viktor selbst fragen.«

Salvatore hatte aufmerksam zugehört. »Ist Viktor auch Jäger?«

Erwins Kopf fuhr herum. »Was soll das jetzt? Ihr glaubt doch nicht, dass der Viktor ...?«

Er sprach nicht aus, was er dachte.

Claudio beruhigte ihn. »Nein, nein, wir glauben gar nichts. Wir fragen nur. Ist alles interessant. Also, ist er Jäger? Weißt du das? Wir fragen ihn auch selbst.«

Erwin nickte. »Viktor darf hier jagen, wie jeder, der hier ansässig ist und einen Jagdschein hat. Das wisst ihr doch. Die Abschüsse werden vom Revierleiter vergeben. Es wird halbwegs gerecht unter den Jagdberechtigen aufgeteilt. Mal mehr, mal weniger, sagt man.«

Claudio kannte das System. »Danke, Erwin, auch für den Schlüssel. Wenn es dir recht ist, suchen wir hier noch ein wenig. Die Wohnung ist offen?«

»Der Schlüssel steckt außen. Das hat der Alfred so gewollt. Er hatte keine Angst, dass bei ihm jemand einbricht. Er sagte immer: ›Mir passiert nichts. Ich bin ein Glückskind.‹ Bis auf den Montag. Da hat ihn das Glück verlassen. Armer Teufel.«

- 3 -

Als Francesca das Hotel verließ, begegnetet ihr der junge Mann, den sie zu Beginn ihres Besuches an der Rezeption kennengelernt hatte. Seinem Blick war leicht anzumerken, dass er gerne gewusst hätte, was die Polizia von seinem Chef gewollt hatte. Plump zu fragen, traute er sich nicht. So versuchte er es auf charmante Weise: »Je früher der Tag, umso interessanter die Besucher vom Chef«, fing er an und ein flirtgeübtes Lächeln spielte um seine Lippen. Francesca kannte das. Männer versuchten auf diese Art, mit ihr ins Gespräch zu kommen. Sie wusste diesen Umstand auszunutzen.

»Ja, nicht wahr? Auch der Chef ist ein interessanter Mann«, plauderte sie ins Blaue hinein. Sie setzte ein Lächeln auf, von dem sie wusste, dass es den Männern Hoffnung machte.

Dem jungen Mann schwoll ein wenig die Brust. *Angebissen,* dachte er. *Angebissen,* wusste sie. »Sie finden also ältere Männer interessant?«, fragte der junge Mann ein wenig keck.

Das war ein bisschen zu keck für dich, dachte Francesca, lächelte ihn aber weiter an. »So ein großer Betrieb«, sagte sie, »so ein großes Haus. Das ist doch imposant, finden Sie nicht?«

Der junge Mann beugte sich ein wenig zu Francesca hinunter und seine Stimme war jetzt leise. »Nur, dass ihm davon nichts gehört.«

Francesca merkte auf. *Interessant,* dachte sie. *Was weißt du noch, kleiner Mann?* Als nichts mehr kam, fragte sie: »Nein? Wem denn?«

Dem jungen Mann wurde es mulmig zumute. *Verplappert,* sagte er zu sich selbst. *Was geht es die Polizia an?* Er zögerte, aber Francesca ließ ihn jetzt nicht mehr von der Leine. Sie kam ihm leicht nahe, was bei ihm ambivalente Gefühle auslöste. Einerseits bekam er es mit der Angst zu tun. Was, wenn er sich hier in eine Situation reinritt, die ihm schaden könnte. Andererseits wollte er seinen Flirt-Versuch nicht als Verlierer beenden. Auch er kam Francesca ein wenig näher. Ganz leise sagte er: »Seiner Frau gehört alles. Ihm gehört hier nichts.«

Francesca war zufrieden. *Eine Information mehr kann nie schaden. Aber sie muss auch nicht nützen,* dachte sie. Sie schaute dem jungen Mann tief in die Augen und sah, wie es ihm anders wurde.

Er war jetzt irritiert. Er hatte einer Polizistin etwas verraten, um sich interessant zu machen. Er richtete sich auf, vergrößerte den Abstand. *Wie jetzt das Gespräch beenden,* überlegte er. Ihm fiel nichts Besseres ein als diese Frage: »Heute Abend schon was vor?«

Francesca musste den aufkommenden Lachanfall runterschlucken. Sie blickte ihm aber weiter tief in die Augen: »Ja, schöner Mann. Heute und morgen und auch übermorgen. Eigentlich immer. Aber danke.« Dann entließ sie ihn aus ihrem Blick und ging.

- 4 -

Als Claudio und Salvatore die Wohnung betraten, bemerkten sie sofort, dass jemand in der Zeit seit ihrem letzten Besuch da gewesen sein musste. Ein Ordner mit Papieren lag geöffnet auf dem Tisch, wo Salvatore die drei Stapel gesehen hatte. Es standen auch zwei Türen eines Wandschranks offen. Darin befanden sich weitere Ordner.

»Hier geht einer aus und ein«, murmelte Claudio.

»Ja, und dieser jemand scheint sich für irgendetwas zu interessieren«, ergänzte Salvatore.

In der Ecke sahen sie einen umgefallenen Papierkorb. »Ob der durchwühlt worden ist?« Claudio blickte sich im Raum um. Sonst fiel ihm nichts auf.

Währenddessen war Salvatore durch die anderen Räume der Wohnung gegangen. »Hier ist eingebrochen worden. Komm! Sieh dir das an!«

An der hinteren Seite des Hauses lehnte eine Leiter an einem der Küchenfenster. Dieses Fenster war eingeschlagen worden, um an den innenliegenden Griff zu kommen. Jetzt stand es sperrangelweit offen. »Hier ist er rein«, sagte Salvatore.

Claudio schaute aus dem Fenster. Hinter der alten Kellerei stieg das Gelände an, teilweise war es bepflanzt. »Er wird es nicht schwer gehabt haben, hier unbemerkt einzusteigen. Wir werden die Nachbarn befragen, ob sie etwas gehört haben. Die Leiter und den Fenstergriff untersuchen wir auf Fingerabdrücke«, murmelte Claudio. »Was hat er hier gesucht?«

»Lass uns die Unterlagen betrachten, die auf dem Tisch liegen«, schlug Salvatore vor.

»Abrechnungsbögen für die Erntehelfer sind das. So eine Art Buchhaltung würde ich sagen.« Claudio betrachtete auch die Ordner im Wandschrank. »Hier steht: ›Giftbuch‹, dort: ›Maschinen‹, hier steht: ›Abrechnung/Löhne‹ und so geht es weiter. Alles mit Jahreszahlen versehen. Ich würde meinen, es sind alles Unterlagen für die Betriebsführung.«

Salvatore hatte die Abrechnungsbögen durchgeblättert, die auf dem Tisch im offenen Ordner lagen. Vorsichtshalber hatte er Handschuhe angezogen. »Mir scheint, hier fehlen welche. Es gibt eine chronologische Reihe und es fehlen die Monate August bis Oktober 2022, also die Zeit der Lese des vergangenen Jahres. Es geht weiter mit November, aber das sind nicht viele Bögen. Wer interessiert sich dafür?«

»Das alles stinkt zum Himmel. Zuerst wird das Testament entwendet und die Unterlagen über die Konten und die Grundbuchauszüge. Dann wird eingebrochen und der Einbrecher interessiert sich offensichtlich für Alfreds Abrechnungen der Löhne seiner Erntehelfer aus dem vergangenen Jahr. Macht das zusammen Sinn? Oder gibt es zwei verschiedene Interessen? Das Interesse, das Testament verschwinden zu lassen, damit die gesetzliche Erbfolge gilt und ein Interesse an alten Abrechnungen? Wir könnten es mit zwei verschiedenen Personen zu tun haben. Das halte ich für wahrscheinlich. Denn Person eins hatte einen Schlüssel und Person zwei musste einbrechen.«

Salvatore stimmte Claudio zu: »Ich schätze, wenn wir die Typen finden, haben wir auch den Täter.«

Claudio zuckte mit den Schultern. »Das kann sein, aber noch haben wir nichts. Vielleicht ein paar Fingerabdrücke. Kümmere dich darum und dann befragst du auch die Nachbarn, ob sie etwas gehört oder beobachtet haben.«

»Was machst du?«, fragte Salvatore.

»Ich besuche jetzt Bruni und Viktor. Es macht keinen Sinn, sie nicht zu befragen. Auch wenn sie mir nicht die Wahrheit sagen sollten, habe ich ihre Aussage. Du weißt ja, Lügen haben kurze Beine. Im Dorf kommt meistens alles raus. Irgendeiner weiß was und irgendwann bekomme ich es zu hören.«

- 5 -

Francesca wollte sich ein Bild vom Tatort machen. Sie überlegte kurz, ob sie Margit mitnehmen sollte, die in Bozen geblieben war. Francesca verwarf diesen Gedanken: *Das ist Polizeiarbeit. Da gehört Margit nicht mit reingezogen. Als erstes nehme ich mir die Kirche vor.*

Sie umrundete die Kirche, sah das Polizeisiegel an der Tür zum Kirchturm. Sie blickte hinunter auf den Weinberg, in dem das Opfer gestanden haben musste, überlegte, wie die Schusslinie hätte sein können und dachte: *Clevere Idee, das muss man sagen. Wenn der Täter gewusst hat, wo und wann das Opfer diesen Weinberg aufsuchen würde, wäre der Turm eine Option, den Schuss ungesehen anzubringen.*

Sie betrachtete auch die Gegend rundherum. Vom Turm aus, da war sie sich sicher, konnte man die gesamte unterhalb der Kirche befindliche Liegenschaft mit einem Schuss erreichen: *Es musste also nicht zwingend der Weinberg gewesen sein. Das Opfer hätte sich bloß in Sichtweite aufhalten müssen. Den Turm schaue ich mir noch genau an, aber zunächst will ich wissen, ob diese Tür der einzige Eingang dazu ist.*

»Schön, dass doch noch jemand kommt.« Der Mann, der sie ansprach, hatte vor dem Eingang der Kirche an der Südseite gewartet. Francesca verstand nicht, was er meinte. »Ich hätte jetzt auch nicht mehr lange gewartet. Der Tourismusverein wollte nicht auf mich hören, als ich ihm meine Einschätzung mitteilte, dass die Gäste am Vormittag eher keine Besichtigung wollen, sondern lieber am Nachmittag. Aber Sie bezeugen das Gegenteil. Also bitte.« Er machte eine einladende Handbewegung und hielt Francesca die Tür auf. Francesca wollte ihren Dienstausweis zücken, ließ ihn aber stecken. Sollte der Mann doch glauben, dass sie eine Touristin sei. Er schien sich hier auszukennen und später könnte sie ihn befragen. »Mein Name ist Roland Zwerger«, sagte der Mann. »Ich bin Historiker und habe mich unter anderem mit der Geschichte Tramins beschäftigt. Diese Kirche birgt viele Besonderheiten, die man weit und breit im Alpenraum nicht ein zweites Mal finden wird. Kommen Sie, betrachten Sie den Innenraum und lassen ihn auf sich wirken.«

Ein Innenraum, dessen Wände prächtig mit farbigen Bildern bemalt waren, tat sich vor Francesca auf. »Uff!«, stieß sie hervor. »Das ist ... Ich finde den richtigen Ausdruck nicht. Es ist auf jeden Fall beeindruckend.« Sie bewegte sich langsam durch den Raum und kam aus dem Staunen nicht heraus.

Roland Zwerger beobachtete sie interessiert. Er könnte jetzt rezitieren, Vorträge halten, sein Wissen abspulen, aber er wusste, dass sich zunächst die Eindrücke im Kopf des Betrachters festigen mussten, bevor sich Fragen in den Kopf schoben. Mit den Antworten konnte er leicht alles erklären, was in dieser Kirche zu sehen war. Da gab es so viel, dass er stundenlang darüber reden konnte.

Wie die meisten Touristen, die zum ersten Mal in dieser Kirche ins Staunen geraten waren, steuerte Francesca in die halbkreisförmige Apsis, in der im unteren Bereich seltsame Fabelwesen zu sehen waren. Sie waren in kräftigen Farben gestaltet. Dem Betrachter gaben sie Rätsel auf. Francesca versuchte zu verstehen. Diese Fabelwesen, halb Mensch, halb Tier, in bizarren Körperhaltungen und aggressiv aufeinander einwirkend, übten eine besondere Faszination auf sie aus. Da wurde mit Pfeil und Bogen aufeinander geschossen, da bissen Schlangen den Mischwesen in die Wade, da zerrte der eine dem anderen am Bein.

Der Führer hatte sich Francesca genähert: »Diese Bilder fallen den Besuchern zuerst auf. Sie sind auch besonders. Soll ich Ihnen etwas dazu erzählen?«

Francesca nickte und Roland Zwerger legte los: »Sie betrachten Figuren, die Sie vielleicht als eine Komposition der Weltdeutung der mittelalterlichen Christen begreifen können. Es gibt hierzu verschiedene Interpretationen. So wurden einzelne der Gestalten als Vertreter von geheimnisvollen Völkern an den äußeren Grenzen der Welt gesehen, die man sich im Mittelalter noch als eine Scheibe vorstellte. Da damals nur die wenigen Gebildeten lesen konnten, waren es die Bilder in Kirchen, die den Gläubigen erklären sollten, dass der Mensch mannigfachen Versuchungen ausgesetzt war. Diese Figuren entspringen den Mythen der antiken Literatur und dem *Physiologus*, einer frühchristlichen Naturlehre in griechischer Sprache, ungefähr im zweiten Jahrhundert entstanden. Das muss man im Zusammenhang mit den Bestarien sehen, mittelalterlichen Tierdichtungen. Aus diesen Werken speisen sich die Vorstellungen, die zu den Bildern geführt haben, die Sie hier sehen. Mir persönlich gefällt die Vorstellung am besten, dass es sich hier um einen Beichtspiegel handeln könnte. Die Menschen des Mittelalters konnten sich bei der Betrachtung der Bilder überlegen, welche Sünden sie begangen haben. Diese Bilddarstellung entspricht aber nicht den zehn Geboten der Bibel, sondern sie könnten die acht Laster darstellen, denen die Menschen auch noch heute begegnen. Es ist also aktuell, was Sie hier sehen.« Roland Zwerger schaute Francesca schmunzelnd an. »Wollen wir Ihre Laster durchgehen?«, fragte er spitzbübisch.

Francesca hatte Spaß an dieser Art des Vortrags gefunden. »Welche Laster habe ich denn?«, fragte sie.

Der Traminer lachte: »Das weiß ich doch nicht. Ich kenne Sie nicht. Aber darum geht es auch nicht.« Er zeigte auf die Figur links unten in der Apsis. »Hier sehen Sie einen Fischvogelmenschen mit einer Schlange in der Hand. Ich könnte jetzt viel zu dieser Darstellung erzählen, was im *Physiologus* und in den Bestiaren steht und was kluge Wissenschaftler sich hierzu gedacht haben. Aber ich mache es kurz. Diese Figur steht für die Eitelkeit. Die nächste Figur, der zentaurähnliche Hundemensch steht für den Neid, der Fischmensch mit Pfeil und Bogen steht für den Zorn. Dann folgt ein Kopffüßer. Er trägt sein Gesicht auf der Brust. Diese Figur vertritt das Laster der Völlerei. Sie sehen im weiteren Verlauf einen Hundsköpfigen, dem das Laster Geiz zugeordnet wird. Die Frau mit den zwei Fischschwänzen, die sie links und rechts von sich hochhält, repräsentiert den Hochmut. Dann gibt es den Nackten, der auf einem Fisch reitet und von einer doppelschwänzigen Schlange in die Wade gebissen wird. Diese Figur steht für die Unkeuschheit. Ganz rechts blicken wir auf eine Figur, die ihren einzigen, großen Fuß nicht nur zur Fortbewegung, sondern auch als Schattenspender benutzt. Diese Figur steht für die Trägheit. Nun, welches Laster hätten Sie denn gerne?«

Francesca musste innerlich lachen. »Nette Erläuterung, Herr Zwerger«, sagte sie. »Ich weiß nicht, welches Laster zu mir am besten passt. Vielleicht die Unkeuschheit? Ein bisschen Eitelkeit nehme ich für mich auch in Anspruch. Der Rest, nein, da finde ich mich nicht wieder. Also bitte zweimal Laster, einmal Eitelkeit und einmal Unkeuschheit. Was macht das?«

Jetzt musste Roland lachen. So eine lustige Touristin hatte er noch nie bei seinen Führungen gehabt. »Ich würde sagen, da kommen Sie billig weg. Ein bisschen schämen vielleicht? Dafür können Sie sich jede der Ecken hier aussuchen. Oder einen Caffè, gleich nebenan, wenn Sie mögen.«

Francesca schaute Roland an. Er wollte nicht mir ihr flirten. Vielleicht ein wenig Geselligkeit. »Sagen Sie, Sie sind doch Historiker und kennen hier alles. Kennen Sie auch die Leute?«, fragte sie ins Blaue hinein.

»Ich stamme aus Tramin, also kenne ich zumindest viele Erwachsene.«

»Dann machen wir das mit dem Caffè.« Francesca stand auf, hielt aber inne. »Eine Frage hätte ich noch. Wie komme ich auf den Turm?«

»Auf den Turm? Ich würde sagen, gar nicht. Der einzige Zugang ist von außen auf der Ostseite der Kirche. Aber der ist verschlossen. Außerdem haben die Carabinieri die Tür mit einem Siegel versehen.« Roland wirkte betrübt, als er das sagte.

Auf dem kurzen Weg zum *Kastelaz Keller* erzählte sie Roland, dass sie von der Polizia war und wegen des Mordes an Alfred Oberhofer ermittele. Er schien nicht erstaunt. »Kannten Sie ihn?«

»Jeder in Tramin kannte Alfred. Mir hat er gestattet, die alte Kellerei zu untersuchen. Es ist eines der bedeutenden mittelalterlichen Bauwerke in Tramin und ich forsche seit Jahren hierüber. Wer hat wann in welchen der Gebäude gelebt und gewirkt. Wie ist die Besitzfolge und so weiter. Tramin, aber auch die umliegenden Dörfer, können viel Auskunft über das Altertum geben. Wir können anfangen, wo wir wollen, es gibt einige Funde aus der Frühzeit, viele Funde aus der Zeit der Römer und das Mittelalter zeigt sich in unseren Dörfern an zahlreichen Hausfassaden und auch in den Gebäuden selbst. Sie müssen mit offenen Augen und langsam durch die Gassen gehen. Dann erkennen auch Laien das ein oder andere Fundstück.«

-6-

Claudio kannte Bruni und ihren Mann Viktor, seitdem er im Dorf Maresciallo war. Ihm schienen sie rechtschaffene Leute zu sein. Er mochte ihre Tochter Margit. Es war ein Vergnügen, ihr zu begegnen. Ein Sonnenschein, immer guter Laune, immer freundlich. Claudio wusste, dass Margit die Klügste in der Familie war. Sie hatte ein Wirtschaftsgymnasium absolviert und Kurse in der Landwirtschaftsschule in Auer besucht. Ohne Margit würden Bruni und Viktor nicht so gut klarkommen. Viktor gehörte das Wolkensteinhaus, ein sehr großer Bau mitten im Dorf. Aber er hatte nur kleine Weinberge und die lagen auch noch verstreut. Es brauchte ein gutes Management, um daraus einen Ertrag zu erzielen. Claudio überlegte, ob er Bruni und Viktor zutrauen würde in Alfreds Haus einzudringen, um die Testamentsunterlagen zu stehlen. *Man schaut nur vor den Kopf,* überlegte er, *und nicht hinein.* Es geht um ein großes Erbe. Alfred hatte viele und auch große Weinberge in guten Lagen. Soviel Claudio gehört hatte, wusste Alfred seinen Grundbesitz geschickt zu vermehren. Er kaufte dazu, wenn sich die Möglichkeit bot. So wurde es im Dorf erzählt. Alfred blieb zeit seines Lebens ledig und lebte eher bescheiden. Claudio hatte nie feststellen können, dass sich Alfred hervortat. Mit einem teuren Auto, zum Beispiel, oder teuren Traktoren. Er kleidete sich auch nicht aufwendig, sondern schlicht. Wenn man ihn traf, lud er gerne ein. Alfred war angenehm im Umgang und niemand schien etwas gegen ihn zu haben. Das gab es im Dorf schon, dass sich Groll und Neid die Hand reichten. Es gab alte Geschichten, die unter der Oberfläche schwelten wie Glut unter der kalten Asche. Blies einer Wind hinein, flackerte das Feuer auf. Nicht so bei Alfred. Bis auf den Neid des Schwagers, aber der, das wusste Claudio, richtete sich gegen jeden. Es war im Dorf allgemein bekannt, dass Viktor ein Neidhammel war. Bruni schien das auszugleichen, oder sie versuchte es zumindest. Sie war aktives Mitglied in allen Frauengruppen.

Claudio seufzte, als er vor dem Wolkensteinhaus stand, das im Sonnenlicht seine schöne altrosa Farbe aufleuchten ließ. *Unter jedem Dach ein Ach,* dachte er, als er klingelte.

- 7 -

Roland und Francesca nahmen draußen Platz. Die Sonne schien warm auf die Terrasse. Die Wirtin kam, nahm die Bestellung entgegen, brachte das Gewünschte und ging wieder rein.

»Erzählen Sie mir von Alfred Oberhofer?«

»Was wollen Sie wissen?«

»Mich interessiert alles. Familie, soziale Situation, Stellung im Dorf. Was war er für ein Mensch? Alles, auch das, was Sie für uninteressant halten.«

»Dafür interessiert sich die Polizia?«

»Wir fangen immer beim Opfer und seinem Umfeld an. Es sind Kleinigkeiten, die uns weiterhelfen.«

Also erzählte er, was er wusste. Francesca hörte aufmerksam zu, verglich das Gehörte mit dem, was ihr Claudio berichtet hatte. Ihr Bild wurde rund.

»Ich habe jetzt aber auch eine Frage. Warum ermitteln sowohl die Carabinieri als auch die Polizia? Das wundert mich ein wenig.«

»Das ist mit der Staatsanwaltschaft so abgestimmt. Jede Polizeieinheit kann allein oder auch gemeinsam an einem Fall arbeiten. Wir reden miteinander und tauschen unsere Erkenntnisse aus. Manchmal geht das schneller.«

»Das ist interessant. Dann wünsche ich Ihnen, dass Sie den Mörder schnell finden. Ich werde mich jetzt verabschieden. Für den Fall, dass Sie sich weiterhin für die Kirche interessieren oder für die Geschichte der alten Kellerei, gebe ich Ihnen meine Karte.« Roland gab ihr die Karte, stand auf und verabschiedete sich.

Francesca ging in den Gastraum und sprach die Wirtin an: »Mein Name ist Francesca Giardi, von der Polizia. Sie hatten schon Besuch von den Kollegen von den Carabinieri. Ich ermittele ebenfalls in dem Fall. Haben Sie Zeit für ein Gespräch?«

Die Wirtin erzählte Francesca bereitwillig, was sie bereits den Carabinieri erzählt hatte.

- 8 -

Bruni war allein zu Hause. Viktor sei noch in den Weinbergen unterwegs. Er wollte aber zum Mittagessen zurück sein. Es könne nicht mehr lange dauern. Claudio nutzte diese Chance. »Bruni, ich muss dich das fragen: Hast du einen Schlüssel zur Kellerei? Hat dir Alfred einen Zweitschlüssel gegeben?« Claudio beobachtete Bruni genau, als sie antwortete.

»Nein, hab ich nicht. Der Alfred hat mir keinen Schlüssel gegeben.«

In diesem Moment war ein Zucken über ihr Gesicht gelaufen. Gesichtsmuskeln lügen nicht, wusste Claudio aus seinen jahrzehntelangen Erfahrungen im Umgang mit Menschen. Er hakte deshalb nach: »Überleg noch einmal Bruni.« Seine Stimme war eine Oktave tiefer. »Denk dran, dass jede Lüge irgendwann herauskommt.«

Bruni war sichtlich verunsichert. Sie wich seinem Blick aus, feudelte mit einem Tuch über imaginäre Staubkörner, sagte aber nichts. Es schien, als wolle sie im Boden versinken. Der ganze Körper sprach eindeutig. Aber der Mund sagte nichts. Da hörten sie im Flur unten ein Gepolter. Viktor war eingetroffen. Bruni lief zur Tür und rief: »Viktor, Claudio ist hier. Wegen einem Schlüssel von Alfred.«

Eine Information, die man Viktor auch hätte sagen können, nachdem er die Wohnung betreten hat, überlegte Claudio. Aber so war er vorab informiert, vorgewarnt, konnte sich auf die Situation einrichten.

Also haben sie den Schlüssel und wohl auch das Testament an sich genommen, mutmaßte Claudio. Der ganze nervöse Auftritt von Bruni machte ihn so sicher. *Mal sehen, wie Viktor reagiert.* Die Begrüßung der beiden fiel wenig herzlich aus. *Das passt zusammen. Sie haben ein schlechtes Gewissen und fühlen sich ertappt.*

Viktor trat mit mürrischem Gesicht ein. »Was soll das mit dem Schlüssel? Alfred hat uns keinen Schlüssel gegeben. Warum auch? Mein Schwager hat doch seinen Erwin. Der hat die Schlüssel. Ich nehme an, dass er alle hat. Der ist Alfreds Vertrauter, nicht seine Schwester, die Bruni.«

Claudio beobachtete, wie Viktor das sagte. Da war Ärger zu spüren, Ärger, der sich über lange Zeit angestaut hatte.

»Wieso willst du das überhaupt wissen?«, forderte Viktor Claudio heraus.

Claudio sagte langsam und leise: »In Alfreds Wohnung ist eingebrochen worden. Es sind Dinge verschwunden.«

Viktor brauste auf: »Das sollen dann wir gewesen sein? Oder warum stellst du solche Fragen? Die Bruni ist noch ganz in Trauer und du meinst, wir bestehlen den toten Bruder? Geht es noch? Wie kommst du darauf?«

Claudio blieb ganz ruhig. »Es könnte doch sein, dass man euch den Schlüssel gestohlen hätte. Dann wäre es für mich interessant. Aber ihr habt keinen Schlüssel, also ist diese Frage für mich erledigt. Rege dich also nicht auf. Ich mache meine Arbeit und die besteht darin, dass ich Fragen stelle und die Antworten notiere. Das ist Polizeiarbeit. Mehr nicht.«

Viktor schien sich zu beruhigen.

»Bevor du dich jetzt aufregst, wenn ich dir die nächste Frage stelle, denk dran, dass ich nur meine Arbeit mache. Ich frage, du antwortest und ich notiere das. Mehr ist das nicht. Keine Unterstellung, kein Verdacht, verstanden?«

Viktor nickte, schaute grimmig, Bruni ängstlich.

»Du bist Jäger?«

In Viktor schäumte es auf. Das konnte man an seinen Augen erkennen. »Willst du damit sagen ...?«

»Ich sage damit nichts, ich frage nur.« Claudio hatte seine Stimme in der Lautstärke leicht angehoben. »Also, bist du Jäger?«

»Ja, bin ich. Das weißt du doch.«

»Ich muss es von dir hören. Außerdem würde ich gerne deine Jagdwaffen sehen. Alle, und zwar jetzt.«

Viktor schien sich gefasst zu haben. Er stand auf, winkte Claudio, ihm zu folgen und zeigte im Nachbarzimmer auf einen Schrank. »Da drin. Schau nach.«

Ein ungesicherter Waffenschrank im Wohnzimmer. Ach du meine Güte, dachte Claudio. Er wollte jetzt aber kein Fass aufmachen. Die Stimmung war nicht danach. Er öffnete den Schrank und drei Gewehre waren zu erkennen. Claudio war kein Fachmann für Jagdwaffen. So konnte er nicht erkennen, wie groß die Kaliber waren.

»Wann hast du sie das letzte Mal gebraucht?«

»Kann ich dir nicht sagen. Einmal in diesem Jahr, im Sommer. Da ging ich auf einen Bock. Wir haben hier nicht so viele Abschüsse pro Kopf. Wir sind zu viele Jäger im Revier.« Viktor wirkte dabei ruhig, nicht nervös.

»Das sind alle?«, fragte Claudio.

Viktor nickte.

»Ich fotografiere jetzt deine Waffen. Und du überlegst dir bitte, einen Waffenschrank anzuschaffen, der den Vorschriften entspricht. Das kann ich beim nächsten Mal nicht durchgehen lassen.«

Viktor sagte dazu nichts, schaute mürrisch.

Nachdem Claudio die Waffen fotografiert hatte, meinte Viktor: »War's das jetzt?« Dann verschwand er in ein angrenzendes Zimmer und ließ Claudio stehen.

Zurück in der Küche sah er zu Bruni, die aber wegschaute. Claudio ging wortlos.

- 9 -

Fernando hatte einen schweren Kopf. Er hatte es trotz seines Schädels geschafft, einen gut brauchbaren Aufmacher zu schreiben, fand er. Überschrift: »Mord im Dorf«. Er berichtete, wie zwei Schatzsucher eine Leiche in Tramin gefunden hatten. Wie sie die ersten Fotos schossen und darüber reflektieren, was hier passiert sein mochte. Dabei hatte Fernando weit ausgeholt und das, was ihm die beiden Dortmunder erzählt hatten, ordentlich ausgeschmückt. Der Text passte zu den Fotos, die er bereits übersandt hatte. Dann folgte eine Passage, in der Fernando das Opfer darstellte. Darin hatte er alles verbacken, was er aus eigener Anschauung wusste und was ihm gestern die Röggler-Brüder gesteckt hatten. Tenor: Das Opfer war der Wohltäter des Dorfes. Fernando hatte es aber vermieden, die Rögglers beim Namen zu nennen. Denen war nicht zu trauen und er wollte sich nicht mit ihnen anlegen. Dann stellte er eine steile Hypothese in den Raum: Könnte es sein, dass dieses Vorbild von einem Wohltäter eine zweite Seite hatte? Dass er Dinge getan hat, die nicht sein durften? Ihm jemand auf die Schliche gekommen ist und ihn damit erpresst hat? Der Konflikt könnte eskaliert sein. Fernando stellte die Vermutung in den Raum, dass man noch in den Abgrund blicken würde, sobald man mehr wisse.

Für einen Schädel wie meinen heute früh ist das nicht schlecht, sagte er zu sich selbst. Er speicherte den Text und wollte erst essen gehen, um dann noch einmal drüber zu lesen, bevor er ihn abschickte.

Auf seinem Weg zum *Goldenen Löwen* begegnete er Claudio, der vom Wolkensteinhaus kommend auf dem Weg in die Wache war. Sie grüßten einander. Fernando wollte das ungeplante Treffen nicht ungenutzt verstreichen lassen. »Gibt es was Neues im Fall Alfred Oberhofer?«, fragte er Claudio ganz direkt.

Claudio schüttelte den Kopf.

»Was hältst du von der Idee, dass Alfred noch eine andere Seite gehabt hat, als die er uns gezeigt hat?«

Claudio schaute Fernando an. »Weißt du etwas, was ich wissen sollte? Dann raus damit.«

»Ich meine, im Dorf kann ich mir keinen Mörder vorstellen. Das kann doch nur von außen gekommen sein. Jemand, der eine Rechnung mit Alfred offen hatte. Streit, Eskalation, peng, Alfred tot. Dann die Leiche im Weinberg abgelegt. So könnte es doch gewesen sein.«

Claudio schaute seinem Gegenüber tief in die Augen, sah, dass sie rot geädert waren. »Weißt du was, Fernando, alles ist denkbar. Jetzt geh nach Hause und schlaf dich aus.« Damit ließ er ihn stehen.

»Der ranghöchste Carabinieri von Tramin bestätigte auf Nachfrage, dass diese Theorie im Bereich des Möglichen liegen könnte.« *Ich habe meinen Schlusssatz,* jubelte Fernando innerlich.

- 10 -

Franz Caliari hatte viel Arbeit. Im Hotel hatte er feste Aufgaben und in seinen Weinbergen hatte die Lese begonnen. Er war es gewohnt zu delegieren. Die Hotelaufgaben übertrug er auf einen festen Stamm von Angestellten, denen er auf die Finger schaute. Die Lese aber war sein Ein und Alles. Er war einer der größten Weinbauern der *Kellerei Kaltern*. Einer der größten Genossen. Er hatte einen Ruf zu verteidigen. Seine Frau ließ ihn gewähren. Sie hatte das Hotel mit in die Ehe gebracht. Es gehörte seit Generationen ihrer Familie. Über die Jahre hatten sie sich arrangiert. Er lebte seine Leidenschaft aus und sie traf alle Entscheidungen für den Hotelbetrieb.

Dass heute Morgen die junge Commissario gekommen war, hatte bei ihm schlechte Laune verursacht. Schlimm genug, dass sein bester Freund nicht mehr war, aber man möge ihn doch damit in Ruhe lassen. Die Lese war seine Zeit im Jahr. Da fuhr er die Ernte höchstpersönlich in die Kellerei und schaute dabei dem Kellermeister auf die Finger, der jede Fuhre beurteilte. Der Kellermeister vergab quasi Noten für die Qualität der Trauben.

Da galt es aufzupassen. Zumal im kommenden Jahr die Neuwahl des Obmanns anstand. Das war der Posten, den er seit Jahren angestrebte. Obmann der *Kellerei Kaltern* zu sein, das war fast mehr als der Herr Bürgermeister oder der Herr Dekan. Das war etwas ganz Großes. Und er war so ein Großer, das wusste Franz.

- 11 -

Claudio und Salvatore besprachen sich am Nachmittag in der Wache. Salvatore hatte alle Nachbarn befragt. Einer konnte sich an einen unbestimmbaren Lärm gegen 2 Uhr morgens erinnern. Er habe gedacht, dass die Katzen rumlärmen und sich keine weiteren Gedanken gemacht. Sonst hatte niemand etwas bemerkt. Fingerabdrücke am Griff des Fensters und auch an der Leiter waren sichergestellt worden. Die Auswertung brauchte Zeit. Salvatore war der Meinung, dass sich der Dieb nicht gründlich umgesehen habe. »Es hätte vieles gegeben, was ich als Einbrecher hätte mitgehen lassen. In Alfreds Kommode in seinem Schlafzimmer habe ich bündelweise Geldscheine gefunden. Die waren nicht versteckt, lagen gut sichtbar in Briefumschlägen neben seinen Schlafanzügen. Die waren alle alt und verschlissen. Ist doch komisch, da hat einer genug Geld und leistet sich nichts.«

»Was schließt du daraus?«

»Aus den Schlafanzügen?«

»Nein, aus dem, was du zuvor gesagt hast. Dass sich der Einbrecher keine Mühe gegeben hat, Dinge von Wert zu entwenden.«

»Ich glaube, dass er nicht hinter Wertgegenständen her war. Also keine Beschaffungskriminalität zum Beispiel, auch niemand, der eingebrochen ist, um Beute zu machen. Unser Einbrecher hat etwas Bestimmtes gesucht. Der Papierkorb war umgefallen, du erinnerst dich. Ich meine, er ist durchwühlt worden. Auch der Ordner ist geplündert worden. Komisch ist, dass er den Ordner auf dem Tisch hat liegen lassen. Ich, wäre ich der Einbrecher, hätte den zurück in den Schrank gestellt. So wäre es viel schwieriger herausfinden, was darin fehlt.«

Claudio nickte. Diese Gedanken schienen plausibel.

»Wie war es bei dir?«, fragte Salvatore.

»Ich habe Bruni und Viktor befragt. Sie haben ausgesagt, dass sie keinen Schlüssel zu Alfreds Wohnung haben. Das glaube ich denen aber nicht. Bruni konnte noch nie lügen, dafür ist sie nicht der Typ Mensch. Viktor hat mir anstandslos seine Jagdwaffen gezeigt. Ich habe sie fotografiert. Du kannst gleich nachsehen, ob du damit was anfangen kannst. Finde heraus, welche Kaliber sie haben. Nein, ich denke, dass Viktor nicht genügend abgebrüht ist. Aber man weiß nie. Ich gehe davon aus, dass die beiden das Testament an sich gebracht haben, allein deshalb, weil sie wissen wollten, was drinsteht.«

Da klingelte Claudios Handy. Es war Francesca. Er hörte kurz rein und sagte: »Wir kommen hoch.«

»Francesca möchte auf den Turm, um sich den Platz anzusehen, von dem aus geschossen worden ist. Das sollten wir uns auch ansehen. Wir waren beide noch nicht dort. Komm.«

- 12 -

»Das ist ganz nett, Fernando. Du hast, wie es scheint, einen guten Draht zum Polizeichef vor Ort. Da solltest du dranbleiben. Er weiß noch mehr. Deine Theorie steht aber noch auf dünnen Füßen, sehe ich das richtig?«

»Das sind bis jetzt Vermutungen. Wir sind erst an Tag zwei nach dem Mord. Wäre ein Wunder, wenn es schon eine heiße Spur gäbe. Ich bleibe dran. Wisst ihr schon, wann ihr die Geschichte bringt?«

»Langsam mit den jungen Pferden«, lachte der Redakteur, über 1.000 Kilometer nördlich von Fernando. »Das Heft für die nächste Woche ist voll. Die übernächste Woche ist durchgeplant. Nur wenn du eine Knallergeschichte bringst, stellen wir um. Ansonsten schieben wir. Du kennst das doch. Finde etwas raus, was unserer Leser interessiert, was sie betrifft oder was superspannend ist oder am allerbesten eine Kombination vom allem. Dann schieben wir die Story sofort ein.«

Fernando überlegte kurz, ob er einen Vorschuss ansprechen sollte, sagte dann aber nur: »Du kannst dich auf mich verlassen. Ich melde mich.«

- 13 -

»Wann wird die Beerdigung sein, ich meine, wann gibt die Polizei Alfreds Leiche frei?« Margit stellte diese Frage beim gemeinsamen Abendessen.

»Das weiß ich nicht, aber ich erkundige mich morgen. Ist das für dich in Ordnung?«

Margit nickte stumm.

»Wie fühlst du dich?«, fragte Francesca.

»Ich weiß nicht, wie ich es beschreiben soll. Es ist schrecklich zu wissen, dass Onkel Alfred erschossen wurde. Ich hoffe, ihr findet den Täter schnell. Ich fühle eine Leere in mir. Vielleicht nicht nur wegen seinem Tod. Der Konflikt mit meinen Eltern macht mir zu schaffen. Das hätte ich nicht für möglich gehalten, dass sie so denken. Ich weiß deshalb auch nicht, wie es weitergeht.«

»Mit uns beiden?« Francesca war alarmiert.

»Nein, ich meinte, wie es mit mir weitergeht. Wenn sich zu Hause nichts ändert, dann kann ich da nicht mehr leben und arbeiten. Aber was mache ich dann? Ich müsste mir eine Stelle suchen. Das wird nicht leicht, fürchte ich.«

Francesca nahm ihre Partnerin in den Arm. »Es gibt immer eine Lösung. Für alles.«

- 14 -

»Ich sag euch, der war beichten. Das ist amtlich. In Kaltern, bei unserem Dekan in Maria Himmelfahrt.«

Die Stimmung in der *Vinothek Kaltern* war übermütig, was am Alkoholkonsum lag. Am Abend trafen sich hier die Weinbauern des Ortes und redeten miteinander. Der Obmann war häufig anzutreffen und pflegte die Kontakte zu den Genossenschaftsmitgliedern. Das waren um diese Tageszeit die Mehrzahl der Gäste. Es ging wie jedes Jahr zur Lesezeit um die Qualität der Trauben und ob der Kellermeister die angelieferten Trauben gerecht bewertet hatte.

Die *Vinothek Kaltern* war mehr als ein Verkaufsraum, in dem Weininteressierte und Touristen Detailkäufe tätigten. Die

Vinothek war auch das optische Aushängeschild der Kellerei. Ein supermoderner Bau, auf dessen Außenfassade aus rostendem Metall kunstvoll Weinblätter eingeätzt waren. Drinnen hatte eine kluge Innenarchitektur dafür gesorgt, dass neben der Präsentationsfläche für alle Weine der Kellerei eine einladende Theke zum unkomplizierten Weingenuss einlud. Außerdem gab es gemütliche Nischen, an denen die Gäste Platz nehmen konnten. Kundige Fachberater sorgten für guten Service und Nachschub, wenn sich Gäste oder Weinbauern an der Theke festgekettet hatten. So ein Abend war heute. Alle hatten sie mehr als genug getrunken, sich die Köpfe heiß geredet und sämtliche Themen durchgekaut, die aktuell waren.

Da begann einer von ihnen ein Thema anzusprechen, das zunächst niemanden interessierte. Er erzählte, wie er ganz sicher wüsste, dass Alfred Oberhofer, der neulich in Tramin ermordet worden war, in Kaltern beim Herrn Dekan beichten war. Das sei doch verwunderlich, weil er doch von Tramin sei und dort beichten könne. Abgesehen davon, der Alfred war nie beichten, das wisse man doch.

Als Alfreds alter Freund das hörte, geriet er in Wallung. Auch Franz hatte ordentlich getrunken und fand es nicht richtig, dass dieser Kleinbauer, dieser Nebenerwerbslandwirt, dieser Niemand, jetzt große Töne spuckte, um sich ins Gespräch zu bringen. »Was erzählst du für einen Unsinn!«, rief er aus. Da seine Stimme sehr laut war, zog er damit die Aufmerksamkeit aller auf sich. So wurde das Thema auch für sie interessant. »Geht dich das überhaupt was an?« Franz war erregt.

Der andere gab nicht klein bei. Er hatte vor niemanden Respekt. Vor diesem Großbauer, der immer wichtigtat, vor dem schon gar nicht. Er nahm Franz ins Auge. »Was mich das angeht? Das kann dir doch egal sein. Ich weiß halt was, das komisch ist und das erzähl ich. Du hältst dich da raus. Von einem wie dir lasse ich mir nicht den Mund verbieten. Ich sage so oft wie ich es will, dass der Alfred beim Dekan beichten war. Das muss eine große Sünde gewesen sein, dass er zum Hochwürden gegangen ist.«

Franz machte eine Bewegung auf den Krakeeler zu, nahm sich dann aber zurück.

Ein anderer aus der Runde meinte trocken: »Wenn ich was zu beichten hätte und nicht wollte, dass es jemand mitbekommt, ginge ich auch nicht in mein Heimatdorf, sondern woanders hin. Dann redet auch keiner drüber, außer es gibt so Leute wie dich.« Dabei schaute er den Krakeeler an. Der brauste auf und es hatte den Anschein, dass er auf den anderen losgehen wollte. Der Obmann, der sich das alles aus naher Distanz angehört hatte, ging jetzt dazwischen. »Schluss jetzt. Ich gebe noch eine Runde aus und dann ist hier Schluss. Der Werner will heute auch noch nach Hause und wir alle müssen morgen früh in die Weinberge.«

Werner Gschnell, der einzige, der von der Mannschaft hinter der Theke noch Dienst hatte, war froh.

Donnerstag

- 1 -

Als Bruni am späten Vormittag im Wolkensteinhaus das Läuten der Klingel hörte, schreckte sie zusammen. *Nicht schon wieder die Carabinieri,* dachte sie. Sie hatte ein ungutes Gefühl. Claudio, den sie mochte, war, sobald er dienstlich wurde, nicht der gutmütige Mann, dem sie bisher begegnet war. *Ob er etwas ahnte?* Claudio war nicht dumm, hatte Menschenkenntnis. Bruni wusste, dass sie keine gute Lügnerin war. Schon als Kind, wenn sie gelogen hatte, dachte sie, dass es ihr auf der Stirne geschrieben stünde und alle könnten es lesen. *Der hakt nach und was, wenn er sie erwischen würde? Das wäre schlimm.* Es klingelte ein zweites Mal, diesmal, so schien es ihr, deutlich ungeduldiger.

Der Mann, der die ausgetretenen Stufen in die erste Etage nahm, war aber nicht Claudio. Der ältere Mann war ihr unbekannt. Er trug einen feinen Anzug und hatte eine kleine Mappe aus Leder unter dem Arm. Eine randlose Brille saß auf seiner Nase. Insgesamt hatte er eine vornehme Ausstrahlung und er duftete gut.

»Guten Tag, spreche ich mit Margit Casagrande? Mein Name ist Bonatelli. Ich bin Notar in Bozen.«

Bruni wurde es flau im Magen. Sie bekam zunächst kein Wort heraus und schaute Herrn Bonatelli stumm an.

Dieser bemerkte, dass die Frau, die er angesprochen hatte, merkwürdig reagierte. Er verstand nicht warum. »Sind Sie Frau Margit Casagrande?«, wiederholte er seine Frage.

Bruni fasste sich. Nickte, sagte aber: »Nein, das ist meine Tochter. Ich bin die Mutter.«

Bonatelli schaute Bruni an und dachte: *Ja klar, wenn Margit die Tochter ist, bist du die Mutter. Leicht verwirrt, die Dame?* Freundlich sagte er: »Wo kann ich Ihre Tochter treffen? Ich habe diese Adresse als Wohnort genannt bekommen.«

Bruni nickte. »Das stimmt, aber sie ist nicht da.« Dann blieb sie stumm.

Bonatelli empfand Brunis Art als unhöflich und auch unangemessen. Er hatte schließlich einen Auftrag. »Nun, Frau

Casagrande«, hob er an. »Oberhofer«, sagte Bruni, »ich heiße Oberhofer.«

»Gut, dann Frau Oberhofer, wäre ich dankbar, wenn Sie mir sagen könnten, wo und vielleicht auch wann ich Frau Margit Casagrande, Ihre Tochter, antreffen kann.«

»Können Sie nicht mit mir sprechen?«, fragte Bruni.

Das klingt jetzt kleinlaut und schüchtern, dachte Bonatelli.

»Das tut mir leid, das geht nicht. Ich muss mit Ihrer Tochter persönlich sprechen.« Dann wartete er.

Bruni stand da und sagte nichts. *Was soll ich dem Notar erzählen? Soll ich ihm etwa erzählen, dass Margit bei ihrer Freundin ist? Dass sie sich mit ihrer Tochter gestritten hatten. Was geht das den Mann an?* Sie ahnte, warum Bonatelli Margit sprechen wollte. Sie schniefte, zog die Nase hoch. Dann sagte sie eine Handynummer auswendig auf. »Unter dieser Nummer können Sie Margit erreichen.«

Bonatelli notierte sich die Nummer und wandte sich zum Gehen. »Aber diese Adresse ist doch richtig, oder?«

»Jaja, die Adresse stimmt. Margit wohnt hier. Nur im Moment nicht.«

- 2 -

Francesca hatte zwei Telefonate geführt. Beide bestätigten, was vermutete wurde und ergaben neue Erkenntnisse. Gestern war sie zusammen mit Claudio und Salvatore auf dem Kirchturm gewesen, hatte den Raum betrachtet, aus dem der tödliche Schuss auf Alfred Oberhofer abgegeben worden sein könnte. Zuvor hatten sie gemeinsam die Tatortfotos betrachtet und insbesondere über die Zigarettenstummel gesprochen, die unter dem Fenster gefunden wurden. Es waren drei Kippen. Francesca hatte deswegen die Bereiche rund um das Fenster und oberhalb der Fundstelle der Kippen betrachtet. »Fällt euch was auf?«, hatte sie gefragt. »Wenn ich drei Zigaretten rauche, dann habe ich auch Asche. Außerdem drücke ich sie auch irgendwo aus. Dann müsste es hier Stellen geben, die so aussehen, als hätte jemand eine Zigarette ausgedrückt. Solche Stellen kann ich nicht erkennen. Auf den Fotos sehe ich zwar Kippen, aber keinerlei Aschereste. Es könnte sein, dass die Asche durchs Fenster geschnippt wurde. Dann wäre sie verweht. Aber macht das jemand, der unentdeckt bleiben möchte? Komisch das alles.«

Claudio und Salvatore hatten ihr zugestimmt.

Heute telefonierte sie als Erstes mit dem Arzt in Meran, der das medizinische Gutachten für Alfred Oberhofer erstellt hatte. Er bestätigte, dass sein Patient keine hohe Lebenserwartung gehabt hatte. »Ich hätte ihm noch einige Monate gegeben und ihm die Behandlungsmöglichkeiten aufgezeigt. Bei einem CUP-Syndrom kommt es darauf an, frühzeitig zu erkennen, was los ist. Dann hat der Patient eine kleine Chance. Bei Herrn Oberhofer war es allerdings viel zu spät. Er hätte auch die vielfältigen Behandlungsmethoden wie Bestrahlung und Chemotherapie nicht mehr verkraftet. So hat er entschieden, keine Behandlung an sich vornehmen zu lassen. Er war sehr gefasst und wirklich tapfer.«

Das zweite Gespräch führte Francesca mit Dr. Phillipi. Er hörte sich an, was Francesca von dem Meraner Arzt gehört hatte. »Aus meiner Sicht kann ich das bestätigen. Ich sagte es schon, der Körper war voller Metastasen. In dieser Dichte habe ich das auch noch nie gesehen. Aber ich habe noch etwas Neues für Sie. Wir haben die gefundenen Zigarettenstummel untersucht und auch DNA feststellen können. Leider hat es keinen Treffer gegeben, sodass ich Ihnen nicht sagen kann, von wem sie stammen könnten. Wäre auch zu einfach gewesen. Allerdings gibt es eine Besonderheit. Diese Zigaretten gibt es nicht mehr. Es waren Mentholzigaretten, die seit einigen Jahren nicht mehr im Handel erhältlich sind. In der EU dürfen sie seit Mitte 2020 nicht mehr verkauft werden. Das heißt, dass unser Raucher noch alte Bestände haben muss. Ich kann mir vorstellen, dass sich Liebhaber dieser Art von Zigaretten vor dem EU-weit geltenden Verbot einen Vorrat zugelegt haben. Suchen Sie also einen Raucher, der Mentholzigaretten liebt, und dann vergleichen wir die DNA. Ganz einfach, oder?«

»Sie sind lustig«, sagte Francesca. »Aber der Hinweis ist gut. Ein Merkmal, das nicht auf jeden Raucher zutrifft. Danke dafür. Ich habe aber noch eine Frage. Wann kann aus Ihrer Sicht die Leiche freigegeben werden?«

»Wir sind hier fertig. Wenn die Carabinieri oder die Polizia keine weitere Anforderung an uns hat, kann die Leiche zur Bestattung gehen. Aber das entscheiden Sie oder Ihre Kollegen.«

Francesca telefonierte daraufhin mit Claudio und schnell waren sie sich einig, dass einer Freigabe der Leiche nichts im Wege stand. Claudio wollte sich darum kümmern und Alfreds Schwester Bruni informieren. Er ging davon aus, dass sie sich um die Beerdigung kümmern würde. Andere nahe Angehörige hatte Alfred nicht.

-3-

Bruni war ganz aufgeregt, rief Viktor an, der in seinen Weinbergen unterwegs war. »Da war ein Herr, ein Notar. Bonatelli heißt er. Er wollte zu Margit. Das gibt es doch nicht. Dann ist das also vielleicht doch so. Aber was heißt das jetzt für uns? Was machen wir denn?«

Sie brachte alles durcheinander, aber ihr Mann begriff, worum es ging Er ballte eine Faust und unterdrückte einen Fluch. »Ich komme gleich. Dann reden wir.«

-4-

Fernando war unruhig. Er wusste nicht, an welcher Stelle er weitermachen sollte. Die Redaktion hatte den Eindruck gewonnen, dass er einen guten Draht zu den Carabinieri des Dorfes habe. Aber dem war nicht so. Er brauchte eine neue Quelle, eine, die ihm Futter für die Geschichte gab. Da fiel ihm ein, dass er Claudio oben im *Kastelaz Keller* gesehen hatte. Vielleicht wusste die Wirtin etwas? Egal was, irgendwas, an dem er anknüpfen könnte, um mehr Fleisch an seine Geschichte zu bekommen. Er machte sich auf den Weg.

-5-

Claudio entschied, es Bruni persönlich zu sagen. Als er vor der Tür zum Wolkensteinhaus stand, traf er auf Viktor, der ebenfalls zur Tür eilte. Claudio erkannte sofort, dass der keine gute Laune hatte.

»Was willst du schon wieder?«, herrschte er Claudio an. »Wenn du glaubst, ich könnte mal eben so einen Waffenschrank besorgen, dann hast du dich geschnitten. Es ist Lesezeit. Da habe ich keine Zeit für den Blödsinn.«

Claudio überlegte kurz, ob er sich diese Respektlosigkeit gefallen lassen sollte. Er sagte aber nur: »Ich will zu Bruni. Nicht zu dir.«

»Aha«, war alles, was Viktor dazu sagte. Er schloss auf und ließ Claudio eintreten. Oben in der Wohnung war zu erkennen, dass Bruni aufgelöst war. Als sie Claudio erkannte, der direkt hinter Viktors Rücken auftauchte, schien sie aus der Kontrolle zu geraten. »Nein, jetzt kommt doch alles raus. Wir haben doch nur ...«

Viktor herrschte sie an: »Ruhe jetzt. Gib Ruhe, dummes Weib.«

Claudio wunderte sich nicht und hakte sofort ein: »Was kommt jetzt raus, Bruni? Dass ihr doch in der alten Kellerei wart und die Unterlagen an euch genommen habt, die auf dem Tisch lagen?« Er beobachtete wie sich die Gesichter von Bruni und Viktor veränderten. Bei Bruni war es die Angst, die zum Vorschein kam, bei Viktor die Wut.

»Volltreffer, würde ich sagen.« Claudio blieb sachlich. Kein Triumph in der Stimme. »Was mich noch interessiert ist, was ihr noch gesucht habt? Warum seid ihr ein zweites Mal eingestiegen und warum habt ihr die Scheibe eingeschlagen?«

»Das waren wir nicht, wirklich nicht. Ich hab doch den Schlüssel.«

Viktor schien überzukochen. »Halt dein blödes Mundwerk«, herrschte er sie an.

Claudio beschwichtigte: »Viktor, das war mir doch ohnehin klar. Ihr seid für mich die Einzigen, die ein Interesse daran haben könnten, nach einem Testament zu suchen. Es war nicht schwierig zu finden, da es gut sichtbar auf dem Tisch lag. Also, jetzt noch einmal, ihr seid nicht am zweiten Tag in das Haus eingebrochen?«

Bruni schwieg jetzt ängstlich. Viktor nahm Claudio ins Visier.

»Was hätten wir denn deiner Meinung da noch zu suchen gehabt, wo du doch schon vorher gewusst hast, dass es uns um das Testament gegangen ist? Wir sind da nicht eingebrochen. Das hätten wir auch nicht gemusst.«

»Dann ist es gut. Aber ich muss euch das fragen. Wo ist das Testament jetzt? Die anderen Unterlagen?«

Zunächst geschah nichts. Beide standen da, sagten nichts, wussten nicht wohin blicken. Schließlich meinte Bruni: »Ist doch jetzt sowieso egal.«

- 6 -

Fernando hatte, was er gewollt hatte. Franz Caliari war also Alfred Oberhofers bester Freund, mit dem er sich täglich traf. Zwei alte Männer, die sich sehr gut kannten, wie die Wirtin ihm erzählte. Sie berichtete, dass Franz ein großes Hotel in Kaltern besaß. Fernando hatte gegoogelt, dass es das Hotel *Zum Dicken Elefanten* sein musste, wusste auch, dass Franz Weinbauer war, einer der größeren, und dass er bei der letzten Wahl zum Obmann nicht gewählt worden war. Fernando fand Zeitungsschnipsel aus der Zeit der Fusion von der *Ersten und Neuen* und der *Kellerei Kaltern*. Franz war Genosse bei der *Ersten und Neuen* gewesen und es hatte den Anschein, so glaubte Fernando zu erkennen, dass die Fusion der beiden Kellereien allein deshalb so lange gedauert hatte, weil eine Interessengruppe von Genossen aus taktischen Gründen ihren Kandidaten durchbringen wollte. Zwei Genossenschaften, zwei Obmänner, eine Genossenschaft, ein Obmann. Fernando kam es vor, als hätte im Hintergrund Franz Caliari die Strippen gezogen. Im Ergebnis hatte es ihm nichts gebracht, denn die Fusion erfolgte und er wurde nicht der Obmann der Kalterer Weingenossen.

Fernando war in Tramin aufgewachsen und daher sozusagen mit Wein geimpft. Was bedeutete, dass ihm die Hintergründe des Genossenschaftswesens bekannt waren. Er wusste um die Rolle der Obmänner und der Kellermeister. Fernando hatte mit dieser Welt allerdings nichts zu tun. Er war höchstens Beobachter und auch seine Familie hatte beruflich nichts mit dem

Weinbau zu tun. Er hatte ohne einen Abschluss zu machen studiert und sich während seiner Studienzeit als Reisejournalist verdingt. Zunächst, weil er es cool fand, dafür bezahlt zu werden, umherzureisen. Später, weil er damit ein ordentliches Geld verdienen konnte. Jetzt hatte er keine Alternativen, als in diesem Geschäft zu bleiben. Er war aufs Schreiben angewiesen und darauf, dass seine Geschichten gekauft wurden. Da die Redakteure, von deren Wohlwollen er abhing, ständig wechselten, musste er zunehmend Zugeständnisse machen, um Geld zu verdienen. Die Krise in der Medienindustrie, die Sparmaßnahmen überall, jüngere Konkurrenten, die sich unter Marktwert verkauften und damit die Preise verdarben, all das konnte er spüren und es machte ihm Sorgen.

Fernando musste liefern. Es musste immer schneller gehen, exklusiv sein und am besten auch anrüchig, boulevardesk, schlüpfrig oder grausam. Die Medienwelt lebte von Stories, die das Leben in seinen dunklen Winkeln ausloteten. Diese Geschichten ließen sich gut verkaufen. Deshalb suchten alle nach solchen Geschichten. Manche erfanden sie einfach, denn immer öfter tummelten sich geschickte Täuscher und Trickser um den vermeintlichen Olymp der Berichterstattung. Fernando fragte sich seit einiger Zeit, ob das der Weg für ihn war, um sein Auskommen zu sichern. Wenn andere es damit schaffen, dann ist es ein Weg. Moral hin, Moral her, der Erfolg zählte.

In seinem Kopf formierte sich eine Geschichte.

- 7 -

Margits Handy klingelte, als sie in Francescas Wohnung in Bozen den Stellenmarkt in *24DerTag24* las. *Irgendetwas Geeignetes muss es doch für mich geben,* überlegte sie, als das Klingeln sie aus ihren Gedanken riss.

Als das kurze Gespräch zu Ende war, hatte sie einen Termin bei einem Bozner Notar, heute Abend noch. Er wollte ihr aber noch nichts sagen. Sie solle zu dem Termin ihren Personalausweis mitbringen.

- 8 -

»Bruni, der eigentliche Grund, warum ich heute zu dir wollte, ist, dass die Leiche deines Bruders für die Bestattung freigegeben ist. Du kannst dich also um die Beerdigung kümmern. Der Bestatter kann die Leiche im Institut abholen.« Claudio hielt die Unterlagen, die Bruni und Viktor entwendet hatten, in seinen Händen. Bruni hatte sie schließlich geholt und Viktor war deswegen sichtlich böse mit ihr. Claudio wollte sie in der Wache in aller Ruhe studieren. Er wusste auch noch nicht, was er mit den Unterlagen anfangen sollte. »Was ihr gemacht habt«, sagte er, »war kein Verbrechen.« Bruni schluchzte leise, Viktor blickte grimmig auf die Tischplatte. Er hatte sich gesetzt und sich einen Treberbrand eingeschüttet. »Aber ihr hättet es mir sagen müssen. Wir ermitteln einen Mord. Wenn ihr Unterlagen an euch nehmt, dann macht ihr euch verdächtig.«

»Willst du damit sagen ...« Viktor brauste auf.

»Nichts will ich damit sagen. Nur dass man sich verdächtig macht, Einfluss auf die Erbfolge nehmen zu wollen, wenn man ein Testament an sich nimmt, bevor es von anderen gefunden werden kann. Oder seht ihr das anders?«

Viktor blieb ruhig, Bruni begann zu weinen. »Es ist doch nur, weil, der Alfred, also, du weißt doch, der hat alles bekommen und jetzt, wo er tot ist, soll ich auch wieder nichts bekommen. Das ist doch nicht gerecht«, stotterte Bruni.

Claudio verstand nicht ganz. »Bruni, ich bin erst seit zehn Jahren Maresciallo im Dorf. Alles kann ich nicht wissen. Ich nehme an, dass du auf das Erbe nach euren Eltern anspielst. Ich kenne die Regelung bei der Hofnachfolge. Einer der Geschwister erbt den Hof, die anderen Geschwister weichen und werden abgefunden. Das meinst du, oder?«

Bruni nickte.

»Wer soll denn nach Alfred erben?« Claudio stellte diese Frage bewusst in den Raum. Die beiden vor ihm wussten es, weil sie das Testament gelesen hatten.

»Margit soll alles bekommen«, stieß Viktor hervor und Speichel flog aus seinem Mund. »Alles, hast du gehört, alles! Der ganze Grund, alle Häuser und seiner Schwester hat er nichts gegeben. Dabei wäre sie jetzt dran. Es ist ihr elterlicher Hof. Stirbt der Bruder, erbt die einzige Schwester. Das ist gerecht.«

Claudio betrachtete Bruni und Viktor und wie sich ihre Körperhaltung änderte. Bruni knickte ein, krümmte sich, wie unter Schmerzen, schluchzte jetzt laut. Viktor war die Zornesröte ins Gesicht gestiegen. Er hieb mit der Faust auf den Tisch: »Was hat er sich bloß dabei gedacht! Wie soll denn Margit einen so großen Hof führen? Über fünf Hektar Wein. Wie soll das gehen? Wir kommen hier nur knapp zurecht. Warum, frage ich dich, macht ein Bruder das? Wieso gibt er nichts an seine Schwester?« Viktors Wut füllte den Raum.

Claudio hatte nicht vor, diese Fragen zu beantworten. Er drückte sein Kreuz durch, holte tief Luft und sagte: »Ich bin der Maresciallo des Dorfes. Ich ermittele einen Mord. Das hier«, er hielt die Unterlagen in die Höhe, »sind für mich jetzt Beweismittel. Ihr haltet euch bitte zur Verfügung. Ich muss eure Aussage noch protokollieren.«

Bruni krümmte sich jetzt derart stark, dass Viktor sie auf einen Stuhl setzte. Er strich ihr über den Rücken, blickte Claudio an. »Mach, was du musst. Aber es hat sie stark gekränkt. Das verstehst du doch?« Jetzt war in Viktors Stimme eher Sorge um seine Frau zu hören. Untermalt mit Wut auf den toten Schwager.

- 9 -

Er hatte Glück. Als er das Hotel *Zum dicken Elefanten* betrat, erkannte er Franz Caliari direkt. Fernando hatte Fotos von ihm bei seiner Internetrecherche gesehen. Der Mann stand im Bereich der Rezeption und sprach mit Gästen. Fernando nahm in einer Sitzgruppe Platz, die für an- und abreisende Gäste als »Parkplatz« gedacht war. Es wurde viel gelacht, wie Fernando beobachten konnte. *Ein guter Gastgeber und guter Unterhalter.* Er überlegte weiter, wie er den Hotelier ansprechen könnte. Schließlich schien das Gespräch seinem Ende nahezukommen, Hände wurden geschüttelt, Schultern geklopft. Fernando hörte Gesprächsfetzen wie: »Bis nächstes Jahr«, »War wieder toll hier«, »Wir kommen wieder.«

Er sah, wie Caliari sich von dem jungen Mann hinter der Rezeption zwei Tüten reichen ließ, die er den beiden abreisenden Paaren überreichte. *Kleine Geschenke erhalten die Freundschaft und die Treue der Gäste*, dachte Fernando. Die Abreisenden hatten ihr Gepäck wohl zuvor in ihre Autos geräumt, denn sie gingen nur mit den Tüten in den Händen nach draußen, Richtung Parkplatz.

Franz winkte den Abreisenden hinterher und sein Abschiedslächeln lag noch auf seinen Lippen, als er von der Seite von einem Mann angesprochen wurde, den er nicht kannte.

»Herr Caliari?« Franz wandte sich um und Fernando konnte die professionelle Freundlichkeit körperlich spüren. *Ein Menschenfischer*, dachte er.

»Was kann ich für Sie tun?«, fragte Franz, sichtlich interessiert.

Fernando stellte sich als Redakteur des *Norddeutschen Magazins* vor. Das war gelogen. Er war kein festangestellter Redakteur, aber mit dem Namen des Mediums im Rücken klang alles, was er sagte, wichtiger, bedeutender, gehaltvoller. Dieser Wirkung war sich Fernando bewusst. »Ich schreibe eine Geschichte über den Mord an Alfred Oberhofer«, begann Fernando. »Wir machen eine Serie über True-Crime-Fälle und ich bin für Italien zuständig. Also auch für Südtirol. Ich weiß, dass Sie und der Ermordete beste Freunde waren und so möchte ich Sie um ein Gespräch bitten. Mir geht es um den Menschen Alfred Oberhofer, wie er war, was ihn ausmachte. Vielleicht haben Sie auch eine Idee, wer ihm das angetan haben könnte?«

Franz Caliari wirkte erstaunt, aber nicht direkt ablehnend. Er blickte Fernando neugierig an. »Weiß die Polizia davon?«, fragte er.

Fernando horchte auf. »Die Polizia? Ich dachte, die Carabinieri ermitteln in dem Fall. Mit dem Maresciallo habe ich schon gesprochen«, antwortete Fernando.

»Nun, ich hatte bereits Besuch von einer Commissario von der Polizia«, sagte Franz.

»Interessant. Dann werde ich auch die Polizia dazu befragen. Würden Sie denn mit mir über Ihr Verhältnis zu Alfred Oberhofer sprechen wollen? Sie kannten ihn doch sehr lange. Vielleicht am längsten von allen?«

Franz überlegte, ob er mit dem Mann sprechen sollte. Das Magazin war auch in Südtirol bekannt und die Erwähnung seines Hotels wäre nicht schlecht. Viele seiner Gäste kamen aus Norddeutschland. »Ich betreibe ein Hotel«, begann Franz. »Ich kann es mir nicht erlauben, dass das Hotel im Zusammenhang mit einem Mordfall in Ihrem Magazin genannt wird.«

Fernando verstand sofort. »Da können Sie sicher sein. Ich kann Ihnen auch den Textteil, in dem wir Ihr Hotel erwähnen, vor Abdruck zeigen, wenn Sie wollen. Mir geht es um die Männerfreundschaft, das, was sie ausgemacht hat, wie Sie Alfred Oberhofer erlebt haben, was er Ihnen bedeutet hat. Dabei kann ich erwähnen, dass Sie der Hotelier des *Zum Dicken Elefanten* sind. Das passt gut«, verstärkte Fernando seine Aussage. Er hatte sofort begriffen, wie der Deal laufen könnte.

Franz überlegte kurz. Eine Gelegenheit, die kein zweites Mal kam. »Also gut, kommen Sie.« Er ging voran und bot Fernando einen Platz im Frühstücksbereich des Hotels an, orderte Kaffee und Wasser und ihr Gespräch begann.

- 10 -

Bruni war völlig aufgelöst. Das war alles zu viel für sie. Claudio hatte sie ertappt, er hatte das Testament und alle Unterlagen.

Viktor war wütend. Nachdem Claudio gegangen war, hatte er getobt, sie angeschrien, dann war er wieder zärtlich zu ihr, so als täte es ihm leid, dass er sie so angegangen war. In ihm tobte ein Zwist. Er hatte gehofft, dass Bruni als Erbin alles bekommen würde, ihren elterlichen Hof und die Häuser, die Alfred in all den vergangenen Jahren erworben hatte. Damit wären sie ihre finanziellen Sorgen ein für alle Mal los gewesen. Zusammen mit Alfreds fünf Hektar Weinbergen wäre er sofort zu einem der großen Weinbauern geworden. Der ganze Ärger mit und über Alfred wäre Schnee von gestern gewesen. *Außerdem hätte Margit später ohnehin alles bekommen, als einzige Tochter. Warum musste er ihnen das antun? Warum Margit bevorzugen?*

Brunis Gedanken rasten ebenfalls. *Wieso war ihr Bruder so? Wer konnte vom Testament wissen? War Margit darüber informiert?*

Viktor? Hat er etwas geahnt? Wem hat Alfred davon erzählt? Warum hat er es nicht mit mir besprochen? Wieso wollte Viktor sofort in Alfreds Haus, um nach dem Testament zu suchen? Dann kam Bruni ein Gedanke, der sie augenblicklich tief erschütterte. *Wo war Viktor am Montagmorgen wirklich? Warum wollte er so früh aus dem Haus?* Er war unruhig gewesen, kam es ihr jetzt vor. *Hatte er …?*

- 11 -

Fernando und Franz sprachen länger als eine Stunde miteinander. Franz fand, dass Fernando kluge Fragen stellte und es schien ihm, als wolle er gründlich und sorgfältig recherchieren.

Das konnte Fernando. Das war seine Profession. Mit Franz hatte er auch noch einen auskunftsfreudigen Interviewpartner gefunden. Fernando wusste deshalb, dass Alfred und Franz zusammen in Tramin aufgewachsen und durch dick und dünn gegangen waren. So hatte es Franz ausgedrückt und einige Anekdoten aus ihrer Schülerzeit erzählt. Nie hatte der eine den anderen verpfiffen und lieber eine Prügelstrafe akzeptiert. Prügel waren sie gewohnt. Bei beiden ging es zu Hause unsanft zu. Ihre Eltern hatten wenig Zeit für die Buben und so erzogen sie sich gegenseitig, ohne feste Regeln. Die mochten beide nicht. Nebenbei erwähnte Franz, dass er zwar nach Kaltern geheiratet hatte, aber die engen Bande zu seinem Freund Alfred hätte das nicht beeinträchtig.

»Herr Oberhofer selbst hat nie geheiratet?«, frage Fernando.

»Nein, das hat er nicht. Ich weiß auch nicht, warum. Kandidatinnen hat es gegeben. Ein Großbauer findet immer jemanden. Aber er hat eben nicht gewollt. Er war auch nicht unglücklich deshalb. Er war gerne mit sich.« Das war Franz' Einschätzung.

»Das war eindrucksvoll, was Sie mir über Ihre Beziehung erzählt haben. Vielen Dank.« Fernando tat so, als sei das Gespräch damit an seinem Ende. Aber jetzt kam der Teil, der ihn vor allen anderen Themen interessierte. »Jetzt müssten wir nur noch wissen, wer Alfred Oberhofer ermordet hat.« Fernando machte eine Pause und wartete auf eine Reaktion von Franz.

Franz war verstummt und suchte in der Ferne nach einer Antwort. Jedenfalls schaute er zum Fenster hinaus. Dann richtete er seinen Blick wieder auf Fernando. Dem schien, dass Franz' Augen einen traurigen Ausdruck angenommen hatten. »Ja, das wollen wir alle wissen. Ich kann nur hoffen, dass die Polizia alles ermittelt.«

Fernando begrub seine Hoffnung, dass Franz eine Theorie hatte, als dieser von sich aus zu erzählen begann. »Ich habe keine Theorie und ich kann mir auch nicht vorstellen, wer Alfred ermordet hat und warum«, begann Franz langsam. »Es gibt Dinge, von denen er mir erzählt hat, die jetzt, nach seiner Ermordung, für mich in einem anderen Licht dastehen. Aber das ist alles reine Spekulation. Jeder würde so denken wie ich, wenn der beste Freund ermordet worden ist. Dann fragt man sich, wie er das ein oder andere gemeint haben könnte, in der jüngeren Vergangenheit, ob er etwas geahnt haben könnte, ob er etwas befürchtet hat.«

Fernando hakte nach: »Erzählen Sie mir, was das war?«

Franz schüttelte den Kopf. »Nein, das ist alles spekulativ. Nur so viel kann ich sagen: Er hat mit mir weder über eine konkrete Gefahr gesprochen noch hat er erwähnt, dass er ein Attentat auf sich befürchtete. Nein, so weit würde ich nicht gehen.«

»Verstehe«, sagte Fernando gedehnt. In seinem Kopf schossen die Überlegungen durcheinander. Steckte hier seine Geschichte? »Sie können mir gerne berichten, was Ihnen jetzt im Nachhinein auffällt. Als Medienmensch habe ich Zugang zu Quellen, die selbst die Polizia nicht hat. Ich habe da schon helfen können.« Diese Behauptung war eine glatte Lüge. Fernando ging davon aus, dass dies nicht hinterfragt werden würde.

Franz schaute sein Gegenüber skeptisch an. »Ich weiß nicht. Das ist alles heikel.«

»Damit kann ich umgehen. Ich gebe meine Quellen nicht preis. Sonst könnte ich nicht arbeiten. Das bedeutet, dass niemand erfährt, was Sie mir anvertrauen. Darauf können Sie sich verlassen.« Das war nicht gelogen. So arbeiteten Journalisten.

Franz überlegte. »Sie halten mich da komplett raus?«, versicherte er sich. Fernando nickte.

»Nun gut«, kam es langsam von Franz. »Da war etwas.«

- 12 -

Als Francesca nach Hause kam, fand sie Margit in einer besonderen Stimmung vor. Sie war freudig erregt, schien etwas durcheinander. Eine Flasche Lagrein stand geöffnet auf dem Tisch und atmete Luft. Zwei Gläser davor. Ein Teller mit Köstlichkeiten aus einem der Bozner Feinkosttempel. Frisches Brot daneben, Oliven auch.

»Gibt es etwas zu feiern?« Francesca war erstaunt. Margits Stimmung war heute Morgen noch eher trübe gewesen. Sie wollte sich nach einem Job umschauen. Daher mutmaßte Francesca: »Du hast einen neuen Job? Das ging flott. Gratuliere!«

Margit füllte die Gläser und gab eines Francesca. »Du stößt mit einer der größten Weinbäuerinnen Tramins an.«

Francesca verstand nicht.

»Onkel Alfred hat mich als seine Alleinerbin eingesetzt. Ich war bei einem Notar, der mich einbestellt hat. Es scheint wirklich so zu sein. Ich erbe alles. Das war es dann wohl, was er mir am Montag hat sagen wollen. Nehme ich jetzt jedenfalls an. Das macht alles Sinn. Er hat mir gesagt, ›dass sich alles fügen würde‹. Dann hat er mich zu diesem Gespräch gebeten, zu dem es nicht mehr gekommen ist. Was sagst du dazu?«

Francesca wusste nicht, was sie sagen sollte. Sie war ein Mensch, der alles durchdenkt und nicht drauflosredet. »Dann sollte ich dir jetzt gratulieren?«, fragte sie.

Margit verstand nicht. »Ja, das solltest du. Und du solltest dich für mich freuen.« Das kam leicht verärgert rüber.

Francesca nahm den Misston zwar wahr, aber in ihrem Kopf schoben sich die Gedanken übereinander. *Was bedeutet das für uns beide? Margit als große Weinbäuerin. Das Gute daran: Sie ist nicht mehr von den Eltern abhängig. Ein großer Hof ist auch viel Arbeit. Also wenig Zeit füreinander? Bedeutet es das? Passt das alles zusammen?* Francesca fand so schnell keine Antworten. »Das ist alles ziemlich viel auf einmal«, sagte sie. »Aber ja, ich freue mich für dich.« Sie nahm Margit in den Arm.

Es schien, als wollte Margit sie nicht mehr loslassen. »Das ist doch toll«, sagte sie. »Wir zwei können das schaffen. Es fehlt an nichts.«

Francesca bekam spitze Ohren, sagte aber noch nichts.

Während des Essens plauderte Margit in einem fort. Sie kannte Alfreds Hof, hatte mit ihm seine Weinberge besichtigt und er hatte sich gerne mit ihr über Weinbau unterhalten. Hiermit kannte sie sich aus und Alfred hatte ihre Empfehlungen gerne angenommen. »Dann ist da die alte Kellerei. Riesig, sage ich dir. Da ist sehr viel Platz. Das machen wir uns richtig nett, glaub mir, das hat alles Zukunft.« Diese Worte vernahm Francesca und wurde ruhiger, je wilder sich Margit ihre gemeinsame Zukunft ausmalte. Die Flasche Lagrein war leer, eine zweite geöffnet, als Margit meinte: »Du sagst ja nichts, bin ich dir zu schnell?«

Francesca schaute ihre Partnerin an. Sie hatte es gut getroffen. »Ja, das ist alles sehr viel auf einmal für mich. Lassen wir es sacken.«

Montag

-1-

Beerdigungen eines Dorfbewohners sind in Südtirol gut besuchte Ereignisse. Die Parkplätze an der Landstraße zwischen Tramin und Rungg waren alle voll, als die Frauen nach einem Abstellplatz für das Auto suchten.

»Parken wir am Rand eines Feldwegs«, sagte Margit. Sie war aufgeregt. Am Wochenende hatte ihre Mutter angerufen, um über die Beerdigung zu sprechen. Es war das erste Gespräch, seit sie von zu Hause weg war. Bis dahin herrschte Funkstille. ›Wie sie sich das denke?‹, hatte ihre Mutter gefragt. Das fand Margit komisch. Schließlich war Bruni Alfreds Schwester und stand ihm am nächsten. Von dieser Irritation abgesehen war das Gespräch eher sachlich. Man hatte bereits alles veranlasst, denn der Termin für die Beerdigung stand fest. Es galt die Frage zu klären, ob man alle zur anschließenden Feier einladen solle, die zur Beerdigung kommen würden. Brunis Stimme krächzte durchs Telefon, als sie davon sprach. »Sollen wir denn das ganze Dorf einladen?«, fragte sie. Das klang hilflos und ein wenig vorwurfsvoll. So empfand es Margit. Eine zweite Irritation, aber sie schob es auf die Trauer. Sie einigten sich darauf, dass es eine kleine Feier geben sollte. Bruni schlug vor, sie im Wolkensteinhaus durchzuführen und fragte, ob Margit auch kommen werde.

»Ich bringe Francesca mit«, hatte Margit gesagt und hinzugefügt, »und ihr haltet euch zurück. Über eure Meinung zu meiner Verbindung mit ihr sprechen wir zu einem passenden Moment.«

Bruni hatte schnell eingewilligt. Sie bestellte daraufhin drei Torten, die sie eventuell erscheinenden Gästen anbieten wollte. Mehr wollte sie aber nicht aufwenden. Schließlich war Margit die Erbin. Da Margit nichts offenbart hatte, wusste ihre Mutter nicht, ob sich der Notar bei ihr gemeldet hatte.

-2-

Franz Caliari war rechtzeitig vor Ort. Die Beerdigung seines besten Freundes wollte er nicht verpassen. Er setzte sich bei der

Trauerfeier in der St.-Valentins-Kirche hinter die Angehörigen in die zweite Reihe. Vor ihm saß die Schwester seines Freundes, dann kam ihr Mann Viktor, dann Margit und daneben saß diese Commissario, die ihn vor ein paar Tagen aufgesucht hatte. *Was macht die hier? Das interessiert mich. Was hat sie mit der Familie zu tun?*, dachte er während der Trauerfeier. Der Weg zum Grab war lang und der Leichenzug zog sich über die gesamte Länge des Friedhofs. Da niemand einen Hinweis zu einem Leichenschmaus erhalten hatte, verließen die Trauergäste den Friedhof, nachdem sie Bruni, Viktor und Margit kondoliert hatten. Die meisten stockten, als sie neben Margit die Frau sahen, die sie vom Sehen kannten. Der ein oder andere hatte begriffen, dass die beiden ein Paar bildeten. Für Francesca war es befremdlich, zu registrieren, dass einige der Trauergäste ihr die Hand gaben, die meisten aber mit gesenktem Kopf an ihr vorbeigingen. Margit hatte darauf bestanden, dass sie neben ihr stehen solle. Jeder sollte sehen können, dass sie zusammengehörten. Einerseits fand Francesca dieses Vorgehen mutig, andererseits zeigte es auch, wie wenig Akzeptanz es für gleichgeschlechtliche Partnerschaften gab. Es war ihr unangenehm, das auf einer Beerdigung erleben zu müssen. Sie war auch keine Angehörige, auch wenn Margit zeigen wollte, dass sie zu ihr gehörte.

Franz Caliari hatte die Situation sofort begriffen, als er Francesca neben Margit stehen sah. Er war einer der ersten, die kondolierten. Er hatte für Bruni nette Worte gefunden, etwa: »Ach Bruni, jetzt hast du deinen Bruder verloren und ich meinen besten Freund. Ich trauere so wie du. Das geht tief.« Zu Viktor sagte er: »Viktor, du kannst auf mich zählen. Wenn du etwas brauchst, meldest du dich.« Margit schaute er lange an, was den Zug der Trauergäste verlangsamte: »Margit, dein Onkel war für mich der wichtigste Mensch in meinem Leben. Er war mir treu und wir hatten uns, auch in schweren Zeiten. Du warst sein Augenstern, das hat er mir erzählt. Ich konnte das gut verstehen. Mein Beileid, Margit.« Als Franz vor Francesca zu stehen kam, die als vierte in der Reihe stand, gab er ihr fest die Hand. Er sagte nur: »Ich verstehe. Alfred hat mir erzählt, dass Margit eine Freundin habe. Dass Sie das sind, wusste ich bis jetzt noch nicht. Wir kennen uns ja.« Er lächelte Francesca freundlich an und ging dann Richtung Ausgang, blieb aber in angemessener

Entfernung stehen, ließ die Teilnehmer des Trauerzuges passieren, sprach mit einzelnen Gästen und als der Letzte die Friedhofspforte passiert hatte, wendete er sich in Richtung der Familie.

Bruni ging auf ihn zu und lud ihn zum Kaffee ein.

-3-

Unter den Trauergästen befanden sich auch die beiden Carabinieri und Fernando. Claudio begrüßte Francesca herzlich, als er an ihr vorbeiging, was Fernando sofort registrierte. Beim Verlassen des Friedhofs fragte er Claudio beinah beiläufig, wer die Frau neben Margit war. »Commissario Giardi von der Polizia«, antwortet er. »Sie ermittelt im Fall von Alfred Oberhofer.«

»Zwei Polizeien sind dran?«, fragte Fernando. *Das könnte bedeuten, dass es hier um mehr ging als nur um einen Mord. Das kann zu dem passen, was Franz Caliari mir erzählt hat.* »Das ist selten, oder? Ich meine, entweder die Carabinieri oder die Polizia. Beide zusammen habe ich noch nicht erlebt.«

Claudio wollte dazu nichts weiter sagen, denn Fernando konnte auch lästig werden. »Fernando, das kann vorkommen und ist untereinander abgestimmt. Also nicht so selten, wie du meinst. Jetzt lass uns in Ruhe, wir haben zu tun.«

Fernando warf einen letzten Blick auf die kleine Trauergruppe. Margit stand neben dieser Commissario. Er hatte sie für eine Angehörige gehalten, die er nur nicht kannte. *Eine Commissario also. Keine Verwandte? Klar, so wie die beieinanderstehen, so nah, so vertraut. Die sind ein Paar.*

Auf dem Weg ins Dorf ging ihm dieser Gedanke nicht aus dem Kopf. *Die Freundin der Nichte ermittelt in diesem Mordfall, obwohl die Carabinieri dran waren.* Das ist doch seltsam. Die Geschichte schien komplexer zu sein, als er es sich bisher vorgestellt hatte.

-4-

Da saß die kleine Trauergemeinde vor drei Torten, denn weder Bruni noch Viktor hatten Anstalten gemacht, jemanden aus dem Dorf ins Wolkensteinhaus einzuladen.

Soll das doch die Margit bezahlen, hatten sie sich zuvor gesagt. *Sie ist jetzt reich, wir nicht.* Dass es keinen Leichenschmaus gab, verwunderte auch niemanden, denn das Dorf wusste, dass Bruni und ihr Bruder nicht gut miteinander konnten.

Franz Caliari hatte sich aber gerne der kleinen Familie angeschlossen. Als bester Freund, meinte er, gehöre er dazu. Auch wenn er mit Bruni und Viktor kein gepflegtes Verhältnis hatte, so kannten sie doch einander. Alfred hatte ihm auch das ein oder andere aus seiner Familie erzählt. Er fühlte sich eingeweiht, außerdem war er neugierig auf diese Commissario. Das Gespräch gestaltete sich allerdings zäh. Viktor schwieg, schaufelte sich Tortenstücke in den Mund und vermied Blickkontakt zu den anderen. Bruni wurde ihrer Rolle als Gastgeberin nur halbwegs gerecht, denn auch sie förderte die Kommunikation unter den Gästen nicht. Francesca fühlte sich sichtlich nicht ganz wohl in dieser Runde. Ob sie wohl von Margits Eltern abgelehnt wurde, da sie Sardin war? Das hatte sie ihm auf dem Weg ins Wolkensteinhaus erzählt. Franz registrierte diese dunkle Stimmung sofort und schätze richtig ein, dass sie nicht mit der Beerdigung zusammenhing.

Er räusperte sich und erhob seine Stimme: »Bruni, Viktor, was ich euch noch sagen wollte. Ich habe mit Erwin gesprochen. Er hat mir erzählt, dass die Erntehelfer jetzt alle abgesprungen sind, weil nicht klar war, ob sie bezahlt würden. Ich wollte euch anbieten, dass ich die Lese für euch mit meinen Leuten mache. Fünf Hektar Weinberge zusätzlich ist zwar viel Mehrarbeit, aber ich könnte das schaffen. Ihr wollt doch die Trauben nicht am Stock verfaulen lassen? Vielleicht habt ihr auch Ersatz für die Erntehelfer? Wenn nicht, dann würde ich euch gerne helfen. Das hätte ich für Alfred selbstverständlich gemacht.«

Bruni schaute Viktor an. Der blickte auf. »Das geht uns nichts an. Wir sind nicht die Erben. Frag Margit.« Das kam abrupt und abgehakt.

Franz schaute Margit an. »Stimmt das? Du hast die Weinberge geerbt?«

Margit richtete sich auf und schaute Franz direkt an. »Das stimmt. Ich bin Alleinerbin.«

Franz schaute von Bruni zu Viktor. »Euch hat er nichts vermacht? Ich meine, du bist seine Schwester. Eigentlich wäre der Hof an dich gegangen, oder?«

Viktor schnaubte, stand auf und verließ die Stube. Sie hörten nebenan Geräusche, als ob etwas umgefallen wäre. Dann das Ploppen eines Weinkorkens. Bruni schwieg.

»Verstehe«, sagte Franz. »Also Margit, das Angebot gilt natürlich ebenso für dich. Die Trauben können nichts dafür und der Ertrag sollte doch fließen. Wir können das gerne in Ruhe besprechen, aber ich müsste es schnell wissen. Die Lese hat begonnen, ich organisiere jetzt die Arbeiten. Wenn ich die fünf Hektar einplanen muss, solltest du mir möglichst bald Bescheid geben.«

Margit war gefasster, als es jeder im Raum angenommen hatte. Ihre Stimme war klar und deutlich. »Ich nehme dein Angebot an, Franz. Danke, dass du an so etwas gedacht hast. Die Arbeitsstunden, die du bezahlen musst, stellst du mir in Rechnung. Ich habe noch keinen Überblick über die Situation des Hofes, aber das dürfte klargehen.«

Franz schaute in Margits klare Augen. Alfred hatte richtig gelegen, als er Margit als zupackende und kluge Frau beschrieben hatte. »Margit wird ihren Weg gehen, wenn man sie lässt«, hatte er bei einem ihrer Gespräche gesagt. »Sie weiß viel, kann viel und hat Ideen.«

- 5 -

Fernando blätterte durch seine Notizen. Was hatte ihm Franz Caliari andeuten wollen? Er wollte klar erkennbar nicht raus mit der Sprache, aber zwischen den Zeilen konnte Fernando lesen, Alfred Oberhofer sei in Geschäfte verstrickt gewesen, die mit der *Kellerei Kaltern* zu tun hatten. So war es bei Fernando angekommen. Auch, dass der Obmann der Kellerei dabei eine Rolle spielte. Welche, das hatte Fernando dem Mann nicht entlocken können. Franz hatte von Absprachen geredet, die nicht herauskommen sollten. Er hatte angedeutet, dass Alfred über Betriebsgeheimnisse der *Kellerei Tramin* verfügte. Ob diese Gegenstand der Absprachen gewesen sein könnten, ließ er offen. Sicher war,

Alfred Oberhofer war einer der Umsatzstützen der Traminer Genossenschaft. Das hatte Fernando leicht recherchieren können. Nur wenige lieferten eine ähnliche Menge an Trauben. Seine waren zudem von guter Qualität. Eine Eigenvermarktung hätte sich für ihn gelohnt. Aber Alfred blieb seiner Genossenschaft treu und hatte nie vor, Wein selbst zu keltern. Franz hatte angedeutet, dass Alfred mit der *Kellerei Tramin* unzufrieden war. Eine längere Entwicklung sei das gewesen, hatte er erzählt. Fernando hatte das bei seinen Recherchen nicht bestätigt gefunden. Allerdings hatte er sich nicht getraut, zu tief einzusteigen und deshalb nur einen weinseligen Bauern im *Goldenen Löwen* befragt, der ebenfalls Genosse war. *Ich muss mir die Geschichte auch nicht kaputt recherchieren.* Vielmehr überlegte er, wie er an den Obmann der *Kellerei Kaltern* herankam. Hierfür hatte er eine Idee. Nachdem sie die letzte Fuhre des Tages abgeliefert hatten, trafen sich die Weinbauern in der Vinothek. Der Obmann war einer der größeren Bauern, das hatte Fernando bereits recherchiert. Ledig, ein Frauenheld, hatte es geheißen. Er fand ein Foto im Internet. Drahtiger Typ, kernig, sonnenbraungebranntes Gesicht mit einem kantigen Lächeln. Im Bildhintergrund waren zwei Fendt-Traktoren zu erkennen, drei Hebebühnen und weiteres Gerät, das für die Arbeit im Weinberg gebraucht wurde. *Wie stelle ich es an, ihn zum Reden zu bringen?*

-6-

Francesca hatte die gesamte Trauerfeier durchgestanden, ohne viel zu reden. Mit ihr wollte ohnehin niemand sprechen. Bei der Beerdigung fühlte sie sich nicht wohl in ihrer Rolle als Margits Partnerin. Deren Eltern vermieden es, mit ihr zu sprechen, was durch die Situation einer Beerdigung begünstigt war. Aber auch beim gemeinsamen Kaffee im Wolkensteinhaus, wo man unter sich war, versprühten sie eine frostige Atmosphäre. Wäre Franz Caliari nicht dabei gewesen und hätte mit seinem Angebot, die Traubenlese für Margit zu organisieren, die Situation aufgelockert, hätte Francesca das Haus verlassen, mit oder ohne Margit. Es war ihr zu viel und vor allem war es ihr zu blöd. Margit zuliebe hätte sie vieles ertragen, aber nicht diese Wortlosigkeit, diese vollkommen unmögliche Situation. Hervorgerufen durch Eifersucht, verbrämt als ewig schwelender Konflikt zwischen Südtirol und Italien. Francesca fand, es war nicht an ihr, den Dialog zu beginnen und den Konflikt aus der Welt zu schaffen. Von Margit erwartete sie, dass sie sich klar bekannte und Konsequenzen zog.

Die vergangenen Tage hatte Margit viel telefoniert und das nicht mit ihren Eltern. Margits Stimmung hatte sich von Tag zu Tag gesteigert, seit sie von ihrer Erbschaft erfahren hatte. Es gab einen weiteren Termin beim Notar, dann bei Gericht. Jeden Abend erzählte Margit viel und es schien Francesca, dass sich die Dinge in einer Geschwindigkeit entwickelten, die ihr Angst machten. Margit hatte große Pläne. Doch das war es nicht, was Francesca beunruhigte. Beunruhigend war für sie, dass Margit Pläne machte, in die sie Francesca wie selbstverständlich miteinbezog. »Wir leben dann in der alten Kellerei. Das wird dir gefallen. Ein riesiges Gebäude, Raum ohne Ende. Wir richten es nach unserem Geschmack ein.« Das war etwas, auf das sich Francesca vielleicht noch eingelassen hätte. Dann kam aber auch die Idee: »Du könntest dich auch zur Winzerin ausbilden lassen, dann machen wir das Geschäft zu zweit. Ich sehe schon die Überschrift: »Zwei Winzerinnen«, das könnte auch der Markenname werden. Wir haben Platz, um Wein zu keltern. Schließlich war das Gebäude früher eine Kellerei. Es müsste noch einiges angeschafft werden und die Anlagen müssten auf dem neuesten Stand der Technik gebracht werden. Das bekommen wir hin. Onkel Alfred hat mir eine stattliche Summe hinterlassen. Damit kann ich das meiste finanzieren und bei dem Projekt und den Sicherheiten bekomme ich leicht einen Kredit.« Die Pläne sprudelten aus Margit heraus und Francesca wollte ihren Freudentaumel nicht stoppen. Aber für sie stand fest, dass sie niemals Winzerin werden würde. Sie war Polizistin und das wollte sie auch bleiben. Ein Wohnsitz in Tramin wäre in Ordnung, obwohl ihr Bozen lieber war. Francesca hatte auch das sich als kompliziert erweisende Verhältnis zu Margits Eltern im Blick. Wie würde sich das entwickeln? Wie wäre es, in Tramin auf Dauer zu leben, in diesem Dorf? Nach den Erlebnissen auf der Beerdigungsfeier hatte sie wenig Lust darauf.

Kurz nachdem Franz Caliari gegangen war, wandte sich Margit an ihre Mutter. »Du wusstest also, dass ich Alleinerbin bin? Hat dir Onkel Alfred davon erzählt?« Bruni war eindeutig verlegen. »Ich wusste es, ja«, war alles, was sie herausbekam. Sie wollte nicht offenbaren, dass sie das Testament gefunden und an sich genommen hatte, um es verschwinden zu lassen. Das war vor allem eine Idee von Viktor, der sich schnell ausgerechnet hatte, wie reich sie in diesem Fall gewesen wären. Am Ende hätte Margit sowieso alles bekommen, nur etwa 30 Jahre später. Bis dahin hätte sie hier ein Auskommen gehabt. Der Hof hätte auch der Schwester gehört und nicht der Nichte, so wäre es gerecht gewesen. *Weiß der Teufel, was den Alten geritten hat.*

Margit ahnte nicht, warum ihre Mutter so komisch war. Auch das Verhalten ihres Vaters schob sie auf diese blöde Haltung ihrer Eltern Francesca gegenüber. »Ich würde mir gerne die alte Kellerei ansehen. Aber ich habe noch keinen Schlüssel. Hast du vielleicht einen?«, fragte sie ihre Mutter. Bruni ging wortlos aus dem Zimmer, Margit und Francesca sahen sich an. »Sollten wir nicht besser gehen?«, fragte Francesca, der diese Atmosphäre zunehmend unerträglich war. Da kam Bruni zurück und übergab Margit wortlos einen Schlüssel. Dann seufzte sie und setzte sich scheinbar kraftlos auf die Bank. Viktor blieb indes verschwunden. Als Bruni keine Anstalten machte, an ihrer Haltung etwas zu ändern, schaute Margit ihre Freundin wortlos an und wies mit einer kurzen Bewegung des Kopfes zur Tür. »Wir sind dann weg«, war das Letzte, was Bruni hörte, bevor die Tür ins Schloss fiel.

- 7 -

Es war Eduards erste Wasserleiche. Der Leib war aufgequollen und die Hautfarbe schien graugrün. Das mochte auch am Licht liegen, das heute auf dem Kalterer See lag. Es war noch recht kühl an diesem späten Vormittag, sodass die Gerüche, die der Leiche entströmten, nicht deutlich wahrgenommen werden konnten. Eduard ging nahe ran, ohne gleich zurückzuzucken. Die Leiche war vollständig bekleidet. Soweit Eduard es einschätzen konnte, war es ein älterer Mann. Er trug auf den ersten Blick keine auffällige Kleidung. Da sie zu einem großen Teil von Schlamm und Wasserpflanzen bedeckt war, konnte Eduard keine Farben bestimmen. Alles sah graugrün aus. Die gesamte Leiche – Haut und Kleidung. Eduard sprach mit dem Fischer, der die Leiche gefunden hatte.

»Ich war auf Zander und da habe ich sie gesehen. Ungefähr 50 Meter vom Ufer. Ich habe nicht erkennen können, dass es sich um einen Menschen handelte, ich sah etwas hohes Rundes, das aus dem Wasser ragte. Es sah so aus wie ein runder Stein. Nur, dass es hier keine Steine gibt. Der See ist an dieser Stelle um die vier Meter tief. Das war ein Schreck, als ich hin gerudert bin. Ein Mensch! Das ist doch schrecklich! Es war sehr schwer, die Leiche an Land zu bringen. Ich habe da einiges versucht, aber ins Boot konnte ich sie nicht ziehen. Sonst wäre ich gekentert. Schließlich habe ich eine Angelschnur um seinen Fuß gebunden und dann bin ich mit der Leiche im Schlepp ans Ufer gerudert. Bis zum Steg. Dann habe ich die Polizia angerufen. Für die Rettung war das zu spät. So tot wie er war.«

Eduard hatte mit Engelsgeduld zugehört. Der Mann war aufgeregt und wurde ruhiger je länger er erzählen konnte. Als er schließlich zum Ende kam, fragte Eduard ihn, ob er den Toten kenne.

»Ich weiß es nicht«, war die Antwort. »Der Mann sieht ganz aufgequollen aus. So wächsern, oder? Ich meine, wie soll ich ihn erkennen?«

Der Zeuge hat vermutlich recht, dachte Eduard. Wasserleichen sehen nicht gut aus. »Aber er hat Ähnlichkeiten«, sagte der Zeuge. »Die Jacke, also diese Jacke, die er trägt, so eine hat der Wolff Felix getragen, meine ich. Auch ein Fischer, aber einer von den Vereinsfischern. Der hat hier im See geangelt.«

»Sie sind nicht im Verein?«

»Nein, bin ich nicht. Aber ich darf hier auch angeln.« Er kramte in seiner Jacke, um seine Berechtigungskarten hervorzuholen. Eduard winkte ab.

»Das wird schon in Ordnung sein. Lassen Sie die Karten stecken. Ich brauche jetzt bitte Ihren Namen und Ihre Adresse, für eventuelle Fragen. Wenn Sie mir vielleicht auch die Adresse von

Felix Wolff geben könnten? Ich würde dann feststellen können, ob Sie mit Ihrer Vermutung richtig liegen.«

- 8 -

Francesca staunte. Wie groß dieses Haus war. Riesig war es. Das Erdgeschoss sah spektakulär aus. Kreuzgewölbe spannten die Decke, die von mächtigen Pfeilern getragen wurde. Es gingen nach allen Richtungen Gänge ab, Türen aus dicken Holzbohlen führten in andere Räume oder in die Keller. Eine steinerne Treppe mit ausgetretenen Stufen führte in den ersten Stock. Dort befand sich nicht nur eine Wohnung, sondern offensichtlich weitere bewohnbare Räume, denn beim Vorbeigehen an offenstehenden Türen waren Bettgestelle, Tische, Stühle und kleine Schränke zu sehen. »Das sind die Kammern für die Arbeiter«, erklärte Margit. Eine Waschgelegenheit sprang Francesca ins Auge. Aus einer Nische wölbte sich halbrund ein steinerner Waschtrog. Ein alter Wasserhahn kam aus einer Steinplatte oberhalb des Waschtrogs und eine kunstvolle Gestaltung der Platte wies eine Jahreszahl aus. »Steht da wirklich 1530? Es ist schwer zu lesen«, stellte Francesca fest.

»Das ist gut möglich. Hier ist alles Mittelalter. Wie halb Tramin. Auch dieses Haus. Wenn es dich interessiert: Wir haben hier einen Historiker. Seine Promotion befasst sich mit der Geschichte der alten Häuser. Er hat auch diesen Waschtrog untersucht.«

»Ist das Roland Zwerger?«

»Du kennst ihn?« Margit war erstaunt.

»Ich habe ihn oben bei St. Jakob kennengelernt. Zufällig, aber er hat mir einen interessanten Vortrag über diese Bestien gehalten.«

Margit musste lachen. »Die Bestiarien meinst du. Dazu kann er viel erzählen. Weißt du jetzt, wegen welcher Laster du beichten musst?« Sie lachte laut auf.

Francesca antwortete schnell: »Eitelkeit und Unkeuschheit, was hast du denn gedacht? Alles andere interessiert mich nicht.« Auch sie musste jetzt lachen. Da klingelte ihr Telefon. Sie erkannte, dass es Eduard war. »Ach je, ich habe doch heute frei genommen. – Eduard?« Sie hörte kurz rein und schaute Margit an. *Besser sie gewöhnt sich direkt dran*, dachte sie. »Ich muss weg. Freie Tage sind dann frei, wenn nichts passiert.«

»Was ist denn passiert?«

»Ein Toter. Vermutlich ertrunken im Kalterer See. Wir müssen jetzt seine Identität klären, wann das passiert ist, die Angehörigen unterrichten, die Leiche ins Institut bringen lassen und der ganze Papierkram.«

»Kann das Eduard nicht allein machen?«

Francesca blickte Margit ernst an. »Ich bin Polizistin. Das will ich auch bleiben. Gewöhn dich daran, dass ich wegmuss, auch wenn es am schönsten ist. Das ist so und das bleibt so. Wenn du damit Schwierigkeiten hast, wird das ein Problem werden.«

Margit erschrak, wegen der Art und Weise, wie Francesca ihr das Faktum mitgeteilt hatte. Brüsk, knapp und hart kam es ihr vor. Und der Subtext war ein eindeutiger Hinweis darauf, dass alle Träume von einem gemeinsamen Leben als Winzerinnen in der alten Kellerei zerplatzt waren. Francesca wollte nicht mitmachen. Margit fröstelte, als sie ihre Partnerin die Treppen hinuntereilen hörte.

- 9 -

Wann wird der Obmann wohl in der *Vinothek* der Kellerei sein? Fernando überlegte, dass das nicht vor dem Nachmittag sein könne. Andererseits könnte es auch sein, dass er in der Verwaltung zu tun hatte. *Ach was*, sagte er sich. *Es gibt keinen Zeitpunkt, zu dem ich sicher sein kann, dass er da ist. Ich fahre jetzt hin.*

- 10 -

Franz Caliari hatte alle Hände voll zu tun. Als erstes informierte er Erwin darüber, dass er Margit helfen werde, die Trauben zu ernten. So erfuhr Erwin, dass Margit die Erbin Alfreds war, was ihn wunderte. Ihn erstaunte es ohnehin, dass Alfred ein Testament gemacht hatte. Erwin hatte Alfred viele Jahre gekannt und ihn für jemanden gehalten, der sich nicht darum scherte, was nach ihm kam. *So kann man sich täuschen,* dachte er, und dass diese Nachricht heute Abend im Dorf die Runde machen würde. Wenn es einer weiß, dann wissen es auch andere. Wenn nun auch der Franz Bescheid wusste, dann ist es kein Geheimnis mehr. Erwin konnte Franz bestätigen, dass die bestellten Erntehelfer alle woanders eine Stelle bekommen hatten. Gute Erntehelfer waren begehrt und zur Lesezeit wurden sie überall gebraucht. Franz sprach deshalb mit seinem Vorarbeiter, der die Hände über den Kopf zusammenschlug, als er ihm offenbarte, dass zusätzliche fünf Hektar abzuernten seien. Die beiden steckten die Köpfe zusammen, berieten sich und fanden schließlich eine Lösung, die funktionieren konnte. Franz war zufrieden mit sich und der Gesamtsituation. *Manchmal fügt sich eben alles,* dachte er.

- 11 -

In der *Vinothek* war heute nicht viel los. Werner Gschnell hatte zusammen mit einem Kollegen Thekendienst. Er beriet interessierte und kaufwillige Gäste. *Es ist vielleicht noch zu früh,* dachte Fernando, als er im Raum nur zwei Touristen ausmachte, die ihre Nasen in die Weingläser tauchten, um den Geruch des Weines zu schmecken. Dann schlürften sie genießerisch. Ob sie das mit fachmännischem Hintergrund taten oder sie es so gesehen hatten und nacheiferten, konnte man nicht erkennen. Werner kannte Fernando nicht, merkte aber sofort, dass er keinen Touristen, sondern einen Einheimischen vor sich hatte. Die Gäste probierten ihr drittes Glas. Werner unterschied zwischen kauflustigen Nasen und reinen Weinnasen. Es gab auch die Probiernasen, die nur probierten, sich aber nicht entscheiden konnten. Fernando war eine reine Weinnase. So schätze Werner ihn jedenfalls ein und fragte, wie er ihm helfen könne.

»Einen guten Vernatsch«, bestellte Fernando.

»Damit kann ich dienen. Wie wäre es mit einem Glas *Quintessenz, Kalterersee Classico Superiore*? Ein richtig guter Vernatsch, den die Kenner gerne trinken.« Er schenkte einen Probierschluck ein. Fernando war zufrieden und nickte, sodass Werner das Glas füllen konnte. »Es freut mich, dass die Empfehlung gefällt.«

Fernando nickte zustimmend. »Der Kalterersee war eine Zeit lang in Verruf«, fing er an zu fachsimpeln. »Noch bis in die 1980er-Jahre ist alles Mögliche unter diesem Namen verkauft worden.«

Werner merkte auf. *Ein Fachmann vielleicht?* »Das werden Sie heute nicht mehr finden. Wir produzieren in dieser Kellerei hochwertige Weine und der sortenreine Vernatsch hat eine besondere Qualität. Der Markenname Kalterersee sollte daher heute einen ganz anderen Klang haben, als er ihn vielleicht früher hatte. Das hat er verdient.«

Fernando verstand, dass es dem Mann hinter der Theke um die Ehrenrettung des Vernatsch und der Marke Kalterersee ging. Er konnte dem zustimmen. Die Entwicklung im Weinbau seit den 1990er-Jahren war ihm bekannt, auch wenn er damals noch ein Teenager war. »Ich weiß das und ich will hoffen, dass Sie der Marke ein neues Image einhauchen. Denn dieser Vernatsch verdient es, getrunken zu werden. Sehr gut, dieser Wein.«

Werner war zufrieden. Also doch ein Kenner, diese Weinnase. Im weiteren Gesprächsverlauf waren sie schnell beim Südtiroler Du und Werner wusste, dass Fernando ein bekannter Journalist war, der für verschiedene Magazine schrieb. Ob er auch für Weinmagazine arbeite, wollte Werner wissen und Fernando gab zu verstehen, dass er auch für die berühmten Weinmagazine gearbeitet hatte. Werner überlegte nicht lange und bot ihm eine Führung durch die Kellerei an, wann immer es seine Zeit erlaube.

Fernando war zufrieden. *Prima Einstieg,* dachte er. *So komme ich auch an den Obmann ran.*

- 12 -

Die Nachricht, dass Margit Alleinerbin ihres Onkels war, verbreitete sich im Dorf wie ein Lauffeuer. So wunderte sich in der *Kellerei Tramin* niemand, als Margit dort verkündete, dass Alfreds alter Freund, Franz Caliari, in diesem Jahr die Lese auf Alfreds Weinbergen übernahm. »Ich kann das jetzt nicht so schnell organisieren und die Trauben möchte ich verständlicherweise nicht verfaulen lassen«, erklärte sie. »Franz wird die

Qualität, die ihr von Alfred gewohnt gewesen seid, in dieser Kellerei abliefern.«

Der Kellermeister hörte das gerne, denn Alfred lieferte nicht nur eine große Menge, sondern in den meisten Jahren auch beste Qualität. Darauf konnte die Kellerei nicht verzichten. »Weißt du, wie die Qualitäten in diesem Jahr sind?«, fragte er Margit. »Da muss ich selber schauen. Ich weiß erst seit kurzem, dass Alfred mich als seine Erbin eingesetzt hat. Seine Weinberge kenne ich zwar, denn er hat mich mitgenommen. Nur kann ich dir nicht sagen, wie es dort aktuell aussieht. Es gibt für mich jetzt derart viel zu regeln, dass ich mich selber nicht um die Lese kümmern kann. Aber das ist bei Franz in guten Händen.« Der Kellermeister hörte es wohl, aber er kannte auch Franz Caliari. Man wusste auch in Tramin um dessen bisher vergeblichen Versuche, Obmann der Kellerei in Kaltern zu werden. Es wurde gemunkelt, dass er nicht zimperlich gewesen war, um diesen Traum zu realisieren. Dass es bei der letzten Wahl nicht funktioniert hatte, lag an der Indiskretion eines Genossen. Er hatte durchgestochen, dass Franz Geldbündel verteilt habe, um Stimmen zu kaufen. Das war abgestritten worden und es gab für diese Behauptung auch keine Beweise. Die Genossen, die profitiert hatten, schwiegen, andere hatten davon nichts mitbekommen. Das Gerücht hielt sich aber hartnäckig und wurde im Laufe der Jahre weiter ausgeschmückt.

»Ich werde die Lieferungen von Franz dann bei dir verbuchen. Den formalen Kram regelst du bitte mit der Verwaltung. Erbschein und so.«

- 13 -

»Felix Wolff könnte sein Name sein«, erläuterte Eduard abschließend, als er Francesca auf den Stand der Dinge brachte. »Hier ist seine Adresse. Es soll ein einsam gelegenes Haus sein, hat mir der Zeuge erzählt, der die Leiche gefunden hat. Sie ist schon zur Obduktion abgeholt worden.«

»Hast du etwas bemerkt, was auf einen gewaltsamen Tod hindeuten würde?«

»Nein, da war nichts zu erkennen. Keine sichtbaren Verletzungen, kein Strick um den Körper, nichts, was auf eine Fremdeinwirkung hindeutet. Es könnte ein Tod durch Ertrinken sein. Das wird unsere Paula oder Dr. Phillipi herausfinden. Es kann aber dauern. Derzeit ist viel Arbeit im Institut.«

Sie blickten auf den See, der sich ruhig in der warmen Mittagssonne vor ihnen ausbreitete. »Wo wurde er gefunden? Im Schilfgürtel oder weiter draußen?«

»Der Zeuge hat ausgesagt, dass er ihn ungefähr 50 Meter vom Ufer entfernt gefunden habe.«

»Dann war der Zeuge mit einem Boot unterwegs?«

»Er hat einen kleinen Kahn, mit dem er zum Angeln auf den See rudert.«

»Wie kommt die Leiche an diese Position? Gibt es Strömungen im See? Kann der Wind sie auf den See hinaustreiben? Wenn der Mann in den See gegangen ist, dann nur von einem Steg aus, denn der Schilfgürtel ist da so dicht, dass er schwer durch ihn hindurchgekommen wäre. Oder er ist von einem Boot gefallen. Dann müsste es irgendwo sein. Ich kann aber keines sehen. Können wir mit einer Drohne den See absuchen? Wie viele Stege gibt es am See? Wir sollten alle absuchen und schauen, ob wir etwas finden, dass zu dem Toten gehört.« Francescas Kopf produzierte schnell und klar Aufgaben, die zu erledigen waren.

Eduard wusste, dass sein Tag damit gut eingeteilt war. *Sie ist genauso wie Fabio,* dachte er.

»Ich fahre zu der Adresse und versuche herauszufinden, ob unser Toter dieser Felix Wolff sein könnte. Wir bleiben in Kontakt.«

- 14 -

»Haben Sie schon einmal eine Kellerei besichtigt?« Werner wollte sicherstellen, dass er Fernando nichts zeigte, was dieser kannte.

»Schon, ja, aber ich war noch nie in der *Kellerei Kaltern*«, sagte Fernando, aber auch diese Auskunft war eher gelogen als wahr. Fernando kannte lediglich den Weinkeller eines Nebenerwerbslandwirts, der selbst kelterte und einen recht einfachen Wein herstellte. Fernando war mit ihm in diesem Keller versackt und erinnerte sich nur bruchstückhaft an das, was ihm sein Freund über den Weinbau erzählt hatte. *Dieses schmale Wissen kann ich hier fallen lassen*, überlegte er.

»Ich schlage vor, dass wir bei der Anlieferung der Trauben beginnen. Dann sehen Sie, wie bei uns die frisch gelesenen Trauben tagesaktuell bearbeitet werden und später zeige ich Ihnen die Gärtanks und die Fässer, in denen der Wein reift, bevor er in die Flasche kommt. Wenn Sie Zeit und Lust haben, zeige ich Ihnen auch den Puntay-Keller, das ist unser Repräsentationskeller. Darin liegen etliche Barriquefässer. Das Besondere ist die Gestaltung der Gewölbe mit großen Wandbildern.«

Fernando war zufrieden. Vielleicht traf er bei dieser Gelegenheit auf den Obmann und konnte ein Gespräch mit ihm führen.

Was er zu sehen bekam, hätte er sich so groß und so gut durchorganisiert nicht vorgestellt. Fernando musste erkennen, dass die Weinherstellung in einer großen Kellerei ganz anders funktionierte, als er es bei seinem Freund erlebt hatte. Er sah, wie jede Traubenfuhre, bevor sie die Rampe zur Anlieferung hochfuhr, auf ihre Qualität getestet wurde. Hierfür stieß ein Mitarbeiter mit viel Kraft mehrfach eine Doppellanzette in die Traubenberge und zerstörte damit die Traubenhaut. Der daraufhin austretende Saft lief in die Ansauglöcher der Lanzette und floss kurz darauf in ein Behältnis. Der aufgefangene Saft wurde von dem Mitarbeiter in ein Gerät geschüttet, das sofort einige chemische Parameter, darunter den Zuckergehalt der Trauben, erfasste. Diese Daten wurden ausgedruckt und dem Weinbauern gegeben, der den Zettel oben auf der Rampe dem Kellermeister gab. Dieser nahm nun eine intensive sensorische Prüfung vor. Aussehen, Geschmack und Qualität der Trauben wurden von ihm bestimmt und er entschied sofort, ob die Trauben für die Spitzenweine der Kellerei taugten.

»Das ist hier oben komplex«, sagte Werner und sorgte dafür, dass Fernando dicht bei ihm blieb. Denn die Gabelstapler sausten mit schnellen Bewegungen und Drehungen auf der Fläche umher.

»Das ist wie ein Ballett«, sagte Fernando.

»Guter Vergleich. Sie müssen aber achtgeben, dass Sie nicht mittanzen. Das könnte gefährlich sein!«, rief Werner, denn es war laut hier oben. Der Kellermeister grüßte Werner, als er vom Anhänger heruntergeklettert war. Werner stellte die beiden Männer einander vor. »Andrea Moser, unser Kellermeister«, sagte er Richtung Fernando. »Der Herr schreibt für verschiedene Weinmagazine.«

Andrea Moser nickte zwar freundlich, hatte aber erkennbar keine Zeit für ein Gespräch. Der nächste Bauer fuhr bereits die Rampe hoch. Fernando fragte daher Werner: »Geht das hier immer so, ich meine, kommt eine Lieferung nach der anderen, ohne Pause?«

»Während der Lese haben wir in der Kellerei alle Hände voll zu tun. Die Anlieferung wird zwar mit den Bauern abgestimmt, sodass nicht alle gleichzeitig anliefern, aber es ist so, wie Sie es hier sehen. Ein nicht enden wollender Strom von Traktoren mit Anhängern voll mit gelesenen Trauben. Das geht vom frühen Morgen bis in den späten Abend, so lange die Lese dauert. Jede Lieferung erhält einen Einlieferungsschein, schauen Sie hier«, Werner zeigte auf ein Blatt Papier, das an einer der grauen Kisten befestigt worden war. »Diese Kisten verwenden alle Genossen. Darin ruhen die gelesenen Trauben.« Fernando las: Mitglied Nummer 99, es folgte der Name, dann der Name des Weinguts, der Name der Lage, die Anzahl der Kisten und eine Zahl, die den Wein bewertete. »Über diese Registrierung wird später abgerechnet. Diese angelieferten Trauben gelangen in die Kellerei. Wir gehen jetzt ins Innere.«

Fernando konnte noch sehen, wie die Gabelstapler eine Kiste nach der anderen entleerten, indem sie die Trauben in große Trichter fallen ließen, auf deren Grund eine Doppelschraube dafür sorgte, dass sie nach unten durchfielen. Was danach mit den Trauben geschah, erklärte Werner, als sie unter die dicke Betondecke der Anlieferung gelangt waren. Hier öffnete sich Fernandos Blicken ein riesig groß erscheinender Raum nach unten, in dem eine Vielzahl an Edelstahlgeräten und Edelstahlfässern dicht an dicht standen und mit einer schwer zu beschreibenden Führung von Rohren und Leitungen verbunden schienen. Zwischen diesen Gerätschaften führten Edelstahltreppen und mit einem Geländer gesicherte Laufstege nach unten. Es gab Zwischenetagen. Auf der ersten Zwischenetage erklärte Werner eine Maschine: »Wir wollen nur die Trauben verarbeiten. Deshalb trennen wir sie von den Stängeln und den Blättern. Sie würden sonst den Wein verderben.« Werner erklärte im Folgenden, wie sorgfältig die Trauben behandelt wurden, bevor sie in die Pressen kamen und deren Saft schließlich in die Gärtanks, von denen eine ganze Batterie zu betrachten war. Die Reifung wurde computergesteuert täglich kontrolliert und die Gärkurve protokolliert. Werner führte Fernando in die tieferen Keller, wo in Holzfässern die einzelnen Weine reiften. Schließlich sah Fernando in noch tieferen Kellern die Barriquefässer, in denen die großen Weine heranreiften.

Fernando war von der Größe der Gesamtanlage und der Technik schwer beeindruckt, aber auch enttäuscht, dass er sein Zielobjekt, den Obmann, noch nicht getroffen hatte. Werner hatte als Krönung der Führung den Puntay-Keller vorgesehen. Dieser Keller war von der *Ersten und Neuen* hergerichtet worden, bevor es zur Fusion mit der *Kellerei Kaltern* gekommen war.

Fernando sah einen großartig gestalteten Gewölbekeller. Der besondere Fußboden fiel sofort ins Auge ebenso wie die farbenprächtigen Wandbilder. »Die Steine, mit denen der Boden ausgelegt wurde, sind Flusssteine aus der Altenburger Lahn. Das muss viel Arbeit gewesen sein, sie hierher zu schaffen. Es folgte dem Gedanken, dass nur heimisches Material zu Verwendung kommen sollte. Es hat sich gelohnt, wie man sieht. Die Gewölbe hat Professor Robert Scherer gestaltet. Ein besonderes Kunstwerk, würde ich sagen.«

Fernando betrachtete die Bilder, die Menschen darstellten, Frauen und Männer, die in irgendeiner Weise mit dem Weinbau beschäftigt schienen. Sie strahlten Lebensfreude, Lebenslust und dionysische Lebensführung aus. »Es erinnert mich an die Gestaltung in Kirchen«, sagte er. »Nur, dass in Kirchen nicht so viele nackte oder halbnackte Frauen zu sehen sind. Das ist hier eher ein Tempel des Weins und der Weinkultur, würde ich sagen.«

Werner musste ein wenig schmunzeln, ob des Vergleichs mit der Kirchengestaltung. Er wusste, dass der Professor, von Besuchern befragt, was das ein oder andere Bild für eine Bedeutung habe, gerne verschiedene Antworten gegeben hatte. Er schien die Ausgestaltung keinesfalls unter sakralen Aspekten durchgeführt zu haben. Aber das war Werners private Meinung. Andere mochten es anders sehen. Das Auge des Betrachters zeigt die jeweils eigene Wahrheit.

»Wirklich sehr beeindruckend«, sagte Fernando. »Vielen Dank für diese intensive Führung. Mein Blick auf die Arbeit einer Kellerei hat sich damit geweitet. Vielleicht komme ich noch einmal vorbei und wir können intensiver in die Weinherstellung einsteigen. Da fallen mir noch Fragen ein.«

Auf dem Weg zurück zur *Vinothek* trafen sie einen Mann, den Werner schnell vorstellte. Warum er das tat, wurde Fernando sofort klar. »Darf ich Ihnen Martin Klammer vorstellen, unser Vertriebsleiter.« Man gab sich die Hand und Werner stellte Fernando als einen Weinjournalisten vor, der sich soeben die Kellerei angesehen hatte.

»Für welches Weinmagazin schreiben Sie?«, war die passende Frage.

Jetzt die richtige Antwort finden, überlegte Fernando. »Ich schreibe, wenn ich einen Auftrag habe. Ich bin Freelancer und schreibe auch für Weinmagazine, aber vor allem für Wochenmagazine. Die Großen aus Deutschland. Auch Reiseberichte habe ich geschrieben. Ich wollte heute nur einen guten Wein trinken und hatte nicht damit gerechnet, eine Kellereiführung erleben zu dürfen. Für mich ist das auch Inspiration und wer weiß, vielleicht kann ich bald einem der großen Magazine eine Geschichte anbieten. Dazu müsste ich allerdings tiefer einsteigen.« Er lächelte verbindlich. Während dieses Gespräches gingen die drei langsamen Schrittes Richtung Eingang der *Vinothek*. Vor dem Eingang trafen sie auf Stephan Leitner, den Obmann der Kellerei, der direkt auf Martin Klammer einsprach, weil er ein Anliegen auf dem Herzen hatte. Werner und Fernando hielten sich abseits. Fernando verfolgte jede Regung des Obmanns. Werner hatte noch keine Gelegenheit gehabt, die Männer einander vorzustellen. *Ich bin doch ein Glückspilz,* dachte Fernando. *Hier ist also mein Zielobjekt.*

- 15 -

Das Haus von Felix Wolff war leicht zu finden. Es stand einsam am Fuße eines kleinen Weinbergs. Drei weitere Häuser befanden sich in Rufnähe. Das Haus machte einen heruntergekommenen Eindruck. Es war klein und hätte dringend einen Anstrich benötigt. Die Tür war verschlossen. Francesca blickte durch die Fenster, sah keinen Menschen. Die Stube war nicht aufgeräumt. Alles wirkte alt und wenig gepflegt. Sie umrundete das Haus und fand nichts, was ihre Aufmerksamkeit geweckt hätte. Es gab noch einen alten Traktor und einen Anhänger, auf dem sich die grauen Kisten der Kalterer Kellerei befanden. Sie waren leer. Francesca fand nichts, was sie jetzt weiterbrachte. Sie ging erneut zur Tür, von der sie wusste, dass sie verschlossen war, und sah sich um. Da stand ein Blumenkübel neben der Tür. Sie hob ihn an und fand einen Schlüssel, der perfekt ins Schloss der Haustür passte. Innen rief sie laut den Namen »Felix Wolff«, aber nichts rührte sich. Im Haus roch es modrig und muffig, als wäre hier lange nicht gelüftet worden. *Könnte passen,* überlegte Francesca. *Je nachdem, wie lange Felix abwesend war.* Sie schaute sich in den Räumen um, fand aber zunächst nichts von Interesse. Dann sah sie ein Foto, auf dem drei Männer freundlich in die Kamera lächelten. *Vielleicht ist einer davon Felix?,* überlegte sie. Das Foto nahm sie mit. Draußen blickte sie auf die drei Nachbarhäuser.

- 16 -

Fernando hatte großes Glück. Als er Werner in die *Vinothek* gefolgt war, stellte er sich erneut an den Platz an der Theke, an dem er zu Beginn seines Besuchs gestanden hatte. Werners Kollege hatte alle Hände voll zu tun, denn der Gastraum war inzwischen gut gefüllt. Etliche Touristen wollten Wein trinken, beraten werden und Spaß haben. Werner musste also ran, nickte Fernando kurz zu und machte sich an die Arbeit. An der Theke stand eine Traube von Männern, die eindeutig Weinbauern waren. Fernando kannte Männer dieser Art aus Tramin. Es ging laut her und selbst Fernando, der in direkter Nachbarschaft aufgewachsen war, konnte nicht alles verstehen. Es ging um die Lese, die Trauben, die Zuckergrade und dass die Maschine spinne. »Viel zu wenig zeigt die an«, verstand er. Er wusste, dass die Weinbauern um die Zuckergrade ein ziemliches Aufheben machten, weil es früher so war, dass die Trauben, je mehr Zucker nachgewiesen wurde, umso höhere Erträge abwarfen. Das war heute nicht mehr in dieser Absolutheit gültig. Die alten Gedanken waren aber aus den Köpfen nicht rauszukriegen.

Fernando rechnete damit, dass sich auch der Obmann zu dieser Gruppe gesellen würde. Es waren schließlich Genossen. So war es dann auch. Man prostete einander zu, redete und gestikulierte. Irgendwann drehte sich Stephan Leitner auch in Fernandos Richtung. Darauf hatte er gewartet und sofort sein Glas am Stiel gegriffen, um dem Obmann leicht zuzuprosten.

Der war kurz verwirrt, weil er den Mann nicht kannte. *Wie ein Tourist sieht er nicht aus. Aber aus Kaltern ist der nicht. Da kenne ich jeden,* dachte der Obmann kurz. Dann drehte er ab und nahm das Gespräch mit den Genossen wieder auf.

Schade, dass der Vertriebsleiter verschwunden ist. Ich hätte mit ihm reden können und damit die Aufmerksamkeit des Obmanns erhalten, überlegte Fernando. Einfach ansprechen hielt er für keine gute Idee. *Es muss sich eine Gelegenheit bieten. Ruhig Blut und abwarten.*

- 17 -

»Den Felix? Den habe ich lange nicht mehr gesehen. Aber das kommt bei ihm vor. Obwohl, ich denke, so langsam müsste er mit der Lese beginnen. Ist nicht viel, was er abliefert, aber er liefert in die Kellerei.« Francesca präsentierte der Frau, die ihr beim ersten Nachbarhaus geöffnet hatte, das Foto. »Ist einer davon Felix Wolff?« Die Frau wusste noch nicht, wer Francesca war und warum sie nach Felix fragte. Sie hielt Francesca für eine Bekannte von Felix. »Der in der Mitte, aber das müssen Sie doch wissen. Oder sind Sie keine Bekannte?«

Francesca zeigte ihren Dienstausweis. »Wir haben eine Leiche aus dem Kalterer See geborgen und ein Zeuge meinte, dass es Felix Wolff sein könnte. Darum bin ich hier.«

»Ach du meine Güte!«

Francesca konnte notieren, dass Felix seit drei Tagen nicht gesehen worden war. Das sei nicht ungewöhnlich. Felix war Junggeselle, 65 Jahre alt und betrieb einen kleinen Hof mit einem einzigen Feld für Wein. Die Trauben brachte er zur Kellerei. Mehr als zwei Fuhren waren es nie. Ansonsten kümmerte er sich um seinen Gemüsegarten. Auch trank er gerne und viel. Er war Stammgast im *Drescherkeller* und in der *Vinothek* der Kellerei. Dort versackte er oft. Schaffte er es nicht bis nach Hause, schlief Felix irgendwo im Freien. Im Sommer war das kein Problem, meinte die Nachbarin. Außerdem sei er schwatzhaft. Er verbreitete gerne Gerüchte. Felix hatte ein Talent, Umstände zu erkennen, die niemand sah. Vor drei Jahren hatte er damit ein Paar auseinandergebracht, als er der Frau ein Verhältnis mit einem Großbauern angedichtet hatte. Erst später sollte sich herausstellen, dass es gestimmt hatte. Der einzige Grund für seine Gerüchteküche war, dass er ein einziges Mal den Wagen des Großbauern in der Nähe des Hauses der Frau gesehen haben wollte, und ausgerechnet zu einer Zeit, als ihr Ehemann einige Tage im Ausland war. Aus diesen Beobachtungen und aus wer weiß was für Rückschlüssen flocht Felix eine Geschichte und erzählte die seinen Zechkumpanen. Alle wussten sie zwar, dass Felix' Annahmen mit Vorsicht zu genießen waren, aber da sich in jedem Gerücht ein Fünkchen Wahrheit befand und im Dorf Tratsch zum Lebenselixier gehörte, musste ein jeder aufpassen, dass er nicht in Felix' Fokus kam.

- 18 -

Irgendwann drehte sich der Obmann zu Fernando um. Der hob erneut das Glas zum Gruß. »Sie sind ja immer noch da«, kam es vom Obmann. Mehr oder doch eher weniger freundlich.

»Ich trinke hier Wein«, antwortete Fernando und las in den Augen seines Gegenübers einen Funken Neugier. Den galt es zu nutzen. »Ich habe mir die Kellerei ansehen dürfen. Sie sind doch hier der Präsident, oder?« Damit hatte er sein Interesse geweckt.

»Obmann bin ich. So nennt man das hier.«

Fernando lächelte ihn an. »Ich weiß schon. Aber außerhalb Südtirols kennt man den Begriff nicht. Da würde es Präsident heißen.«

Stephan Leitner war jetzt neugierig. Was war das für einer, der Südtiroler Dialekt sprach und so tat, als kenne er sich in der

Welt aus. Er trat näher. »Wer bist denn du?«, fragte er. *Entweder der Fremde geht darauf ein oder er kann mir gestohlen bleiben,* dachte Stephan.

Fernandos Herz hüpfte. *Zielobjekt eingefangen,* meldete sein Hirn. *Jetzt vorsichtig an der Leine ziehen. Ich gehe jetzt gleich in die Vollen.* »Ich schreibe für große deutsche Magazine, unter anderem. Wenn ich da von einem Obmann schreibe, verstehen das deutsche Leser nicht.«

Jetzt hatte er Stephans volle Aufmerksamkeit. »Ach ja? Interessant. Schreiben Sie jetzt über die Kellerei? Für welches Magazin denn?«

»Ich bin freier Journalist. So kann ich mir die Auftraggeber aussuchen«, gab Fernando an. Er fand, das klang besser als die schnöde Wahrheit. »Ich schreibe auch für die großen Weinmagazine und die unverhoffte Führung heute hat mich inspiriert, einen längeren Bericht über diese Kellerei zu schreiben. Dazu braucht es aber weitere Einblicke und Hintergrundwissen. Sollte ich einen entsprechenden Auftrag von einem der Magazine bekommen, würde ich gerne mit Ihnen ein Interview machen.«

Stephan Leitner war angenehm überrascht. Das lässt man sich nicht entgehen. In seinem Kopf überlegte er bereits, was er in den Vordergrund stellen wollte. Die Erfolge der Kellerei unter seiner Obmannschaft waren recht ordentlich. Das konnte man allen, insbesondere den Genossen, nicht oft genug sagen. Ein längerer Artikel in einem der großen Weinmagazine wäre daher das Beste, was ihm derzeit passieren konnte. In einigen Monaten stand die Neuwahl an und er hoffte, dass er erneut gewählt würde. Allerdings konnte man nie ganz sicher sein. Zu frisch war die Erinnerung an die Kampagne seines Widersachers bei der letzten Wahl. Man musste mit so etwas rechnen. Allein deshalb wäre eine Erfolgsgeschichte in einem großen Weinmagazin passend. Stephans Mimik wurde freundlicher und er wandte sich aufmerksam dem Journalisten zu.

Fernando registrierte dies sofort, denn er war ein Ass im Lesen von Körpersprache. Das hatte ihm viele Vorteile gebracht. Es war einer der Eckpfeiler seines Erfolgs. Er konnte sein Gegenüber

»lesen«. Deshalb wusste er, dass er sein Zielobjekt jetzt im Köcher hatte. *Alles richtig gemacht.*

- 19 -

Francesca nahm das Foto mit dem Handy auf und schickte es Dr. Phillipi: »Der Mann in der Mitte ist Felix Wolff. Nach Zeugenaussagen könnte er der Tote sein. Noch nicht sicher.«

Phillipi schrieb sofort zurück: »Finden Sie heraus, ob er einen Zahnarzt hatte. Dann kann ich den Zahnstatus vergleichen. Die Leiche kommt frühestens morgen dran.«

- 20 -

Fernando rückte näher an Stephan Leitner heran. Seine Stimme wurde leiser, was den Eindruck erweckten sollte, dass etwas Wichtiges, Vertrauliches kommen würde. »Es ist so, dass ich derzeit in einer ganz anderen Sache recherchiere. Den Bericht über die Kellerei kann ich erst später machen.« Er machte eine Kunstpause. »Sagt Ihnen der Name Alfred Oberhofer etwas?« Das Gesicht von Stephan Leitner verzog sich, als hätte er einen sauren Geschmack im Mund. Fernando dachte: *Volltreffer.* Stephan dachte: *Was soll das?*

»Wieso fragen Sie nach Alfred? Wieso mich?«

»Also kennen Sie ihn?«

»Natürlich kenne ich ihn. Ein Weinbauer aus Tramin. Er ist ermordet worden.«

»Das ist die Geschichte«, raunte Fernando, »an der ich dran bin.«

Stephan wollte da nicht mitspielen und wandte sich ab. Da schoss Fernando seinen einzigen Pfeil ab: »Sie gehören mit zu dem Puzzle, das ich aufgedeckt habe. Sie haben mit ihm Geheimgespräche geführt. Ich will das bloß einordnen, damit nichts Falsches berichtet wird.«

Das hatte Wirkung. Stephan Leitner drehte sich kurz zu der Gruppe der Weinbauern neben ihm. Er wollte feststellen, ob sie etwas mitbekommen hatten. Das schien nicht der Fall zu sein, denn sie redeten immer noch lautstark über die Zuckergrade ihrer Trauben.

»Kommen Sie«, zischte Stephan. »Wir gehen raus.«

Zu viele Ohren hier, dachte Fernando und folgte dem Obmann. Stephan ging schnellen Schrittes über den großen Parkplatz der Kellerei und holte dabei eine Zigarette aus einer Schachtel, zündete sie an. »Was wollen Sie? Wer sind Sie wirklich?«, ging er Fernando heftig an. Stephan zog nervös an der Zigarette.

Fernando stellte sich als Redakteur eines großen in Deutschland erscheinenden Magazins vor und erzählte, dass er True-Crime-Geschichten aufarbeite. Er recherchiere im Fall des ermordeten Alfred Oberhofer. Seine Recherchen hätten auf den Obmann der *Kellerei Kaltern* hingewiesen. Es soll Geheimgespräche gegeben haben, bei denen auch Geld geflossen sei.

Stephan war außer sich. »Wer hat Ihnen diesen Blödsinn erzählt? Das sind doch nichts als Lügen. Wer will mir schaden? Diese Frage müssen Sie sich stellen. Mit der Ermordung vom Alfred habe ich nichts zu tun! Ist das klar?«

Fernando lächelte zufrieden. Mit so einer heftigen Reaktion hatte er nicht gerechnet. Seine Menschenkenntnis sagte ihm, dass er den empfindlichen Punkt getroffen hatte. »Meine Quelle verrate ich nicht. Das macht kein Journalist. Ich kann Ihnen nur raten, mir zu erzählen, wie es wirklich war. Was haben Sie mit Alfred Oberhofer verhandelt? Was ist zwischen Ihnen gelaufen? Wenn Sie hierzu nichts sagen wollen, dann habe ich nur das, was mir von anderer Seite erzählt worden ist. Unser Gespräch nennt man Gegenrecherche. Ich überprüfe, ob stimmt, was man mir erzählt hat.«

In Stephans Kopf ging es drunter und drüber. Das freundlich anmutende Gespräch war eine Falle gewesen. Dieser junge Mann hatte es geschickt angestellt. Jetzt stand er hier draußen und musste aufpassen, dass kein Blödsinn geschrieben wurde. Wer könnte ihm schaden wollen? Ihm kam ein Gedanke. Er holte tief Luft. »Ich wüsste nicht, was Sie das angeht. Wenn Sie mich mit dem Mord an Alfred in Verbindung bringen, werde ich Sie anzeigen. Dann lernen Sie mich kennen. Jetzt gehen Sie mir aus den Augen.«

»Mir reicht das«, sagte Fernando, scheinbar locker. »Wäre aber blöd, wenn kurz vor der Neuwahl des Obmanns Gerüchte in die Welt kämen, die Ihren untadeligen Ruf infrage stellen. Aber das ist nicht mein Problem. Anzeigen können Sie mich, Sie können auch presserechtlich gegen mich vorgehen. Dann beschäftigt sich das Justiziariat des Verlags mit der Angelegenheit. Das habe ich bisher immer überlebt. Nur so als Hinweis, dass ich ordentlich recherchiere und meinen Job beherrsche. Also, wenn Sie es sich überlegen wollen, rufen Sie mich an. Ich gebe Ihnen gerne meine Nummer.«

Fernando tat so, als wolle er gehen.

»Warten Sie.«

Jetzt habe ich ihn. Fernando frohlockte innerlich. *War einfacher, als ich dachte. Ich bin eben gut,* lobte er sich selbst.

- 21 -

Der Mensch ist ein Gewohnheitstier, überlegte Francesca. Wenn Felix Wolff der Tote war und von ihm bekannt war, dass er regelmäßig im *Drescherkeller* und in der *Vinothek* Gast war, dann weiß man dort, wann er zum letzten Mal gesehen wurde. Außerdem hatte sie tatsächlich von der Nachbarin einen Hinweis auf einen Zahnarzt erhalten, der in Kaltern praktiziert und zu »dem alle gehen«. Sie telefonierte mit Eduard und teilte ihm mit, dass sie jetzt nach Kaltern fahre.

»Ich habe einen Fund gemacht, der vielleicht weiterhilft«, sagte Eduard. Ich bin einige der Stege abgegangen und an einem habe ich eine Geldbörse gefunden. Es war nicht viel Geld darin, auch kein Ausweis, aber der Verkündzettel *Sonntagsgruß* der Pfarrei Maria Himmelfahrt Kaltern. Das ist ein Blatt, in dem der Dekan über die Gottesdienste und andere wichtige Termine informiert. Er ist aktuell, das heißt der Mensch, der seine Brieftasche auf dem Steg verloren hat, war vor kurzem in der Kirche. Die Börse ist eine typische Gesäßbrieftasche, also an ein Hinterteil angepasst verbogen. So etwas tragen nur Männer mit sich herum.«

»Gut gemacht, Eduard. Das könnte bedeuten, dass unser Mann von diesem Steg aus ins Wasser gefallen ist. Sag mal, könntest du dir vorstellen, auf diesem Steg die Nacht zu verbringen? Ich frage das, weil mir eine Nachbarin erzählt hat, dass Felix Wolff hin und wieder im Freien übernachtet, wenn er den Weg nach Hause nicht findet. Er trinkt gerne und auch viel.«

»Die Nächte sind nicht kalt um diese Jahreszeit«, antwortete Eduard. »Ich möchte nicht am See liegen, aber ja, das ginge durchaus. Aber wenn man sich an den Rand des Stegs legt und sich im Schlaf umdreht, fällt man runter und plumpst ins Wasser.«

Oder wenn du reingeschubst wirst, überlegte Francesca. Aber es war noch zu früh für solche Spekulationen.

- 22 -

»Wie war dein Tag?«, fragte Margit vorsichtig, als Francesca in die Bozner Wohnung zurückkehrte. Sie war jetzt vorsichtig, nachdem sie verstanden hatte, dass ihre Freundin mit der Vorstellung, ein gemeinsames Leben als Winzerinnen mit Wohnsitz in der alten Kellerei zu führen, nicht einverstanden war.

Francesca war müde. Sie hatte es geschafft, den Zahnarzt zu erreichen. Felix Wolff war einer seiner Patienten und er würde dessen Zahnstatus an Dr. Phillipi schicken. Im *Drescherkeller* hatte sie mit Theo Drescher, dem Inhaber gesprochen. Er kannte Felix gut. »Er ist ein Stammgast, kommt mehrmals die Woche. Er trifft sich hier mit seinen alten Freunden.« Theo war bestürzt zu hören, dass es möglicherweise Felix war, den sie ertrunken aus dem See geborgen hatten.

»Die Identität steht noch nicht fest«, erklärte Francesca. »Sollte er hier auftauchen, rufen Sie mich bitte sofort an.« Theo konnte aber mit Sicherheit sagen, dass er Felix seit Mittwoch der vergangenen Woche nicht mehr gesehen hatte.

Also fast eine Woche, notierte sich Francesca.

Jetzt gähnte sie. »Wir hatten heute eine Wasserleiche. Nichts Besonderes, wie es aussieht. Morgen geht es weiter. Ich muss noch die *Vinothek* besuchen und dann hat Phillipi vielleicht neue Erkenntnisse.« Sie gähnte erneut.

Margit überlegte, ob es sinnvoll wäre, heute Abend über ihre Pläne zu sprechen. Eine Idee bewegte sie, die sie morgen weiterspinnen wollte. »Sag mal, Francesca«, fing sie an, »bist du heute Abend noch aufnahmefähig?«

Francesca schaute ihre Freundin an: »Nur für absolut wichtige Themen mit lebensnotwendigem Inhalt. Ansonsten ist mir nach einen Glas Rotwein, etwas zum Essen und dann will ich nur noch schlafen. War heute alles ein bisschen viel. Die Beerdigung und das ganze Drumherum. Dann auch noch die Wasserleiche.«

»Hat Zeit«, sagte Margit. »Es läuft nichts weg.«

Dienstag

-1-

Fernando hatte bekommen, was er wollte. *Der Obmann hat die Hälfte verschwiegen,* da war er sich sicher. Aber was soll es. Die Geschichte nahm Konturen an. Er schrieb fleißig und überlegte, ob er sie am Nachmittag dem Redakteur schicken sollte. *Andererseits kann ich ihn auch noch warten lassen. Das Ganze entwickelt sich zu einer Knallergeschichte. Von wegen heile Welt im Dorf. Da geht einiges hinter den Kulissen. Das wäre doch eine prima Zwischenüberschrift,* überlegte er. *»Hinter der Kulisse des idyllischen Dorfes. Brauchtum, Kirche und ein Mord.« Nur die Kirche passt nicht in die Geschichte. Noch nicht,* überlegte er. Fernando hatte jetzt auch eine Theorie, in welchem Umfeld man nach dem Mörder suchen müsste. Er wusste, dass dies für ihn heikel werden konnte. Wenn er das Nest anzündete, in dem er jederzeit Unterschlupf finden konnte, wäre es auf immer verloren.

-2-

Francesca musste früh am Morgen zur Arbeit und Margit hatte viel Zeit, ihren Tag zu planen. *Ich muss die Dinge mit Ruhe betrachten,* überlegte sie. In der ersten Euphorie über das unerwartete Erbe hatte sie vieles nicht bedacht. Insbesondere, dass sie nicht über Francesca bestimmen konnte. Auch wenn ihr der Gedanke, dass sie als Winzerpaar eine gute Figur abgeben würden, noch sehr gefiel, so wusste sie spätestens seit gestern, dass diese Idee ein Traum bleiben würde. Ihre Partnerin war keine Winzerin und konnte sich ein Leben als Winzerin nicht vorstellen. *Also muss ich es allein machen und allein schaffen,* sagte sie sich. Da war eine Idee, die sie schon länger verfolgte. Zu Hause bei ihren Eltern hätte sie diese Idee nicht vortragen können. Niemand hätte sie verstanden. Aber jetzt, mit guten Weinbergen und der Möglichkeit etwas auszuprobieren und zu wagen, stand nichts mehr im Weg. Heute würde sie ein Gespräch führen, das sie weiterbringen könnte. Aber zunächst wollte sie sich einen Überblick über die Finanzen und die Guthaben machen. Buchhaltung konnte sie, das hatte sie gelernt. So griff sie nach den Ordnern, die sie aus Onkel Alfreds Haus mitgenommen hatte.

- 3 -

Francesca und Eduard tauschten sich in der Questura aus. Francesca betrachtete Eduards Fund und ließ sich auf der Karte den Fundort zeigen. »Der Steg ist nicht so weit vom Auffindeort der Leiche entfernt«, stellte sie fest. »Das habe ich mir auch gesagt«, meinte Eduard. »Es könnte sein, dass der Mann von diesem Steg gefallen ist.«

»Gut möglich. Theo Drescher erinnerte sich, dass Felix Wolff am Mittag des Mittwochs der vergangenen Woche bei ihm im *Drescherkeller* gewesen war. Er meinte auch, dass es möglich sei, dass Felix dann weitergezogen sei. Er war so eine Art Tageblatt, meinte er. Immerzu hatte er seine Ohren gespitzt und hielt die Augen offen. Das bestätigte auch die Nachbarin. Da er ein Genosse der Kellerei sei, vermutet Theo, dass er häufig in der *Vinothek* der Genossenschaft anzutreffen wäre. Das hatte auch die Nachbarin ausgesagt.«

»Also ein Trunkenbold?«

»Kann sein. Ich meine, wenn einer bereits am Mittag trinkt, dann ist das möglich. Wenn es stimmt, dass er nicht immer den Weg nach Hause schafft, dann ist das wahrscheinlich.«

»Dann nehme ich an, dass er betrunken in den See gefallen ist.« Eduard überlegte: »Wird man wach, wenn man ins Wasser fällt? Oder ertrinkt man einfach?«

»Da bin ich überfragt. Dr. Phillipi weiß darauf eine Antwort. Wir fragen ihn, sobald er sich meldet. Den Zahnstatus müsste er inzwischen haben. Dann wissen wir, ob es sich bei der Wasserleiche wirklich um Felix Wolff handelt.«

- 4 -

Margit stieß auf eine Überweisung, die ihr komisch vorkam. Alfred hatte 350.000 Euro an den Notar überwiesen, der sie über ihr

Erbe informiert hatte. Der Notar, bei dem Alfred sein Testament hinterlegt und der ihm beim Abfassen des Testaments geholfen hatte. Wofür hat der Notar dieses viele Geld bekommen? Als ein Honorar für seine Dienstleistung erschien es Margit zu hoch. Sie griff zum Telefonhörer.

-5-

»Ich kümmere mich heute Vormittag um unseren Traminer Mordfall, rede mit Claudio. Heute Nachmittag nehme ich mir die *Vinothek* vor und frage dort nach Felix Wolff. Du kümmerst dich bitte um Dr. Phillipi und seine Untersuchungen. Gib mir Bescheid, wenn es Neues gibt.«

So hätten Eduard und Francesca genug zu tun.

-6-

Margit wurde von der Sekretärin des Notars auf einen späteren Termin vertröstet. *Komisch*, dachte sie und studierte weiter die Unterlagen ihres Onkels. Es waren einige Ordner, von denen keiner nach einem erkennbaren System geordnet war. Ihr Onkel war offenbar nicht sehr gut darin gewesen, Belege und Dokumente chronologisch oder systematisch abzuheften. Die Beschriftung der Ordnerrücken entsprach selten dem Inhalt. Es schien, als hätte er alte, benutze Ordner für andere, neue Belegarten benutzt, ohne sich die Mühe zu machen, die Beschriftung zu ändern. So fanden sich im Ordner »Steuer 2000 bis 2005« keine Steuerunterlagen, sondern Quittungen über Reparaturkosten für seine Traktoren. Mitten darunter fand Margit Grundbuchauszüge und eine Notarurkunde, aus denen hervorging, dass ihr Onkel noch mehr Weinberge besaß, als sie bisher angenommen hatte. Er hatte im Laufe der Jahre Weinberge hinzugekauft, und zwar alle von den Röggler-Brüdern. Margit staunte nicht schlecht. Die Rögglers waren zwei unbehauene Kerle, bei denen man sich im Dorf darüber wunderte, wie sie es schafften, sich mit ihrem Hof über Wasser zu halten. Jetzt verstand Margit, wie das möglich war. Sie verkauften nach und nach ihre Weinberge. Wie es aussah, an Onkel

Alfred. Das war im Dorf nicht bekannt. Sie hätte davon gehört. Außerdem arbeiteten die Rögglers in ihren Weinbergen, so, als wären sie die Eigentümer. Sie lieferten die Trauben an die Traminer Kellerei. *Wie gehe ich jetzt damit um,* überlegte Margit. *Ich habe also auch diese Weinberge geerbt.* Sie suchte nach Belegen, aus denen hervorging, was ihr Onkel Alfred an die Rögglers gezahlt hatte. Die Kaufbeträge standen in den Notarurkunden, aber sie fand keine Zahlungsanweisungen auf den Konten ihres Onkels. Die Kontobelege hatte er im Ordner »Genossenschaftsangelegenheiten« abgeheftet. Alles war durcheinander und Margit hatte Mühe, zu finden, wonach sie suchte.

-7-

Auf dem Weg zu ihrem Auto begegnete Francesca Fabio auf dem Flur. »Wie weit seid ihr im Mordfall Tramin?«, fragte er. Francesca schüttelte kurz den Kopf. »Noch nicht weit. Wir hängen. Ich fahre jetzt zur Carabinieri-Wache, um zu hören, ob sie etwas wissen. Dann stimmen wir alles Weitere ab. Wie geht's dir?« Sie hatte bemerkt, dass Fabio nicht gut drauf war. Ihm fehlte seine Fröhlichkeit, seine Lässigkeit, die ausgeglichene Art. Als er seinen Kopf hob und Francesca anblickte, sagte er leise: »Lass uns mal essen gehen, oder auf einen Caffè. Hier kann ich nicht reden.«

»In der Kantine?«

»Nein, draußen. Hier hören zu viele mit.«

-8-

Margit durchstöberte alle Kontobelege der vergangenen Jahre, insbesondere die, die zeitlich nach dem Notarvertrag über die Verkäufe der Röggler-Weinberge lagen. *Wenn es keine weiteren Konten gibt, von denen ich nicht weiß, dann hat es keine Zahlungen des Kaufpreises gegeben.* Das ist merkwürdig. Sie konnte sich nicht vorstellen, dass ihr Onkel nicht gezahlt hatte. Oder hatte er bar bezahlt? Das macht man heute doch nicht mehr. Allein wegen des Verdachts der Geldwäsche. Eine Ahnung stieg in ihr hoch. Hatte Onkel Alfred Schwarzgeld untergebracht? Das wäre schrecklich. Das beträfe sie als Erbin, wenn es rauskam. Die Guthaben auf seinen Konten waren beträchtlich, wie Margit festgestellt hatte. Ein Gedanke schob sich in den Vordergrund. *Wenn er Schwarzgeld gebunkert hat, dann ist es wahrscheinlich in der alten Kellerei versteckt.*

- 9 -

Fernando hatte eine Idee, die ihm immer besser gefiel, je länger er darüber nachdachte. *Eigentlich kann Claudio gar nicht anders,* überlegte er. *Wäre ich an seiner Stelle, würde ich mich freuen.*

»Claudio«, begann er das Gespräch in der Carabinieri-Wache. »Ich kann dir wahrscheinlich im Mordfall Alfred Oberhofer helfen. Ich habe einiges recherchiert. Wenn ich dir Informationen vorab gebe, die ich demnächst in einer langen Reportage in einem großen deutschen Wochenmagazin veröffentlichen werde, würdest du mir im Gegenzug Erkenntnisse aus euren Ermittlungen mitteilen? Ich wäre selbstverständlich vorsichtig bei der Verwendung dieser Informationen. Versprochen, denn ihr genießt Quellenschutz.«

Claudio war erstaunt über das Angebot. Er hielt nichts davon. *Was weiß ich über Fernando?,* fragte er sich. Der Journalist lebte zeitweise in Tramin im Haus seiner Eltern. Die Eltern kannte Claudio. Die Mutter war Magazinarbeiterin in der *Kellerei Kaltern* und der Vater war Buchhalter bei einer Bozner Firma. Keine Leute, die auffielen. Bescheiden, freundlich waren sie, nicht außergewöhnlich. Ihr Sohn wohnte mal in München, mal in Berlin, mal in Hamburg oder Köln. Dass er als Journalist arbeitete, war allgemein bekannt. Claudio wusste, dass Fernando seit sechs Monaten in Tramin lebte. Man sah ihn zu unterschiedlichen Tageszeiten entweder im *'s Platzl* oder im *Goldenen Löwen.* Es schien nicht so, als hätte er viel zu tun. Er war ein freundlicher Zeitgenosse, grüßte jeden, sprach mit jedem. Claudio nahm an ihm einen Hauch von Arroganz wahr. *Vielleicht tue ich ihm Unrecht,* dachte er dann. Jetzt stand er vor ihm und tat so, als hätte er den Weg zur Lösung des Mordfalls gefunden. Einen Deal wolle er machen, hat er gesagt. *Ich mache keinen Deal mit einem, den ich nicht gut kenne,* war Claudios spontaner Entschluss.

Er schaute Fernando tief in die Augen. »Schau, Fernando, das ist nett von dir, dass du uns helfen willst. Wenn du etwas weißt, dann ist es deine Pflicht, uns zu helfen. Aber auf einen Deal lasse ich mich nicht ein. Entweder du sagst mir jetzt, hier und heute, was du weißt, oder du gehst.«

Damit hatte Fernando nicht gerechnet. Das war doch dumm! Er startete noch einen Versuch: »Wir können das doch so machen. Ich sage dir, was ich weiß in kleinen Happen und du gibst mir für jeden Happen ein Stückchen Information. Wie wäre das? Nach dem ersten Happen wirst du wissen, dass es sich lohnt.« Er schaute Claudio erwartungsvoll an.

Das war der Moment, in dem Francesca durch die Tür trat.

- 10 -

Margit überlegte, ob sie die Rögglers ansprechen sollte. Sie müssten doch am besten wissen, was nach dem Grundstücksgeschäft passiert war, wie Onkel Alfred sie bezahlt hatte. Es würde auch interessant sein zu erfahren, wie das mit der Lese war. Aus den Zahlungsströmen von der Genossenschaft für die gelieferten Trauben war nicht ersichtlich, ob die Trauben aus den Röggler-Weinbergen darunter waren. *Vielleicht spreche ich auch mit der Kellerei,* überlegte sie. Dort muss man doch nachhalten, ob Onkel Alfred nach dem Kauf der Weinberge mehr Trauben als üblich abgeliefert hatte. *Ich muss herausfinden, ob krumme Geschäfte dahinterstehen. Was hat Onkel Alfred bloß gemacht?*

- 11 -

Eduard führte ein längeres Gespräch mit Dr. Phillipi. Aufgrund des Zahnstatus galt es als sicher, dass der Tote aus dem Kalterer See Felix Wolff war. Eduard fragte, wie lange die Leiche im See gelegen hatte. »Nicht allzu lange«, hatte Dr. Phillipi gesagt. »Ich schätze der Mann war drei bis vier Tage im Wasser. Die Frage bei einer Wasserleiche ist, ob es ein Unfalltot, ein Suizid oder ein Tötungsdelikt war. Das ist jetzt noch nicht eindeutig festzustellen. Wir haben Wasser in der Lunge gefunden. Das lässt darauf schließen, dass der Mann ertrunken ist. Ob allein oder unter Fremdeinwirkung, wissen wir noch nicht. Nach der oberflächlichen Leichenschau haben wir keine Druckstellen oder Würgemale gefunden. Es scheint nicht so zu sein, dass ihm vor dem Ertrinken Gewalt angetan wurde. Das spricht für einen Unfall. Aber wie gesagt, die Untersuchungen dauern an. Die Identität kann ich aufgrund des Zahnschemas aber sicher bestätigen.«

Eduard schickte Francesca sofort eine Nachricht.

- 12 -

»Um was für Happen geht es denn?«, fragte Francesca, die in die Unterhaltung zwischen Claudio und Fernando hineingeplatzt war.

Claudio brummte: »Ihr kennt euch vielleicht noch von der Beerdigung?«

Fernando erinnerte sich sofort und hoffte, dass er mit dieser Frau besser klarkommen würde. »Sie ermitteln also neben dem Maresciallo in dem Fall?« Fernando ließ sofort seine Flirtmuskeln arbeiten. Sein ganzes Gesicht strahlte.

Francesca kannte diese Reaktion und lächelte passend zurück. *Komm nur,* dachte sie. *Versuch mich zu kriegen. Dann sehen wir weiter.*

»Der Maresciallo will von meinem Angebot nichts wissen, aber vielleicht habe ich bei Ihnen mehr Glück?«

Francesca antwortete sofort: »Schon möglich, schöner Mann, aber da müssen Sie sich anstrengen. Ich bin nicht leicht zu haben.« Da dachte Claudio, *Fernandos Charmeoffensive scheint aufzugehen.* Claudio verstand nicht. *Wollte sie ihm in den Rücken fallen?* So hätte er Francesca nicht eingeschätzt.

In Fernando regte sich zweierlei: Sein Ego als Mann und sein Ego als Jäger der brisanten Nachricht.

Francesca erkannte das sofort. Das war die Klaviatur, die sie gut bedienen konnte. »Dann lass mal hören«, gurrte sie Fernando an.

Fernandos Mannes-Ego sprang an und lähmte seinen Verstand. *Vielleicht sind diese Commissario und Margit doch kein Paar. Vielleicht läuft da was. Eine Eroberung steht im Raum und wenn ich diese Polizei-Mieze rumgekriegt habe, stehen mir alle Tore offen.* Er trat nahe an Francesca heran. Es schien, als wäre Claudio nicht mehr im Raum. »Ihr müsst euch den Obmann von Kaltern vornehmen. Das ist das fehlende Bindeglied zum Mord. Mehr sag ich nicht. Aber die Spur ist heiß.« Sein Blick fraß sich in Francescas Augen.

Sie musste ein Lachen unterdrücken. *Es ist doch so einfach mit euch Kerlen. Schade, dass ich nicht auf Kerle stehe. Ich könnte euch alle haben.* Sie erwiderte seinen Blick eine Zeit lang. Dann trat sie etwas zurück. »Soso«, sagte sie. »Der Obmann also. Aus Kaltern. Interessant. Aber irgendwie, wie soll ich sagen, nichts, was uns jetzt weiterbringt. Ein dahin gestreuter Verdacht, zudem ohne passende Verknüpfung, ohne Motiv, ist mir ehrlich gesagt zu wenig, um einzusteigen. Was wissen Sie noch oder was wissen Sie konkret?«

Claudio staunte, denn er erkannte, dass Francesca nur im Sinn hatte, den Knaben auszuhorchen. Sie war geschickt darin.

Fernando rang mit sich. Sollte er noch mehr offenbaren? Was würden sie ihm dafür geben? Er ging jetzt vorsichtig vor. »Ich könnte durchaus mehr beitragen, aber was bekomme ich dafür? Wie wäre es, wenn wir einen Deal machen?« Claudio verdrehte die Augen.

Francesca sah es. »Der wäre?«

»Ich gebe euch meine Rechercheergebnisse und ihr lasst mich exklusiv die Geschichte schreiben, sobald ihr den Täter habt. Kein anderer bekommt die Geschichte, ich bekomme sie als Erster. Darauf muss ich mich verlassen können.«

Francesca blickte zu Claudio. »Das ist ein Deal«, sagte sie leise, »den wir nicht in jedem Fall halten können.« Sie schaute erneut Richtung Claudio. »Da sind auf der einen Seite die Carabinieri und auf der anderen ist die Polizia. Die Koordination hat die Staatsanwaltschaft und dort liegt auch die Pressehoheit. Wir beide können Ihnen also nicht zusichern, dass unsere Seite den Deal einhalten kann.«

Fernandos Gesicht zeigte Enttäuschung. Das hatte er so nicht gesehen, wollte es auch nicht sehen. Ihn interessierte der schnelle Weg, das Exklusive.

»Andererseits«, fuhr Francesca fort, »kann ich mir vorstellen, dass es undichte Stellen im Polizeiapparat gibt. Die hat es immer gegeben.« Dann schwieg sie.

Fernando musste jetzt abwägen. *Lohnt es sich, das Risiko einzugehen? Was habe ich zu verlieren? Was kann ich gewinnen?*

- 13 -

Margit war auf dem Weg zu den Röggler-Brüdern. Mulmig war ihr zumute. Aber was sollte es. Die Sache musste geklärt werden. Der Hof der Rögglers lag in der Nähe des Friedhofs. Diesmal war der Parkplatz an der Landstraße leer und sie ging das Stück Weg bis zum Hof zu Fuß. Sie war noch nie hier gewesen. Die Rögglers fand sie nicht interessiert. Sie kannte Walter und Willi aus dem Dorfleben. Die beiden waren zehn Jahre älter als Margit und allein wegen des Altersunterschieds hatten sie nicht viel miteinander zu tun gehabt. Der jüngere, Willi, hatte sich einmal getraut Margit anzusprechen. Das war auf einem der Weinfeste im Herbst, wo sich jedes Jahr neue Paare fanden. Neun Monate später gab es im Dorf immer Nachwuchs. Damals war sich Margit noch nicht sicher, was sie wollte, aber eines stand für sie fest: Den Willi wollte sie auf keinen Fall. Jetzt stand sie vor dem Hof der Brüder.

Ausgerechnet Willi kam aus der Tür. Er stockte, veränderte seinen Gesichtsausdruck. Er war nicht sehr freundlich. »Was willst du?«, rief er ihr entgegen. »Bist jetzt reich, oder? Alles vom Onkel bekommen, oder?«

Dieses Dorf, dachte Margit. *Es ist also rum.* Es wunderte sie nicht. Solche Neuigkeiten hatten schnelle Beine.

»Ich will mit euch sprechen«, rief Margit und ging weiter, Richtung Eingang. Willi trat hinter die Tür und rief etwas, was Margit nicht verstehen konnte. Als sie die Tür erreicht hatte, standen beide Brüder im Flur und starrten sie an, als wäre sie aus einer anderen Welt.

»Darf ich reinkommen?«

- 14 -

Nachdem Fernando die Wache verlassen hatte, steckten Claudio und Francesca ihre Köpfe zusammen und besprachen alle

Details, die sie bisher gesammelt hatten. Sie ergänzten sie um die Erkenntnisse, die Fernando ihnen berichtet hatte.

»Willst du ihn an unseren Ermittlungen teilhaben lassen?« Claudio war es nicht recht, dass Francesca sich auf den Deal eingelassen hatte.

Sie lächelte Claudio an. »Das weiß ich doch jetzt noch nicht. Das machen wir so, wie wir es wollen. Ich mache es auch nicht auf eigene Kappe.« Sie stupste Claudio. »Ich halte dich über alles auf dem Laufenden. Das, was er uns erzählt hat, ist zumindest interessant. Allerdings sehe ich noch keinen Zusammenhang mit dem Mord. Wenn es so ist, dass der Obmann, dieser Stephan Leitner, mit Alfred Geheimgespräche geführt hat, dann heißt das nur, dass die beiden sich kannten. Auch hat Fernando uns nicht erzählen können oder erzählen wollen, worum es bei den Gesprächen ging. Er vermutet, dass es um die Vorbereitung einer Fusion der *Kellerei Kaltern* mit der *Kellerei Tramin* ging. Aber glaubst du das? Ich bin da nicht im Bilde. Soviel ich weiß, ist das ein heikles Thema. Auf eine reine Vermutung setze ich keinen Cent. Selbst wenn es geheime Gespräche zwischen den beiden gegeben haben sollte, fehlt mir noch das Motiv. Warum sollte der Obmann einer Kellerei aus dem Nachbarort auf einen Winzer aus Tramin schießen? Da muss mehr Fleisch an den Knochen, den Fernando uns hingeworfen hat. Ich habe diese Info zwar im Hinterkopf gespeichert, aber noch glaube ich nicht, dass sie uns nützt. Behalte Fernando im Auge. Er sollte uns nicht in die Quere kommen. Ich schätze, dass er lästig werden wird.«

Claudio nickte zustimmend. »Wir müssen mehr über Alfred in Erfahrung bringen. Vielleicht hat er Dinge getan, die ihm niemand zugetraut hätte? Mir ist nie etwas aufgefallen. Alfred war die Freundlichkeit in Person, umgänglich, gemütlich, jeder mochte ihn – bis auf seine Schwester und seinen Schwager. Als Mörder kommen sie nach meiner Einschätzung nicht in Betracht. Wir haben keinerlei Beweise oder Anhaltspunkte. Bruni traue ich nicht zu, dass sie einen solchen Plan fasst, geschweige denn, dass sie ihn ausführt. Viktor hat zwar kein astreines Alibi, aber die Waffen, die wir bei ihm gesehen haben, kommen als Mordwaffe nicht infrage. Zu kleine Kaliber. Dass er eine weitere Waffe besitzt, ist denkbar, aber solange wir nichts finden, meine ich, dass wir Viktor nicht behelligen können. Wir haben nichts gegen ihn in der Hand.« Claudio dachte nach. »Es muss etwas sein, was wir nicht sehen, etwas, was wir uns noch nicht vorstellen können. Für einen Mord gibt es immer ein Motiv.«

- 15 -

Eduards Nachricht erreichte Francesca, als sie die Wache verließ. Sie rief ihn sofort an. »Es ist also Felix Wolff. Das ist gut, dass wir das jetzt wissen. Ich fahre nach Kaltern und befrage alle, die in der *Vinothek* der Kellerei arbeiten. Wie lange ist es her, seit er im Wasser lag? Drei bis vier Tage? Heute haben wir Mittwoch, vier Tage zurück wäre der Samstag. Also müsste er Freitag noch gelebt haben. So im Groben geschätzt. Danke für die Info. Was machst du heute noch?«

»Ich warte auf dich, sortiere Akten und bewache das Telefon«, kam es zurück.

Francesca musste schmunzeln. Sie war die Chefin. Eduard fügte sich, ohne zu murren. Das gefiel ihr an ihm. »Du hast also Zeit. Dann finde bitte heraus, was wir über einen Fernando ... Mist, ich weiß seinen Nachnamen nicht. Also dieser Fernando lebt in Tramin und schreibt als Journalist für deutsche Magazine. Mehr weiß ich nicht über ihn. Claudio hat erzählt, dass er nicht dauerhaft in Tramin wohnt, sondern in großen deutschen Städten. Berlin, Hamburg und so weiter. Vielleicht reicht das, um etwas herauszufinden. Er hat uns Tipps im Mordfall Alfred Oberhofer gegeben. Ich weiß nicht, ob sie uns helfen, aber er macht sich mächtig wichtig. Ich würde gerne mehr über ihn wissen. Kümmerst du dich bitte?«

Das war keine Bitte, sondern ein Auftrag, wusste Eduard. »Geht klar Commissario!«

- 16 -

»Er hat euch das Geld gebracht? Einfach so auf den Tisch gelegt?« Margit konnte es nicht fassen. Ihr Onkel hatte die Grundstücke bar bezahlt. Die Rögglers hatten keine Anstalten gemacht, es zu verschweigen. »Und ihr habt ihm jedes zweite Jahr einen Weinberg verkauft?« Die Rögglers nickten stumm. Willi sagte: »Wenn es zu eng geworden sei, sollten wir deinen Onkel ansprechen. Er würde uns helfen. Das hat er auch getan.« Margit verstand den Handel nicht. Onkel Alfred kaufte ihnen Weinberge ab, zahlte bar und ließ die Brüder weiter auf dem Grund arbeiten. Den Ertrag hat er nicht eingefordert. Den durften sie behalten. So hatten sie es erzählt. »Könnt ihr das verstehen? Wieso hat er das getan? Ihm gehört fast der ganze Hof und ihr durftet die Erträge behalten?«

Die Rögglers drucksten herum. »Jetzt gehört dir alles.«

Margit schaute die Brüder an. Dumm schauten sie nicht aus. Aber eine Antwort auf ihre Fragen hatten sie nicht.

»Wir wissen selbst nicht, warum er es getan hat. Wir glauben, er wollte uns helfen.« Walter schaltete sich ein. »Dein Onkel hat zu mir gesagt: ›Walter, ich will nicht, dass ihr bankrottgeht. Ihr hattet es nicht leicht im Leben und der Hof ist eure Lebensgrundlage. Ich werde euch unterstützen. Nicht umsonst, aber so, dass ihr überleben könnt.‹ Dann hat er uns, wenn das Jahr schlecht war und wir zu wenig Gewinn gemacht haben, Weinberge abgekauft. Zu Preisen, die mehr als fair waren. Er hat uns auch gesagt, dass wir weiterarbeiten sollen, als wäre alles beim Alten. Die Trauben sollten wir weiter in die Kellerei bringen. Den Ertrag sollten wir behalten und sobald wir es könnten, sollten wir die Grundstücke zurückkaufen. So hat er geredet. Und es gehalten.« Walter zwirbelte seine Hände. Es waren riesige Pranken.

»Margit, was wirst du jetzt machen?«, fragte Willi. »Wir können dir die Weinberge auch zurückkaufen, wenn wir uns über den Preis einig werden.« Das kam von Walter.

Margit war erstaunt. »Lasst mir Zeit. Ich sichte erst alle Unterlagen. Es gibt da noch einiges, was ich nicht verstehe. Macht euch fürs Erste keine Sorgen. Wir werden eine Lösung finden.« Sie machte eine Pause. »Ihr könntet die Grundstücke wirklich zurückkaufen?«

»Wenn wir uns über den Preis einig werden, dann ja. Unbedingt.«

- 17 -

Die *Vinothek* war am späten Mittag nicht gut besucht. Einige Pärchen saßen in den gemütlichen Nischen. An der Theke stand niemand. Francesca schaute sich um. *Gemütlich ist es hier. Auch sehr chic.* »Wie kann ich Ihnen helfen?« Die Frage riss Francesca aus ihren Betrachtungen. Zuerst wollte sie ihren Dienstausweis zücken und direkt mit der Befragung beginnen. Zum Beispiel: »Kennen Sie Felix Wolff? Hier ist ein Foto. Wann war er das letzte Mal hier?«, und so weiter. Aber sie war noch in ihren Betrachtungen gefangen. Daher sagte sie: »Wie schön es hier ist. Das habe ich mir nicht so chic vorgestellt.«

»Wie denn?«, kam die Frage.

»Einfacher, rustikaler. Eine Weinschwemme eben.«

Der Mann hinter der Theke lachte. »Das war einmal. Die alten Weinschwemmen gibt es kaum noch. Die großen Kellereien setzen alle auf moderne Architektur. Nicht nur die Außenhaut ist schick, sondern auch die Verkostungsräume. Auch die Keller sind größer und moderner als die alten Keller. Da hat sich in den letzten 20 Jahren viel getan. Sie waren noch nicht hier?«

»Noch nie. Ich habe mich bisher nicht für Kellereien interessiert.«

»Dann wird es aber Zeit! Soll ich Ihnen unsere Weine vorstellen oder wollen Sie ein Glas von unserem prämierten Vernatsch probieren? Ich habe auch viele gute Weißweine offen, Sie haben die freie Wahl. Wenn Sie mir sagen, wonach Ihnen zumute ist, kann ich Ihnen helfen.«

Werner Gschnell gab sich große Mühe. Bei der hübschen Frau vor der Theke machte es ihm besondere Freude.

Francesca lächelte und holte das Foto von Felix Wolff hervor, das sie aus seinem Haus mitgenommen hatte. »Kennen Sie den Mann in der Mitte?«, fragte sie Werner.

»Das ist Felix. Er ist hier Stammkunde, kommt in der Woche vier-, fünfmal vorbei. Warum fragen Sie?«

»Wann war er denn das letzte Mal hier?«

Als Werner zögerte, zeigte Francesca ihm ihren Dienstausweis. »Herr Wolff ist tot aus dem Kalterer See geborgen worden.

Wahrscheinlich ertrunken. Wir versuchen herauszufinden, wann es passiert sein könnte.«

Werner war sichtlich bestürzt. »Das ist ja ... also schrecklich jedenfalls. Das tut mir leid. Was für ein Tod. Ertrunken sagen Sie? Im See?«

»So wie es aussieht, ja, ertrunken. Wichtig zu wissen wäre jetzt, wer hat ihn zuletzt gesehen? Wer kann uns erzählen, wann er wohin gegangen ist? Also: Wann war Felix Wolff das letzte Mal hier? Wann haben Sie oder jemand aus Ihrem Team den Mann zuletzt gesehen? Können Sie sich daran erinnern?«

»Da muss ich nicht lange nachdenken, denn es hat hier einen kurzen Streit gegeben. Das war, einen Moment«, Werner schloss die Augen, um sich besser erinnern zu können, »das war letzte Woche Mittwoch, also heute vor einer Woche. Ich habe mittwochs ganztägig Dienst, bis der letzte geht. Letzte Woche war es ein anstrengender Tag, weil die Leute so lange geblieben sind. Zum Schluss hin gab es einen Streit zwischen Felix und einem der Bauern. Deshalb kann ich mich auch gut daran erinnern. Der Obmann hat dem ein Ende gesetzt, noch eine Runde zum Beschwichtigen der Gemüter ausgegeben und dann alle rausgeschmissen. Das war gut für mich, denn sonst hätte es noch Stunden gehen können.«

»Worum ging es in dem Streit?«

»Der Felix war so eine Art Tageblatt vom Dorf. Er verbreitet gerne Gerüchte oder erfindet Geschichten. Das ist seine Art. Hin und wieder bringt ihm das Ärger ein. Er schert sich nicht drum, er redet so. Manchmal weiß er durchaus von pikanten Details und das interessiert die Leute. Deshalb hat er seine Zuhörer. Am Mittwoch ging es darum, dass er gehört haben will, dass ein Bauer aus Tramin in Kaltern bei Hochwürden Raich beichten war. Das sei doch ungewöhnlich, dass er dafür nach Kaltern kommt, wo er doch auch in Tramin hätte beichten können. Außerdem sei der Bauer dafür bekannt, dass er nie beichten würde. Das hat er erzählt und ein Bauer aus Kaltern ist deshalb wütend geworden und hat den Felix zurechtgewiesen. Der ist daraufhin frech geworden und bevor die beiden aufeinander eindreschen konnten, ist der Obmann dazwischen gegangen und hat die letzte Runde spendiert. So war das.«

»Wie sind die Namen der beiden Bauern?«

Werner überlegte kurz. »Der Bauer aus Tramin ist der Alfred Oberhofer. Den sie neulich erschossen haben sollen. Er soll beim Dekan beichten gegangen sein. Der Bauer aus Kaltern, das ist der Busenfreund vom Alfred, der Franz Caliari. Die waren ganz eng, die beiden. Deshalb kann ich gut verstehen, dass der Franz sauer war, wenn der Felix solch ein Gerücht verbreitet. Das wird er nicht nur hier erzählt haben, sondern überall, wo er sich rumtreibt, im *Drescherkeller* etwa. Da geht er auch regelmäßig hin. Felix hat überall Freunde, die ihm zuhören. Die erzählen es dann weiter und abends weiß es das ganze Dorf.«

»Nach der letzten Runde sind alle hier raus?«

»Ja, das ging dann schnell. Jeder noch ein Glasl, ich habe auch nur halb voll eingeschenkt. Das war allen recht, es gab keinen Protest. Danach sind sie alle raus.«

»Wissen Sie, in welche Richtung Felix Wolff gegangen ist und ob er zusammen mit jemanden gegangen ist? Den könnte ich fragen, bis wohin er Felix begleitet hat.«

»Nein, da kann ich nicht helfen. Ich habe hier sauber gemacht, dann Licht aus und nach Hause. Es war auch schon spät.«

»Wie spät?«

»Es wird nach 22 Uhr gewesen sein. Es war dunkel.«

»Ich habe gesehen, dass Sie bis 18 Uhr geöffnet haben?«

»Wenn der Obmann hier ist und die Weinbauern, dann geht es so lange, wie es geht. Sie sind die Genossen. Ihre Weine werden hier verwaltet, vergoren, gereift und eingekellert. Sie sind die Genossenschaft. Kellermeister, Verwaltung, Verkauf sind die Kellerei. Wir sind ihre Angestellten. Also bleibt die *Vinothek* auf, wenn sie hier sind. Der Obmann ist von ihnen gewählt. Da mache ich nicht zu, bloß weil 18 Uhr ist. Das geht nicht.«

»Verstehe. Können Sie mir eine Liste der Leute machen, die am Abend dabei waren, als es zum Streit zwischen Felix Wolff und Franz Caliari gekommen ist?«

Werner holte einen Block und einen Stift. »Das mache ich gerne.« Noch bevor er zu schreiben anfing, schaute er aus dem Fenster und schien jemanden zu sehen. »Moment, ich komme gleich wieder«, sprach er und verschwand durch die Tür auf den großen Parkplatz. Francesca sah, wie er mit einem Mann sprach und dabei auf sie zeigte. Der Mann folgte dem Fingerzeig und kam dann zusammen mit Werner in die *Vinothek*.

»Das ist unser Obmann, Stephan Leitner. Ich habe ihm kurz erzählt, was Sie mir erzählt haben. Er war dabei und kann Ihnen das Geschehen aus seiner Sicht wiedergeben.«

Francesca spürte den Blick von Stephan Leitner, als er zur Tür hereinkam. Sie kannte diesen Blick. Der Mann hatte sofort ein charmantes Lächeln aufgesetzt. Sie lächelte zurück. Stephan Leitner erzählte Francesca nichts, was sie nicht schon durch das Gespräch mit Werner wusste. Auch wusste er nicht, in welche Richtung Felix gegangen war. »Darauf habe ich nicht geachtet. Es war mir auch egal. Felix war betrunken. Das kommt öfter vor. Er wird um diese Zeit nach Hause gegangen sein. Das ist zwar recht weit zu Fuß, aber das hat ihn noch nie gestört. Alle wissen, dass er da schläft, wo er sich hinlegt. Er ist schon überall gefunden worden. Auf einer Bank, im Feld, im Weinberg. Er legt sich hin, schläft seinen Rausch aus. Im Herbst ist es warm genug, da erfriert er nicht.«

»Wissen Sie, ob er auch auf einem Steg am See geschlafen hat?«

»Das weiß ich nicht. Ist nicht weit von seinem Haus weg. Sie meinen, weil er betrunken war? Das macht Sinn. Eingeschlafen und reingefallen. Ist möglich.«

»Er war sehr betrunken, als er ging?«

»Nicht mehr als üblich, würde ich sagen.« Werner nickte zustimmend.

»Was war mit dem Streit zwischen ihm und Franz Caliari?«

»Ich kann gut verstehen, dass Franz seinen Freund Alfred in Schutz genommen hat. Ist doch jetzt auch egal, ob Alfred beim Hochwürden beichten war. Er ist tot, das weiß jeder, der Zeitung lesen kann. Das ist schrecklich genug, da muss man nicht noch herumerzählen, dass er im falschen Ort beichten war. Außerdem kann es gut sein, dass Felix das erfunden hat und nur vom Hörensagen her wusste. Felix war ein Schlitzohr. Das ist bekannt.«

Francesca hatte aufmerksam zugehört und Stephan Leitner nicht aus den Augen gelassen. Sie war froh, dass Werner ihr den Obmann vorgestellte hatte, denn sie hätte ihn sowieso heute noch aufgesucht. Es gab da einiges zu klären.

- 18 -

Eduard war schnell erfolgreich. Er hatte Margit angerufen. Sie war im Dorf aufgewachsen und musste daher alles über diesen Fernando wissen. Er hieß mit Nachnamen Tratterer, war sechs Jahre älter als Margit. Sie wusste, dass Fernando nach der Oberschule ein Studium der Soziologie angefangen hatte. Sie wusste nicht, ob er einen Abschluss gemacht hatte, denn sie hatten sich aus den Augen verloren. Seine Eltern wohnten im Dorf und erzählten nicht viel. Bekannt war, dass er als Journalist arbeitete. Eduard hatte über Google herausgefunden, unter welchen Artikeln sein Name stand. Es gab viele Reiseberichte von der Art, dass unter ihnen der Hinweis stand, dass die Reise von den beschriebenen Hotels, Reedereien und Safari-Unternehmen gesponsert war, dies aber keinen Einfluss auf die Berichterstattung gehabt hätte. Einige Artikel beschäftigten sich auch mit Südtiroler Begebenheiten und listeten touristisch interessante Plätze auf, beschrieben folkloristisches Treiben und ein Artikel beschäftigte sich mit dem Gewürztraminer. Die Artikel fanden sich in verschiedenen deutschen Magazinen und in einem Weinführer für Italien.

- 19 -

»Ich müsste mal eine rauchen«, sagte Stephan, der Francesca gerne nach ihrem Namen gefragt hätte. »Kommen Sie mit raus? Mögen Sie auch eine?«

Francesca lächelte ihn mit einem Strahlen an. »Ich rauche leider nicht, aber ich komme gerne mit, wenn ich darf.«

Gewonnen, dachte Stephan.

Der Rauch roch seltsam, fand Francesca. »Was ist das für eine Zigarette?«, frage sie daher. Stephan Leitner frohlockte. *Ein prima Smalltalk-Thema, wenn die Dame schon keine Raucherin ist.* »Die gibt es heute nicht mehr zu kaufen«, sagte Stephan. »Eine Mentholzigarette. Die sind EU-weit verboten worden. Eine Sauerei, was die alles regeln. Menthol sei gefährlich, heißt es, weil es die schädlichen Substanzen im Tabak mit seinem Geschmack verschleiere. Menthol erleichtert die Inhalation, hat es geheißen. Genau das ist doch der Vorteil! Die EU schafft den leichteren Genuss für uns Raucher ab. Ich liebe diesen Geschmack. Bevor es zu dem Verbot kam, habe ich mir einen großen Vorrat besorgt. Möglicherweise bin ich der einzige Raucher in der Umgebung, der diese famosen Glimmstängel raucht.«

Francesca wurde heiß und kalt. *Ich brauche eine diese Kippen*, sagte sie sich. *Mit viel Speichel dran*. Freundlich sagte sie: »Da sind Sie clever gewesen. Aus Ihrer Sicht jedenfalls.«

Stephan kniff die Augen zusammen.

Ob das am Rauch lag oder ob ihm etwas an Francescas Stimme aufgefallen war, konnte sie nicht feststellen. »Ich habe da noch eine Frage an Sie.«

Stephan Leitner spürte, dass sich der Wind drehte. Etwas störte sein Flirtgefühl.

»Wie war Ihr Verhältnis zu Alfred Oberhofer?«

Das Gesicht des Obmanns gefror zum Pokerface. »Wie meinen Sie das?«, kam es zögerlich.

»So wie ich es gesagt habe. Ich frage nach Ihrem Verhältnis zu Alfred Oberhofer. Ich ermittele auch im aktuellen Mordfall. Kannten Sie sich? Haben Sie miteinander zu tun gehabt? Haben Sie miteinander geredet? Verabredungen getroffen? Geschäfte gemacht? So was halt. Aber bitte vollständig. Das ist eine amtliche Frage, kein Geplauder.«

Das Pokerface löste sich auf. In dem Mann arbeitete es.

Da ist was, wusste Francesca. *Hat Fernando doch recht gehabt?*

»Ich dachte, Sie wären wegen Felix hier.« Als Francesca nicht antwortete, sondern ruhig wartete, sagte er: »Gut. Ich kannte Alfred. Das ist nicht verwunderlich. Er ist Weinbauer, wie ich, wie die meisten hier. Alle Weinbauern in Überetsch und Unterland kennen sich, wir treffen uns im Jahr öfter. Da gibt es Weinverkostungen, Feste, Versammlungen. Das ist normal. Also kannte ich auch Alfred. Sonst noch was?«

»Welche Geschäfte haben Sie mit ihm gemacht?«

»Wie meinen Sie das?«

»Ich weiß von Gesprächen zwischen Ihnen und Alfred Oberhofer. Worum ging es?«

Stephan Leitner murmelte: »Das geht Sie nichts an.«

»Das entscheide ich. In einem Mordfall geht mich alles an. Wenn Sie nicht kooperieren, nehme ich Sie mit. Wir können uns dann in der Questura unterhalten.« Das kam hart und knapp.

Stephan erschrak. *Die meint es ernst. Diese kleine zierliche Frau, dieser nette Käfer. Was wusste sie wirklich? Was soll ich offenlegen?* »Also, Sie wissen von Gesprächen zwischen mir und Alfred? Von wem sollten Sie das denn wissen?«

»Ich stelle hier die Fragen. Und wenn Sie mir nicht antworten wollen, nehme ich Sie mit. Jetzt, hier auf der Stelle. Vor aller Augen. Sie sollten das ernst nehmen. Ich mache keine Scherze, Herr Leitner. Also, welcher Art waren die Gespräche?«

Stephan wusste nicht, was er tun sollte. Er spürte, dass sich die Lage dramatisch geändert hatte. Auch Werner schien aufmerksam geworden zu sein. Lugte er nicht neugierig durch die Glastür zu ihnen hin? Es durfte keinesfalls geschehen, dass ihn diese kleine Polizistin einfach so abführte. Nicht hier, auf seinem Territorium, auf dem Parkplatz seiner Kellerei.

»Also gut. Ich habe mit Alfred gesprochen. Ich wollte ihn überreden, die Kellerei zu wechseln. Ich hätte ihn gerne für die *Kellerei Kaltern* geworben. Alfred ist ein großer Weinbauer mit mindestens fünf Hektar und seine Weinberge liegen gut, geben spitzen Gewächse her. Er hat in den letzten zehn Jahren die Qualität mächtig gesteigert. Diese Kellerei soll wachsen, mehr Ertrag bringen. Das ist meine Aufgabe als Obmann. Außerdem sind bald Neuwahlen. Da wäre es für mich gut gewesen, wenn ich diesen dicken Fisch an Bord geholt hätte.«

»Was ist dran an dem Gerücht, dass Sie die Kellereien Kaltern und Tramin fusionieren wollen?«

Stephans Gesichtsfarbe änderte sich schlagartig. Blutrot lief es an. »Wer erzählt diesen Schmarren? Das ist purer Unsinn. Das ist empörend, hören Sie. Das dürfen Sie nicht glauben und schon gar nicht herumerzählen. Das ist … ich fasse es nicht, das ist unerhört. Wie glauben Sie, sollte ich das anstellen? Etwa so, dass ich einen Genossen aus Tramin nach Kaltern hole und dann die Traminer zwinge, mit uns zu fusionieren? So ein ausgemachter Blödsinn, so ein Mist, so ein … ich weiß nicht, wie ich es nennen soll. Wer zum Teufel erzählt so etwas?«

»Ich halte fest, dass es Gespräche mit Alfred Oberhofer gab. Sie wollten ihn überreden, Genosse in Kaltern zu werden. Waren Sie erfolgreich?«

»Nein, verdammt, war ich nicht. Alfred war ein sturer Kopf. Oder einfach seiner Kellerei treu. Da hat nichts geholfen. Ich konnte ihm bieten, was ich wollte.«

»Sie haben ihm Geld geboten?«

Stephan verschluckte sich. Er musste husten, warf die Zigarette auf den Boden. »Das ist doch jetzt egal, Alfred ist tot. Er war nicht zu haben.«

»Wann haben Sie das letzte Mal mit ihm gesprochen?«

Stephan wurde ruhiger, aber er wollte jetzt weg, weg von dieser penetranten Polizistin. »Das war eine Woche bevor er ermordet wurde. Glaub ich, so ungefähr.«

»Haben Sie ihn danach gesehen?«

»Nein, habe ich nicht.«

»Wo waren Sie am Montag vergangener Woche?«

»War das der Tag, an dem Alfred erschossen worden ist?«

»Ja, also wo waren Sie? Das ist die klassische Frage nach Ihrem Alibi.«

»Da muss ich überlegen. Wann genau?«

»In den Morgenstunden.«

»Wahrscheinlich in einem der Weinberge. Wir sind in der Lesezeit.«

»Kann das jemand bezeugen?«

Stephan Leitner zuckte mit den Schultern. »Das weiß ich nicht. Vielleicht, vielleicht auch nicht. Ich weiß nicht, ob mich jemand gesehen hat. Das kann gut sein. Aber ich kann Ihnen niemanden benennen.«

Francesca schaute Stephan Leitner lange an, ihm wurde es mulmig. »Sie können jetzt gehen. Wenn ich noch Fragen habe, komme ich auf Sie zu.«

Wortlos ging Stephan, drehte sich nicht mehr um. So konnte er nicht sehen, wie sich Francesca bückte und seine achtlos weggeworfene Kippe vorsichtig in ein Plastiktütchen packte.

Bald wissen wir mehr. Mentholzigaretten. Was für ein Fund!

- 20 -

Der Bozner Notar meldete sich am Nachmittag bei Margit, als sie wieder in Francescas Wohnung war und versuchte, aus Onkel Alfreds Unterlagen schlau zu werden. Der Notar verstand sofort, was Margit ansprach. »Diese Überweisung des sehr großen Geldbetrages, die Ihr Onkel auf eines meiner Konten vorgenommen hatte, war mir nicht recht. Das müssen Sie mir glauben. Er war aber nicht davon abzubringen. Ich hatte den Auftrag, diesen Geldbetrag jemandem in bar zu übergeben. Auch das widerspricht mir zutiefst. Den Empfang habe ich mir quittieren lassen. Das Geld, das kann ich Ihnen versichern, ist nach dem Willen Ihres Onkels weitergeben worden. Er hat bestimmt, dass ich darüber schweigen muss. Mir ist es also verboten, mit Ihnen darüber zu reden, wer diese Summe erhalten hat.«

Margit schwieg zunächst. Sie dachte an die Rögglers und das Verhalten ihres Onkels. »Sie haben das Geld zu den Röggler-Brüdern gebracht, richtig?« Am anderen Ende hörte sie, wie der Notar tief einatmete. »Hören Sie, ich darf es Ihnen nicht sagen. Ich kann Ihnen auch nicht erklären, warum Ihr Onkel das wollte. Er kam vor drei Monaten zu mir und hat mir berichtet, dass er seine letzten Dinge regeln wolle und er jemanden brauche, auf den er sich verlassen könne. Es ginge um seine Erbschaftsangelegenheiten und eine Angelegenheit, die ihm am Herzen liege und die er zu einem guten Ende bringen wolle. Das, so nehme ich an, war die Übermittlung des großen Geldbetrages. Denn ansonsten hat er nur seinen Nachlass geregelt und Sie zu seiner Alleinerbin eingesetzt. Den Geldbetrag hat er mir kurz nach unserem Abschlussgespräch überwiesen und mich beauftragt, dem Empfänger den Betrag sofort in bar auszuzahlen und nicht zu verraten, von wem das Geld stammt. Diesen Auftrag habe ich mir von ihm schriftlich geben lassen. Er hat ihn unterschrieben. Das diente meiner Absicherung, für den Fall, dass die Erbin wegen Unterschlagung eine Anzeige gegen mich loslässt.«

»Dann können Sie mir doch jetzt sagen, ob es die Röggler-Brüder waren. Mein Onkel ist tot, ich ahne, dass er die Rögglers bedacht hat.«

Der Notar schwieg. Dann sagte er: »Nein, ich werde es Ihnen nicht sagen.« Pause. »Sie haben einen guten Riecher.«

»Also bestätigen Sie meine Vermutung?«

»Ich habe nur gesagt, dass Sie gut riechen können.«

Margit wusste jetzt, dass die Rögglers wirklich in der Lage waren, die Grundstücke zurückzukaufen. Sie blätterte in den verstreut abgehefteten Unterlagen zu den Grundstückskäufen und addierte die Kaufsummen: 200.000 Euro kamen zusammen. *Wenn sie 350.000 Euro von Onkel Alfred geschenkt bekommen haben, wären sie in der Lage, ihren Grund zurückzukaufen. Aber warum hat Onkel Alfred das gemacht?*

- 21 -

»Was machen wir, wenn sie uns das Geld streitig macht?« Walter stellte die Frage in den Raum.

Willi blieb ganz ruhig. »Wieso machst du dir Sorgen? Erstens wissen wir nicht, von wem das Geld stammt. Wir vermuten es nur. Der Notar wird den Mund halten. Dass Margit davon weiß, glaube ich nicht, sonst hätte sie etwas gesagt. Wir haben das Geld und müssen jetzt überlegen, was wir damit machen. Kaufen wir die Grundstücke zurück oder verkaufen wir den Rest vom Hof und machen etwas Neues?«

»Was willst du denn machen? Wir können nur Weinbauern sein, oder?«

»Da hast du recht. Außerdem haben wir jetzt einen Fendt. Ich denke, wir sollten bald mit Margit sprechen. Spätestens nach der Lese. Dann bieten wir ihr an, die Grundstücke zurückzukaufen. Wenn sie uns fragt, woher wir das Geld haben, sagen wir, dass die letzten Jahre gut gelaufen sind und dass wir wieder Kredit bekommen. Was meinst du?«

Mittwoch

- 1 -

Franz Caliari lieferte die Trauben persönlich ab. Das ließ er sich nicht nehmen. Er war der Bauer.

Der Kellermeister der Traminer Kellerei wusste durch Margit, dass Franz die Trauben von Alfreds Weinbergen anliefern würde. Wie jede Fuhre, die von morgens bis abends in einer schier endlosen Kette in die Kellerei gebracht wurde, begutachtete er auch die Lieferung von Franz. Er nahm die Trauben in Augenschein und kostete einige Kerne, die er willkürlich in Stichproben aus den Kisten gezogen hatte. »Sind nicht so gut wie letztes Jahr«, sagte er.

Franz zuckte die Schultern. »Das weiß ich nicht, sind nicht von meinen Weinbergen.«

Der Kellermeister schaute ihn kurz eindringlich an. »Gut, dann bis bald.« Der Gabelstapler kam, entlud die Kisten und stapelte sie. Der nächste Trecker stand an der Rampenauffahrt und wartete auf das Zeichen, vorfahren zu dürfen.

Die nächste Fuhre brachte er zur *Kellerei Kaltern*. Dort dieselbe Prozedur. Diesmal lobte der Kellermeister die Qualität der Trauben. »Sehr gute Trauben, Franz. Ganz hervorragend dieses Jahr. Die kommen in die Spitzenselektion.« Er machte sich eine entsprechende Notiz. »Wenn du spät am Nachmittag kommst und die Trauben warm sind, geben wir sie zunächst in die Kühlung. Besser wäre es, wenn du sie im Morgengrauen oder sogar nachts erntest. Dann hätten sie die perfekte Temperatur und wir könnten sie direkt verarbeiten. Schau, ob du das hinbekommst und gib mir Bescheid. Wir sind alle sehr früh hier. Diese Qualität ist hervorragend. Bravo, Franz.«

»Das freut mich. Es war auch viel Arbeit im Weinberg. Schön, dass sich die Mühe gelohnt hat. Ich bespreche das mit dem Vorarbeiter. Er wird das koordinieren können, dass wir nachts ernten. Du kannst auch gerne in der nächsten Genossenschaftsversammlung von meinen Trauben berichten. Es sind bald Wahlen. Du verstehst?«

Der Kellermeister verstand. Jeder hier wusste, dass es Franz' Traum war, Obmann von Kaltern zu werden.

»Ich denke, dass ein Wechsel gut wäre und ich die Dinge gut regeln würde. Ich brauche dafür aber eine Mehrheit. Also, wenn du mir hilfst, dann wäre es für dich kein Schaden.«

Der Kellermeister nickte kurz. Es nervte ihn, jetzt in dieser stressigen Zeit, auf solche Dinge angesprochen zu werden. Der nächste Bauer wartete ungeduldig unten an der Rampe und vor der Station für die Ermittlung der Zuckergrade reihte sich ein Traktor hinter dem anderen. »Wir werden sehen. Ich muss jetzt.« Er zeigte auf die Schlange der Traktoren. Die Gabelstaplerfahrer hatten inzwischen Franz' Ladefläche entladen.

Franz pfiff vor sich hin. *Es läuft wie geschmiert.*

Den ganzen Tag lieferte Franz mal eine Fuhre nach Tramin, dann eine Fuhre nach Kaltern. Mit seinem Vorarbeiter besprach er die Idee des Kellermeisters aus Kaltern. »Das kostet uns extra«, hatte der gesagt, aber die Erntehelfer machten für mehr Geld fast alles. Franz, der ansonsten sehr auf das Geld schaute, wollte unbedingt in Kaltern punkten und gab seinem Vorarbeiter grünes Licht: »Schau zu, dass es klappt. Dieses Jahr muss ich eben mehr zahlen. Das zahlt sich aus, wenn ich erst Obmann bin.«

- 2 -

Spät am Abend saßen sie als letzte Gäste im *Kastelaz Keller.* Noch ein Glas vor dem Zubettgehen. Sie wohnten hier oben und arbeiteten beide in der Kellerei. Es waren die anstrengendsten Monate des Jahres. Morgens früh raus, abends spät nach Hause. Sie waren erschöpft und hatten keine Lust zum Reden.

Da schaute der eine den anderen an. »Das ist komisch«, sagte er.

»Was?«, fragte der andere.

»Dass der Franz die Trauben vom Alfred bringt.«

»Der Kellermeister hat gesagt, das sei abgesprochen.«

»Ja, das weiß ich. Aber ich meine doch was anderes.«

»Was meinst du denn?«

»Der Franz kommt immer aus Richtung Kaltern gefahren und nicht von oben runter. Also nicht aus den Traminer Weinbergen. Das finde ich komisch.«

Der andere schaute den einen an. »Ach! Was verstehst du schon. Ist doch auch egal.«

- 3 -

Franz war guter Dinge. Seine gute Laune verging ihm aber sofort, als er nach Hause kam. Er lebte mit seiner Frau nicht im Hotelkomplex, sondern bewohnte ein repräsentatives Anwesen einige hundert Meter vom Hotel entfernt. Er wunderte sich darüber, dass vor der Eingangstür ein großer Koffer stand. Sein Schlüssel passte nicht mehr ins Schloss. Wut stieg in ihm auf. *Was sollte das? Wieso passt der Schlüssel nicht mehr?* Er musste klingeln, aber niemand öffnete die Tür. Dann erst registrierte er den Koffer richtig. Am Haltegriff hing eine Karte. »Du hast hier nichts mehr verloren. Geh zu deinen Flittchen. Komm nicht mehr wieder.« Unterschrieben hatte seine Frau. Franz explodierte augenblicklich. *Was bildet die sich ein? Wie kann sie es wagen?* Er hämmerte an die Tür, schrie, trat dagegen. Nichts tat sich. Er schaute durch die Fenster. Drinnen war alles dunkel. Es schien, als sei sie weg. Jedenfalls nicht im Haus. Franz kochte vor Wut. *Was soll ich jetzt machen? Sperrt sie mich einfach aus. Eine Frechheit ohnegleichen. Wieso nimmt sie sich das Recht?* Er wusste es nicht. Aber schlafen musste er.

Er stapfte den kurzen Weg hinunter ins Hotel, den Rollkoffer hinter sich herziehend. An der Rezeption staunte ein Angestellter, einem schlecht gelaunten Chef gegenüberzustehen, der sofort ein Zimmer haben wollte. Zu fragen, was denn los sei, traute er sich nicht. Er gab seinem Chef den Zimmerschlüssel für eine der Suiten, die derzeit nicht belegt war.

Franz murmelte eine Frage und als diese nicht sofort verstanden wurde, wurde er pampig. »Wie lange ist sie frei, habe ich gefragt.«

»Drei Tage«, war die Antwort. Franz ging grußlos mit seinem Koffer Richtung seiner neuen Unterkunft.

Der Angestellte ahnte, dass Franz soeben rausgeworfen worden war. Die Chefin hatte am Nachmittag verkündet, dass sie zwei Tage weg sei. Das hatte alle erstaunt, denn sie war immer hier. Es war ihr Hotel und sie ließ es nicht allein. Jetzt passte alles zusammen. Alle wussten, dass ihr Mann jedes Zimmermädchen belästigte. Es waren Saisonkräfte und sie kamen aus Osteuropa, Rumänien, Bulgarien und Ungarn. Sie verstanden die Sprache schlecht, was beim Bettenmachen auch nicht wichtig war. Die meisten trauten sich nicht, gegen die Zudringlichkeiten des Chefs aufzubegehren. *Jetzt hat die Chefin also ihre Geduld verloren,* dachte der junge Mann, der Spätschicht hinter der Rezeption hatte und überlegte, wem er davon als Erstes erzählen sollte.

Donnerstag

-1-

Als Francesca noch am Dienstagabend die Zigarettenkippe persönlich bei Dr. Phillipi abgegeben und ihm triumphierend gesagt hatte, dass sie von dem einzigen Raucher von Mentholzigaretten im Umkreis von 100 Kilometern stammte, musste er zunächst lachen. Er hatte sich die Geschichte erzählen lassen und hatte zugesichert, dass er bald wissen würde, ob die DNA vom Speichel am Mundstück der Kippe mit der DNA übereinstimmte, die sie bei den Fundstücken am Tatort, dem Kirchlein St. Jakob, gefunden hatten.

Heute Morgen klingelte deshalb Francescas Telefon. Sie lauschte, nickte kurz und ein breites Grinsen ging über ihr Gesicht.

»Phillipi?«, fragte Eduard, nachdem das Gespräch beendet war.

Francesca nickte.

»Und?«

»Treffer!« Sie musste nicht viel erklären, denn sie hatte Eduard, der ihr gegenübersaß, bereits alles erzählt, was sie erlebt hatte. Eduard hatte Francesca im Gegenzug von seinen Erkenntnissen über Fernando Tratterer berichtet.

Eduard stand auf. »Wollen wir?«

-2-

»Was hat sie gesagt? Zwei Tage?« Franz war immer noch wütend. Er konnte also damit rechnen, dass sie morgen wieder hier sein würde. Er überdachte seine Situation. Ihm war klar, dass sie seine Eskapaden nicht mehr ertrug. Nur verstand er nicht, wieso das so plötzlich kam. Er hatte eine stark ausgeprägte Schwäche für junge Frauen und zwischen ihm und seiner Frau lief seit Jahrzehnten nichts mehr im Bett. Er hatte ihre Ehe seither als Geschäftsbeziehung verstanden. Sie kümmerte sich um das Hotel und er um die Weinberge und die Genossenschaft. Das Hotel versorgte ihn jedes Jahr mit frischen jungen Frauen, die leicht zu haben waren. Er war der Chef und die jungen Dinger hatte auch ihren Spaß. Da war er sich sicher. Außerdem bekamen sie von ihm seit den letzten fünf Jahren ein ordentliches Handgeld. Wurde eine schwanger, bot er an, die Abtreibung zu bezahlen. Aber das kam selten vor. So war doch jedem geholfen. Er hatte, was er brauchte, seine Frau hatte ihre Ruhe, der Laden lief rund. Jetzt kam so was! Wieso dieser Sinneswandel? Er hatte keinerlei Veränderungen bemerkt. Ausgerechnet jetzt, so kurz vor der Obmannwahl! Da konnte er sich keinen Tratsch im Dorf leisten. Allerdings wusste er, dass er sich den Gerüchten, die bald aufkommen würden, nicht erwehren könnte. Jedenfalls so lange, wie sie ihn zwingen würde, im Hotel zu übernachten. Noch vor dem Frühstück rief er einen Schlosser an, dass er das Schließsystem zum Haus austauschen solle.

- 3 -

Francesca und Eduard hatten Glück, denn Stephan Leitner war noch auf seinem Hof und nicht in einem seiner Weinberge. Er wusste, dass seine Erntehelfer auch ohne ihn arbeiten würden und so konnte er sich einigen Telefonaten widmen, für die er bisher keine Zeit gehabt hatte.

Als er diese Commissario, die ihn vorgestern genervt hatte, in Begleitung eines weiteren Polizisten vor der Tür stehen sah, verschlechterte sich seine Laune schlagartig. Als sie ihm drinnen schließlich eröffnete, dass sie ihn wegen Mordverdachts an Alfred Oberhofer vorläufig festnehme, blieb ihm die Sprache weg. Dass die beiden keinen Spaß machten, wurde ihm klar, als der Polizist ein Paar Handschellen hervorholte und ihn bat, sich umzudrehen.

Da fand Stephan Leitner wieder zu seiner Sprache.

»Moment! So geht das nicht. Ich habe nichts mit dem Tod von Alfred Oberhofer zu tun. Wieso glauben Sie, dass ich es war, der ihn erschossen hat?«

Francesca und Eduard schauten ihn an. Francesca zeigte auf die Eckbank in der Küche. »Setzen Sie sich hier hin.« Stephan tat, wie sie befohlen hatte. Beide Polizisten blieben stehen. Weglaufen konnte er nicht. Aber das wollte er auch nicht.

»Hören Sie, als Sie mich vorgestern nach einem Alibi für den Vormittag des Mordtages gefragt haben, da habe ich nicht sagen können, ob mich jemand gesehen hat. Aber gestern habe ich mit meinem Nachbarn gesprochen. Ein eher unangenehmer Typ, aber jetzt mein Entlastungszeuge. Er nervt mich seit einiger Zeit wegen einer Trockenmauer, die eine meiner Wiesen abstützt, die an einen seiner Wege grenzt. Er meint, dass ich diese Mauer reparieren lassen müsse, weil sie marode sei und seinen Weg gefährde. Ich höre nicht mehr hin, wenn er mich mit dieser Bitte überfällt, weil er ohne Pause reden kann. Ich kann ihn nicht mehr hören, verstehen Sie? Gestern kam er wieder damit an und hat auf ein Gespräch Bezug genommen, das er an dem Montag mit mir geführt hat, als Alfred erschossen worden ist. Er ist keiner, der mir einen Gefallen tun will. Aber er kann bezeugen, dass ich am bewussten Montag hier war und nicht in Tramin. Ich kann es also nicht gewesen sein.«

Francesca schaute Eduard an. »Wie heißt der Mann, wo wohnt er?«, fragte Eduard und notierte sich die Angaben.

»Waren Sie jemals auf dem Kirchturm von St. Jakob?«, fragte Francesca.

Stephan wirkte verwirrt. »St. Jakob? Das Kirchlein auf Kastelaz bei Tramin? Nein, warum sollte ich da gewesen sein. Wieso auf dem Kirchturm? Ich kenne das Kirchlein zwar, aber ich war da noch nie, glaube ich jedenfalls.«

»Besitzen Sie Gewehre? Jagdgewehre oder andere Gewehre?«

»Ich bin Jäger.« Er zeigte auf die Tür. »Ich habe sie im Waffenschrank, in der Stube. Sie können sie gerne sehen.«

»Wir schauen sie uns später an.« Francesca setzte sich ihm gegenüber, aber so, dass sie jede Fluchtbewegung jederzeit unterbinden konnte. »Wir haben Zigarettenkippen von Ihnen im Kirchturm von St. Jakob gefunden. An der Stelle, von der mit hoher Wahrscheinlichkeit auf Alfred Oberhofer geschossen wurde. Wie glauben Sie, sind die dahin gekommen?« Sie beobachtete jede Regung in Stephans Gesicht.

Da war ein großes Erstaunen zu erkennen. »Keine Ahnung. Ehrlich. Ich weiß es nicht. Wie meinen Sie das überhaupt? Meine Zigarettenkippen? Wie können Sie da sicher sein?«

»Die Spucke hat Sie verraten. Spucke am Mundstück der Zigarette. Sie enthält Ihre DNA. Die kann man vergleichen. Die Spucke an der Kippe, die Sie gestern vor der *Vinothek* weggeworfen haben, ist identisch mit der Spucke an den Kippen vom Kirchturm. Außerdem sind es Mentholzigaretten, von denen wir beide wissen, dass Sie der einzige im Umkreis von vielen Kilometern sind, der sie noch raucht.«

Diese Information schien Stephan zu verwirren. »Das verstehe ich nicht. Ich war nicht im Kirchturm. Niemals war ich da. Jemand anderes muss die Kippen dort hingelegt haben.«

»Wer sollte das Ihrer Meinung nach gewesen sein?«

»Keine Ahnung.« Stephan dachte angestrengt nach. Es arbeitete in ihm. »Vorgestern, da haben Sie mir von dieser absurden Idee berichtet, dass ich vorhätte, die beiden Kellereien Kaltern und Tramin zu fusionieren. Das ist totaler Unsinn. Sie sollten sich jetzt fragen, wer Ihnen diesen Unsinn erzählt hat. Da würde ich denjenigen vermuten, der sich ausgedacht hat, meine Kippen in den Turm zu legen. Damit ich in Verdacht gerate.« In Stephan formte sich ein weiterer Gedanke: »Es gibt jemanden, der mir Übles will. Wir haben bald Neuwahlen für die Position des Obmanns und ich habe einen Gegenkandidaten, dem ich einiges zutrauen würde, um mich fertig zu machen.« Er machte eine Pause. »Aber das macht keinen Sinn. Er ist, nein, er war der beste Freund von Alfred. Wenn er die Kippen dort abgelegt hätte, dann hätte er wissen müssen, dass von dort aus geschossen wurde. Also das passt auch nicht.«

»Von wem sprechen Sie?«

»Ich spreche von Franz Caliari. Der redet mit jedem Genossen und auch mit dem Kellermeister, dass sie ihn bei der nächsten Wahl unterstützen sollen. Er macht mich schlecht, wo er kann. Aus der Vergangenheit weiß ich, dass er vor nichts zurückschreckt. Bei der letzten Wahl hat er es noch nicht geschafft, aber jetzt will er mit allen Mitteln gewinnen. Auch mit krummen Mitteln.«

»Könnte er denn an Ihre Kippen gekommen sein?«

Stephan schaute Francesca spöttisch an: »Sie sind doch auch an meine Kippe gekommen, oder? Das ist einfach. Ich rauche und ich muss vor der Tür zur *Vinothek* rauchen, also stecken meine Kippen in den Aschenbecher draußen. Da kann sie jeder rausnehmen, der ein Interesse daran hat.«

»Der Franz Caliari also auch?«

»Jeder, der in der *Vinothek* ein und aus geht, alle Genossen, alle Gäste. Ich kontrolliere doch nicht, ob einer meine Kippen wegnimmt.«

»Verstehe. Wann waren Sie das letzte Mal zusammen mit Franz Caliari in der *Vinothek*?«

Stephan dachte nach. »Ich glaube, das war Mittwoch vor einer Woche. Da hatte Franz Streit gehabt mit Felix Wolff. Das habe ich Ihnen doch erzählt.«

»Und wann das letzte Mal vor dem Mordtag?«

»Das weiß ich beim besten Willen nicht mehr. Ich bin jeden Tag kurz in der *Vinothek*. Als Obmann muss ich meine Augen und Ohren offen haben für die Nöte und Sorgen der Genossen. In der *Vinothek* treffe ich immer einige von ihnen. Aber ich kann Ihnen nicht sagen, wann ich wen getroffen habe. Nur wegen des Streits kann ich mich an diesen einen Tag gut erinnern.«

»Sie rauchen öfter vor der *Vinothek*?«

»Jeden Tag, wenn ich vor Ort bin. Das ist der einzige Platz, wo das Rauchen noch erlaubt ist. Vor der *Vinothek*, im Freien.«

Francesca und Eduard sahen sich an. Francesca fasste einen Entschluss. »Herr Leitner, könnten Sie Ihren Entlastungszeugen anrufen und bitten, hierherzukommen? Wenn er Ihre Aussage bestätigt, dann sind Sie uns vorerst los.«

Während sie auf den Nachbarn warteten, fragte Francesca: »Was wissen Sie über Ihren Konkurrenten Franz Caliari? Was ist er für ein Typ Mensch?«

Stephan Leitner schnaubte leicht. »Was soll ich sagen? Ich könnte sagen, er geht über Leichen. Er ist impulsiv, wird schnell wütend, hat eine kurze Zündschnur, würde ich sagen. Er kann unbeherrscht sein. Er verliert sein Ziel nie aus dem Auge. Er hat ein dickes Fell und er passt sich schnell an. Wenn ihm der eine nicht hilft, dann ein anderer. Wenn er mit Charme nicht vorwärtskommt, dann mit Gewalt. Er hat keine Skrupel. Da ist eine Geschichte, die ihn ganz gut beschreibt. Franz ist Jäger, wie wir alle. Er hat immer einen Hund gehabt. Mit seinen Hunden ist das so eine Geschichte. Sie werden von ihm hart abgerichtet und funktionieren dann perfekt. Einmal hat einer seiner Hunde nicht funktioniert. Nur einmal. Franz ist mit dem Hund vor die Tür gegangen und hat ihn erschossen. Eiskalt. Dann ist er wieder rein und hat getan, als wäre nichts.«

»Wo war das?«

»In einer Jagdhütte, oben in den Bergen. Wir waren fünf Jäger. Es hat alle entsetzt. Der Hund hat nicht pariert und peng war er tot. Es hat ihm nichts ausgemacht, den Hund zu erschießen.«

»Hat er etwas dazu gesagt?«

»Nein, kein Wort. Wir fanden das ziemlich streng und vor allem völlig unnötig.«

»Regelt er die Dinge so?«

»Sie meinen mit einem Schuss? Nein, das war ja nur sein Hund. Ansonsten ist er eher hinterhältig, wenn er sein Ziel verfolgt. Er sucht sich Verbündete, geht knallhart, aber klug vor. Es ist schwierig, ihm etwas nachzuweisen. Er ist fixiert auf sein Ziel, Obmann zu werden. Ich spüre das jeden Tag aus einer anderen Ecke. Aber ich weiß nie, was er hinter meinem Rücken treibt. Deshalb muss ich mich jeden Tag in der Kellerei sehen lassen. Sonst räumt er mir den Laden aus, wenn Sie verstehen, was ich meine.«

»Er lügt und betrügt?«

»Er lügt, ohne rot zu werden, wenn es ihm nützt. Er ist ekelhaft und ich fürchte, das sieht außer mir niemand. Ich bin direkt betroffen, deshalb spüre ich es deutlich, aber jemand der nicht betroffen ist, merkt nicht, wie er wirklich ist. Zu den anderen ist er freundlich, zuvorkommend, hilfsbereit.«

»Wenn Sie ihn mit einem Wort beschreiben müssten, was wäre es?«

»Da muss ich nicht lange überlegen: Aus meiner Sicht ist er ein riesengroßes Arschloch, gemein und hinterhältig.«

Kurz darauf bestätigte der Nachbar, dass er in den frühen Morgenstunden des Montags ein längeres Gespräch mit Stephan Leitner über die besagte Trockenmauer hatte. Nach der Aussage des

Nachbarn verstanden Francesca und Eduard, warum dieser Mann Stephan Leitner nervte. Er war penetrant, ungehobelt, rechthaberisch und erweckte nicht den Eindruck, als wolle er ein Gefälligkeitsalibi abliefern. Er hatte den Eindruck, dass sich die Polizia seiner Angelegenheit annehmen wolle und war enttäuscht, dass sie sich nicht für die Details des Trockenmauerproblems interessierten.

-4-

»Wir nehmen jetzt Fernando auseinander«, sagte Francesca zu Eduard, als sie den Hof von Stephan Leitner verließen. »Er war es, der mir gegenüber angedeutet hat, dass seine Quelle, die er mir nicht preisgeben wollte, den Hinweis auf Stephan Leitner gegeben hat. Ich glaube Leitner, dass er nicht die Absicht hatte, die Kellereien zu fusionieren. Aber ein solches Gerücht würde ihm schaden, wenn es mit ihm in einen Zusammenhang gestellt würde. Wenn es Franz Caliari ist, der Fernando mit diesen Lügen versorgt, dann müssen wir uns ihn auch noch vorknöpfen.«

»Aber der war der beste Freund des Mordopfers, wie alle bestätigen. Wenn er die Kippen im Kirchturm abgelegt hat, um eine falsche Fährte zu legen, dann wäre er der Hauptverdächtige. Warum sollte er seinen besten Freund erschießen?«

Francesca überlegte. »Das weiß ich auch nicht. Ehrlich, ich habe keine Ahnung.«

-5-

Claudio ahnte, wo man Fernando um diese Uhrzeit antreffen könnte.

»Ich halte Fernando für ein Schlitzohr. Er wittert eine große Geschichte und will uns benutzen, die Geschichte rund zu machen«, sagte er, nachdem Francesca und Eduard ihn auf den neuesten Stand gebracht hatten.

»Dann fühlen wir ihm jetzt auf den Zahn, was meint ihr?« Francesca war kampfeslustig.

Zu dritt betraten sie das Café *'s Platzl*, wo, so wie Claudio es vermutet hatte, Fernando bei einer Brioche und der Tageszeitung saß – gleich rechts vom Eingang am runden Tischchen. Die drei setzten sich ohne zu fragen zu ihm und da die kleine halbrunde Bank eher für drei denn für vier Gäste ausgelegt war, quetschten sie Fernando bewusst ein.

»Sag mal, Fernando«, begann Claudio statt einer Begrüßung, »du hast uns ganz gut geholfen.«

Francesca nahm das Spiel auf: »Deshalb wollen wir uns auch bedanken.«

Claudio nickte freundlich in Richtung Fernando, der nicht wusste, was er von dem Auftritt halten sollte. Insbesondere irritierte ihn, dass da ein dritter Mann dabei war, den er nicht kannte und der ihm auch nicht vorgestellt wurde. Dass sie ihn derart einquetschten, stand in einem krassen Gegensatz zu den freundlichen Worten. *Was zum Teufel wollen die?*

»Wir sind jetzt weit mit unseren Ermittlungen«, eröffnete Francesca ihm. Das machte ihn sofort neugierig. »Dabei hat uns Ihr Hinweis auf die geplante Fusion gute Dienste getan. Sie wissen schon. Die Geheimgespräche.« Fernando hing an Francescas Lippen. »Wir wissen auch, dass Ihr Informant, also Ihre Quelle, die Sie schützen müssen, Franz Caliari war.« Alle drei beobachteten, wie die Worte auf Fernando wirkten. Sein linkes Auge zuckte. Er sagte nichts, wartete ab. »Dieser Franz Caliari, was ist das für ein Typ Mensch, Ihrer Meinung nach? Sie können das einschätzen. Ich muss wissen, wie glaubhaft seine Informationen sind.«

Fernando hätte sich gerne zurückgelehnt, sich entspannt und cool getan, aber ihm schien, die drei würden ihn noch mehr einquetschen und der junge Mann neben ihm war tatsächlich mit seinen Schultern derart dicht an ihn herangerückt, dass er sich nicht mehr rühren konnte. Auf der anderen Seite saß Claudio, der sich genauso hart anfühlte. Beide schauten ihn an, als wollten sie ihn als Nächstes vor die Tür zerren.

»Ist eng«, sagte Francesca leise. »Aber besser als in der Questura«, schob sie hinterher.

»Hier lässt es sich lockerer sprechen.« Das war der erste Satz, den er von dem jungen Mann neben sich hörte und dessen Stimme nicht freundlich klang.

»Also, Herr Tratterer, wollen Sie uns helfen? Ich wiederhole gerne meine Fragen.«

»Die Commissario hat große Ausdauer, müssen Sie wissen. Den letzten Zeugen hat sie für 13 Stunden verhört. Das war lang.« Eduard stieß einen Ton aus, der an das langsame Entweichen von Dampf aus einem Kessel erinnerte.

Fernando wurde heiß. Das lag an den Körpern, die ihn einkeilten und an der Vorstellung, dass ihn diese hübsche Commissario schmoren lassen wollte. Er könnte auf stur schalten und schweigen. Es gab nichts, womit sie ihn zwingen konnten, seine Quelle preiszugeben. Andererseits wussten sie offensichtlich um seine Quelle. *Könnte auch ein Bluff sein,* überlegte er. »Wenn ich Ihnen helfe, was gibt es für mich?« *Hatte er das wirklich gesagt?*

Francesca behielt ihren Gesichtsausdruck bei. Freundlich, zugewandt, offen. »Das kann gut sein, dass wir an Sie denken«, sagte sie leise. »Wenn Sie uns weiterhelfen.«

Fernando hatte sich entschieden. Was soll es. Seine Geschichte war fast fertig geschrieben. Vielleicht konnte er jetzt noch etwas herausholen, was man in der Redaktion nicht von ihm erwartet hatte. »Ich brauche noch etwas Exklusives, ein Interview mit Ihnen wäre gut. Nachdem Sie den Fall abgeschlossen haben.«

Francesca wusste, dass sie das auf keinen Fall machen würde. Sie, als Ermittlerin, war die falsche Person für Presseinterviews. »Vielleicht kann ich Ihnen da den Weg ebnen«, antwortete sie. »Jetzt aber Sie!«

»Gut, also, Sie wollen wissen, was ich von Franz Caliari halte?« Damit hatte er indirekt bestätigt, dass dieser es war, der Fernando mit der Geschichte versorgt hatte, die Stephan Leitner hätte schaden können. »Es war ein sehr angenehmes Gespräch, würde ich sagen. Franz Caliari hat mir zunächst die Geschichte seiner Freundschaft zu Alfred Oberhofer erzählt. Erst zum Ende des Gesprächs hat er Andeutungen gemacht, die in die Richtung gingen, dass Alfred unzufrieden mit seiner Kellerei in Tramin war und dass er in irgendwelchen Geschäften mit der Kellerei in Kaltern verstrickte gewesen sei, die mit dem Obmann aus Kaltern zu tun hatten.«

»Die Information, dass der Obmann von Kaltern eine Fusion der beiden Kellereien plane, stammt auch von Franz Caliari?«

Fernando verstummte kurz. Druckste herum, denn er wusste, dass er hierfür keine Quelle hatte. Das hatte er lediglich stark vermutet.

»So konkret hat es Franz Caliari nicht gesagt, aber es schien mir deutlich zwischen den Zeilen zu stehen.«

Aha, dachte Francesca. *Das Bürschchen nimmt sich hier was und da was und konstruiert sich eine skandalträchtige Vermutung.* »Gut«, sagte sie, »das war es dann fürs Erste. Wenn wir noch mehr wissen wollen, kommen wir auf Sie zu.«

Eduard knuffte ihn leicht in die Seite und grinste ihn jetzt über das ganze Gesicht an. »War doch nicht so schwer, oder? Ein bisschen eng vielleicht. Aber das haben Sie gut gemacht.« Francesca erhob sich und das war das Zeichen für Claudio und Eduard, dem Mann mehr Raum zu geben.

- 6 -

Auf der Fahrt nach Kaltern zum Hotel von Franz Caliari besprachen sich die drei.

Francesca fasste zusammen: »Wir wissen jetzt, dass Caliari einiges unternimmt, um Obmann in Kaltern zu werden. Wir haben den Beweis, dass er unlautere Mittel benutzt. Er hat das für den Obmann ungünstige Gerücht gestreut, dass dieser eine Fusion der Kellereien Kaltern und Tramin anstrebe. Hierfür nutzte er ein Interview mit Fernando Tratterer. Der hat ihm Quellenschutz versprochen. Darum konnte er dem Journalisten Andeutungen machen, die Stephan Leitner geschadet hätten. Stellt euch vor, das Wochenmagazin wäre in einigen Wochen erschienen. Welche Wirkung das kurz vor der Wahl gehabt hätte. Auch wenn nichts davon stimmen sollte, hätte Leitner keine Chance gehabt, dieses Gerücht aus der Welt zu schaffen. Dann wurden Zigarettenstummel von Leitner am Tatort gefunden. Erinnere dich, Claudio, ich habe beim Betrachten der Fotos gesagt, dass ich es komisch fand, dass wir nur die Kippen, aber keine Asche gefunden haben.«

Claudio ergänzte: »Du hast auch darauf aufmerksam gemacht, dass es keine Stelle gab, an der die Zigaretten ausgedrückt wurden.«

»Richtig. Das würde darauf hindeuten, dass die Kippen bewusst dort platziert wurden. Jeder hätte sie aus dem Aschenbecher vor der *Vinothek Kaltern* nehmen können. Also auch Franz Caliari. Der war am Montag zur Tatzeit im *Kastelaz Keller*, wofür es Zeugen gibt. Wir haben die Wirtin befragt, wer wann in der Stube gesessen hat. Das Bild ist ungenau, weil sie sich nicht an Uhrzeiten erinnern kann. Franz wartete, wie jeden Morgen, auf seinen Freund Alfred. Die Wirtin war in der Küche beschäftigt und hatte daher die Stube nicht im Blick. Es wäre also möglich, dass Franz die Stube verlassen hat, ohne dass es der Wirtin aufgefallen wäre.«

Eduard schaltete sich ein: »Wenn sich Franz zum Turm begeben hat, dann hätte er doch alles planen müssen. Die Zigarettenkippen dort hinlegen, den Alfred erschießen und dann sein Alibi schaffen, indem er der Wirtin glauben macht, dass er die ganze Zeit in der Stube sitzt. Das ist doch viel Vorarbeit.«

»Und wo hat er die ganze Zeit sein Gewehr gehabt?«, fragte Claudio.

Francesca kaute auf ihrer Unterlippe. »Außerdem, wo steckt das Motiv? Warum sollte er seinen treuen Freund erschießen? Wie seinen Hund?«

Claudio, der die Hundegeschichte noch nicht kannte, wurde ins Bild gesetzt. Er brauchte nicht lange nachdenken: »Der Hund hat einmal nicht funktioniert und der Caliari hat ihn deshalb erschossen? Solche Typen gibt es. Die haben kein Mitleid, sie können nicht mitfühlen. Wenn Caliari den Alfred, seinen besten Freund, erschossen haben sollte, dann müsste etwas vorgefallen sein, was für Franz so schlimm war, dass er zur Tat schritt. Funktioniert nicht, finales Ende, schnell und gefühllos.« Claudio machte eine Pause und alle im Auto schwiegen. Claudio hob erneut an. »Aber Alfred ist ein Mensch und kein Hund. Ich glaube das nicht. Das Motiv fehlt uns auch.«

Eduard, der das alles mitangehört hatte, fragte: »Gab es etwas, was das Verhältnis der beiden betrübt hat? Wissen wir etwas?«

Francesca berichtete, dass die Wirtin erzählt habe, dass vor einigen Wochen die Stimmung zwischen den beiden Freunden gekippt sei. Allerdings hätte sich das wieder geändert, sie wären seither noch enger zusammen gewesen. »Ich vermute, dass Alfred seinem Freund von seiner Krankheit erzählt hat. Das passt zeitlich. Es erklärt die Stimmungsschwankungen. Dass sie anschließend enger zusammen waren, wäre auch gut zu verstehen. Es ging um die letzten Wochen.«

Eduard fiel etwas ein: »Wie war das noch mit dem Streit zwischen Franz Caliari und dem Felix Wolff? Wolff hatte behauptet, dass Alfred in Kaltern beichten war und Franz ist da laut geworden, richtig? Wir wissen, dass Wolff ein Gerüchtekoch war. Warum wollte Franz verhindern, dass dieses Gerücht verbreitet wird? Warum ist Wolff kurz darauf tot?«

Die Stille im Wagen, die daraufhin eintrat, drang nicht in ihr Bewusstsein, alle spielten die Erkenntnisse nochmals im Kopf ab.

»Wenn uns der Pfarrer sagen könnte, was der Alfred gebeichtet hat«, murmelte Francesca, wissend, dass dies nicht geschehen würde.

- 7 -

Franz Caliari war wieder Herr im eigenen Haus. Der Schlosser hatte zumindest das Schloss zur Eingangstür ausgewechselt. Er hatte seinen Job gemacht, ohne zu äußern, was er sich dabei dachte. Der Schlosser ahnte, dass Caliari log, als er ihm vom verlorenen Schlüssel erzählte.

Allerdings gab es ein großes Theater, als seine Frau nach Hause kam. Franz tobte und schrie, aber seine Frau war hart. Sie stellte ihm ein Ultimatum: »Bis Ende des Monats bist du hier raus. Schau zu, wo du unterkommst. Hier gehört dir nichts. Bis dahin kannst du im Hotel schlafen, hier nicht mehr, nie mehr, hast du das jetzt verstanden!«

Wütend und zutiefst verletzt hatte er das Haus verlassen, hatte sich in seinen Range Rover gesetzt und war davongefahren. Selbst die Lese, sein aktuelles Projekt, das er doch so geschickt aufgesetzt hatte, interessierte ihn in diesem Moment nicht. Er musste sich sammeln, überlegen, wie es jetzt weiterging. Das konnte sie doch nicht machen, nach all den Jahren. Was war bloß in sie gefahren? Er verstand die Welt nicht mehr. Franz Caliari hatte zum ersten Mal in seinem Leben erfahren, was es bedeutete, nicht zu gewinnen. Er war ein Gewinnertyp. Niederlagen gab es nicht. Ziellos raste er davon und fuhr auf die Autobahn Richtung Trient. Was er dort wollte, wusste er nicht. Zornestränen liefen ihm über das Gesicht und er beschleunigte viel zu stark auf der linken Spur.

-8-

Der freundliche Mann von der Rezeption erkannte Francesca sofort. Sie war in Begleitung eines Carabiniere und eines Mannes in Zivil. Ihm war die Erinnerung peinlich, dass er der Commissario auf dem Leim gegangen war. Auf die Frage, wo sie Franz Caliari finden könnten, sagte er, dass er möglicherweise oben in seinem Haus zu finden sei. Er habe heute früh einen Handwerker bestellt, das Türschloss auszuwechseln. Auf Francescas Frage, wieso das nötig gewesen sei, konnte der Rezeptionist keine Antwort geben. Er meinte, dass er vielleicht seine Schlüssel verlegt habe. Allein an der Betonung der Worte erkannte man, dass diese Erklärung Skepsis ausdrückte.

Auf Francescas Klingeln hin öffnete eine Frau, die sichtbar schlechte Laune hatte. Sie hörte sich an, dass die Commissario und ihre Kollegen zu ihrem Mann wollten und antwortete knapp, dass er nicht hier sei und sie nicht wisse, wo er sich aufhalte.

Eduard hatte eine Idee, als er spürte, dass die Dame, offensichtlich die verärgerte Ehefrau des Franz Caliari, sie loswerden wollte. »Wir wollen nicht lange stören«, sagte er. »Aber wir kontrollieren derzeit alle Langwaffen der Jäger und Sie würden uns helfen, wenn Sie uns Zugang zu den Jagdwaffen Ihres Gatten gewähren könnten.«

Franz' Ehefrau war unwirsch, wollte sich aber der Bitte nicht verschließen. Sie ließ die drei hinein und führte sie in den Keller, wo ihr Mann in einem großen Metallschrank seine Waffen aufbewahrt. Sie fand den Schlüssel und schloss den Schrank auf.

Franz hatte eine große Sammlung an Büchsen und Flinten. Eduard nahm jede einzeln raus und machte ein Foto.

»Das sind alle Waffen?«, fragte Claudio, dessen Uniform ihnen Zutritt verschafft hatte.

»Da muss es noch ein Gewehr geben«, sagte die Dame nachdenklich. »Es ist kaputt.« Sie ging in eine andere Ecke des Kellers und holte einen Sack hervor. »Es ist durchgebrochen, glaube ich. Hier sind die Einzelteile. Er hebt eben alles auf, kann sich nie von etwas trennen«, kam es giftig.

Francesca öffnete den Sack und holte alle Einzelteile heraus. Da waren ein Gewehrschaft, ein kurzer Lauf, ein Zielobjektiv und ein Schalldämpfer. Außerdem ein Lederetui mit fünf Geschossen. Sie legte alles auf einen Tisch. Sie zog sich Handschuhe an und begann die Teile zusammenzusetzen. Es war eine einschüssige Kipplaufbüchse. Eine seltene Waffe, die zum Nachladen gekippt werden musste. Der Lauf war gekürzt und an seiner Mündung fand sich ein gefrästes Gewinde, auf das sich der Schalldämpfer aufschrauben ließ. Die Waffe konnte leicht in zwei Teile zerlegt werden, den Schaft und den Lauf.

»Diese Waffe ist nicht defekt«, sagte Francesca. »Sie gehört Ihrem Mann?«

Die Frau wusste nicht, warum sich die Polizei dafür interessierte. »Ich denke schon«, sagte sie. »Aber er hat sie nicht gebraucht. Sehen Sie sich seine Sammlung an. Immer das Neueste hat er gekauft. Dieser alte Schießprügel ist doch uralt, außerdem kaputt. Das hat er mir jedenfalls gesagt, als ich den Sack wegwerfen wollte. Aber das hat er nicht zugelassen. Er schmeißt nie etwas weg. Er kann es immer noch für irgendetwas gebrauchen. Ach, ich bin es so leid!«, rief sie aus und brach in Tränen aus.

Die drei schauten sich an und wussten nicht, warum die Frau so erschüttert war. Besser verstanden sie, dass sie die Tatwaffe gefunden hatten.

»Wo ist Ihr Mann jetzt?«, fragte Francesca. Sie erfuhren, dass er mit einem grünen Range Rover unterwegs sei. Eduard gab Typ und Kennzeichen zur Fahndung raus, außer Hörweite von Franz' Ehefrau.

»Sobald sich Ihr Mann bei Ihnen meldet, geben Sie uns sofort Bescheid. Dieses Gewehr nehmen wir mit. Sie sagen das aber nicht Ihrem Mann. Das ist wichtig. Sie rufen uns nur an und sagen, dass er zurück ist, ja?«

Die Frau verstand nicht. »Ist es denn verboten, so ein Gewehr im Haus zu haben? Ich meine, er könnte es auch in den Waffenschrank tun, wenn es die Vorschriften vorsehen.«

»Wann rechnen Sie mit seiner Ankunft?«, fragte Claudio, der die Idee hatte, im Haus auf Franz Caliari zu warten.

- 9 -

»Das war ein aufregender Tag«, erzählte Francesca. »Wir sind in der Mordsache einen großen Schritt vorangekommen.«

»Wisst ihr, wer der Mörder war?«, fragte Margit, die zum ersten Mal erlebte, wie es ist, mit einer Commissario zusammenzuleben. Meist war sie unterwegs, abends erschöpft und oft einsilbig. Deshalb erwartete sie auch keine ausführliche Antwort.

Francesca gähnte. Es war spät geworden. Sie hatten die Kipplaufbüchse ins Labor gebracht und waren dabei, als Phillipi und Kollegen sie untersucht hatten. Das Ergebnis lag am frühen Abend vor. Es war die Tatwaffe. Das Kaliber passte. Es schien, als wäre Franz Caliari des Mordes an Alfred Oberhofer überführt. Viele Fragen waren allerdings noch offen. Zunächst hatte Claudio dafür gesorgt, dass seine Kollegen aus Kaltern das Haus im Auge behielten. Sobald sich der Mann oder sein Auto dem Anwesen näherten, hatten sie den Auftrag ihn festzunehmen. Aber er tauchte bis zum Abend nicht auf. Sie überlegten, ob er auf der Flucht sei, ob er Wind bekommen hätte, schlossen es aber aus. Wenn er geahnt hätte, dass sie heute bei ihm auftauchen, wäre ihm Zeit geblieben die Tatwaffe verschwinden zu lassen. Diese Waffe war das einzige belastende Beweisstück, das sie hatten. Ohne diese Waffe in seinem Besitz wären alle Überlegungen, die sie zum Tatablauf angestellt hatten, leicht zu widerlegen gewesen. Nichts hätte Bestand gehabt.

»Margit, das kann ich dir nicht sagen. Es fehlen noch Antworten auf viele Fragen. Außerdem bin ich jetzt müde und mag nicht reden. Verstehst du das?«

Als Francesca träumte, sah sie eine andere Figur als Franz Caliari mit der Kipplaufbüchse auf den Kirchturm steigen. Francesca konnte nicht erkennen, wer es war. Franz war unten am Turm und blickte hinunter auf den Weinberg, in dem sein alter Freund Alfred starb.

Freitag

-1-

»Noch nichts?«

Eduard schüttelte den Kopf. »Die Fahndung läuft. Die Carabinieri aus Kaltern haben ihn auch noch nicht gesehen. Aber wir bekommen ihn. Er kann sich nicht in Luft auflösen. Seine Frau war gestern komisch.«

»Sie war wütend, würde ich meinen. Wer weiß, was da los war. Ehekonflikt vielleicht. Soll es ja geben.« Francesca machte sich insoweit keine Gedanken. Das Zwischenmenschliche ist vielfältig ausgestaltet und kompliziert. *Ich muss da bald was klären,* überlegte sie und dachte an Margit. *Sonst steht ein Elefant im Raum. Es ist ein offensichtliches Thema, über das jedoch niemand von uns sprechen will und dem wir ausweichen. Sie muss verstehen, dass ich keine Winzerin werde.*

Eduard riss sie aus ihren Gedanken. »Ich rufe bei seiner Frau an. Was meinst du?«

Francesca nickte zustimmend und kümmerte sich dann um ihre Aufzeichnungen, brachte sie in eine Ordnung, die für Übersicht sorgte. Sie grübelte über die Geschichte, die Felix Wolff erzählt hatte. Was war dran an dem Gerücht? Gab es einen Zusammenhang mit dem Tod von Alfred? Was hätte er beichten können, wem auch immer hätte was gefährlich werden können? *Alfred und Franz waren sehr vertraut miteinander. Jeder hat dem anderen alles erzählt, an jedem Detail des Lebens hatten sie gegenseitig Anteil. Gab es etwas, was Alfred dem Franz erzählt hat, was ihn gefährdet hätte? Wollte Alfred verhindern, dass Franz Obmann wird? Ging es darum?*

»Sie hat ihn gestern rausgeschmissen und ihr ist es recht, dass er nicht mehr wiederkommt. Das hat sie mir erzählt. Wo er hin ist, wisse sie nicht. Von ihr aus könne er da bleiben, wo der Pfeffer wächst.«

»Das waren ihre Worte? So hart?«

Eduard lachte leise. »So hart, jawohl. Als ich nach ihrer Einschätzung fragte, was er jetzt machen würde, hat sie gesagt, dass ihr Mann keine Bleibe mehr habe. Sie habe ihm eine Frist gesetzt bis Ende des Monats. So lange könne er ein Zimmer im Hotel haben, dann müsse er endgültig raus.«

»Raus aus dem Haus?«

»Ich glaube, ihr gehört auch das Hotel. Ich habe vorsichtig gefragt, was vorgefallen sei, dass sie ihn rauswirft. Nun, sie hat es mir nicht erzählt. Nur, dass sie ihn nicht mehr sehen will.«

In dem Moment kam Fabio zur Tür herein und wurde von Francesca und Eduard fröhlich begrüßt. »Lange nicht mehr bei uns gewesen«, bemerkte Eduard. »Wie geht es dir in der Chefetage?« Die Frage war durchaus freundlich gemeint. Alle hatten sie sich mit Fabio über seine Beförderung gefreut. Deshalb irritierte sie sein Gesichtsausdruck. Er wirkte zerknirscht und ihm fehlte die Offenheit, die sie an ihm so schätzten.

»Es geht so. Alles ist neu. Es ist eine ganz andere Aufgabe als früher, komplizierter.« Er schaute seine Leute an. »Wie läuft's bei euch? Seid ihr weitergekommen?«

Sie brachten ihn auf den neuesten Stand und seine Gesichtszüge belebten sich. »Prima, großes Lob. Es sieht so aus, als ob ihr bald den Ermittlungserfolg melden könnt. Was habt ihr heute vor?«

Francesca sagte, dass sie nach Kaltern wollte. Ihr ginge diese Geschichte mit dem Toten im See nicht aus dem Kopf. »Ich würde gerne wissen, was an dem Gerücht wahr ist, das Felix Wolff herumerzählt hat. Eduard hält hier die Stellung und sobald wir wissen, wo Franz Caliari steckt, ruft er mich an.«

Eduard wunderte sich über seine neue Aufgabe.

Fabio schaute Francesca länger als üblich an. »Ich komme mit«, sagte er knapp und drehte sich um. »Ich hole nur noch meine Jacke.«

»Was war das?«, fragte Eduard. »Sehnsucht nach ehrlicher Polizeiarbeit?«

»Da ist was anderes. Er war neulich so eigenartig. Vielleicht will er mir was sagen. Aber nicht hier in der Questura. Er sprach davon, dass die Wände hier Ohren haben.«

»Spannend. Erzähl mir, um was es geht. Ich bin neugierig.«

»Das bin ich auch.«

- 2 -

Margit hatte ein aufbauendes Telefongespräch und legte zufrieden auf. Die Idee gefiel ihr immer besser, je länger sie darüber nachdachte. *Diese Lösung wäre in mehrfacher Hinsicht ideal. Bin gespannt, was Francesca dazu sagt.* Sie summte eine Melodie.

- 3 -

Auf der Fahrt von Bozen nach Kaltern war Fabio schweigsam. Francesca ließ ihn in Ruhe. Irgendwann fragte er: »Was hast du vor?«

»Ganz ehrlich, ich habe keinen Plan. Dieser Felix Wolff, der Gerüchtekoch, verkehrte in Kaltern regelmäßig im *Drescherkeller* und in der *Vinothek*. Ich war schon dort und habe mich mit Menschen unterhalten, die das bestätigt haben. Sie haben auch angedeutet, dass Felix ein Gespür für Geschehnisse hatte, die einen Nachrichtenwert haben. Ich stelle mir vor, wie er mit offenen Augen durch Kaltern stromert, vieles beobachtet und Dinge verknüpft, die anderen nicht offensichtlich erscheinen. Dabei liegt er manchmal richtig, wie mir versichert wurde. Ich frage mich deshalb: Was wusste er wirklich von der Beichte, die Alfred Oberhofer in Kaltern abgelegt hat? Dieser Frage möchte ich nachgehen.«

»Der Pfarrer wird dir nichts sagen. Beichtgeheimnis. Vielleicht hat ihn jemand in der Kirche gesehen? Der Messner vielleicht? Jemand aus dem Dorf? In welcher Kirche soll es gewesen sein?«

»Ich vermute, es war in der Pfarrkirche Maria Himmelfahrt. Er soll beim Dekan gebeichtet haben und das Dekanatsbüro ist gleich neben der Kirche.«

»Wie willst du vorgehen?«

»Wie eine Touristin. Ich besuche die Kirche, bummele durch den Ort, kaufe mir ein Eis, spreche Leute an. Warte auf die göttliche Fügung. Heute Nacht habe ich merkwürdiges geträumt.« Sie erzählte Fabio von ihrem Traum.

»Aber deine Arbeit als Polizistin orientiert sich nicht an göttlichen Fügungen und kuriosen Träumen?«, fragte er heiter, sichtlich besser gelaunt als eben noch.

»Doch, Fabio, das ist die neue Taktik. Schau, ich habe deinen Job geerbt und ich will zeigen, dass ich mit meinen speziellen Methoden, also der Traumdeutung und den göttlichen Fügungen, ebenfalls zu einem Ergebnis komme.«

Damit hatte sie ihn zum Lachen gebracht.

»Was ist mir dir? Du hattest Gesprächsbedarf. In der Questura wolltest du nicht sprechen, weil die Wände Ohren hätten. Was ist los?«

Fabio presste sich in den Autositz. »Ich weiß es nicht. Es für mich nicht fassbar. Aber ich will jetzt nicht in Rätseln sprechen. Mir macht Sorge, dass Marzollo etwas vorhat, das ich nicht akzeptieren mag.«

Francesca verstand, was Fabio meinte. Marzollo galt allgemein als kompliziert und es wurde erzählt, dass man es vermeiden sollte in sein Visier zu geraten. Innerhalb der Kollegenschaft wurden Geschichten erzählt, die niemand selbst erleben wollte. Marzollo hatte einen Ruf. Keinen guten.

»Was will er denn?«

»Wir hatten das schon einmal. Damals warst du noch nicht bei uns. Es kommt, wie es scheint, in Wellen, je nachdem, welche Regierung gerade am Zug ist. Jetzt haben wir bekanntlich die Rechten am Ruder und die hatten das Flüchtlingsproblem als Thema im Wahlkampf. Nicht allein dieses Thema, aber sehr hervorgehoben. Marzollo, so kommt es mir vor, will sich in Rom dadurch beliebt machen, dass er hier in Südtirol mit den Illegalen aufräumt. Er hat uns aufgefordert, entsprechende Erfolge zu melden. Meine beiden altgedienten Kollegen scheinen wenig aufgeregt. Sie bauen für Marzollo potemkinsche Dörfer, blähen hier ein wenig die Statistiken auf, blasen heiße Luft in Fälle mit Ausländerbezug. Sie glauben, dass man das so machen solle. ›Gib dem Affen Zucker‹, hat einer zu mir gesagt. Mir fällt das schwer.«

Francesca verstand, was Fabio meinte. Er war für solche Täuschungsmanöver nicht geschaffen. Sie kannte ihn als ehrlich und aufrichtig. Vicequestore Pallua hatte es geschätzt und ihnen den Rücken gestärkt. Sie konnten unbehelligt arbeiten und Pallua schaffte es, sie aus politisch motivierten Ränkespielen rauszuhalten. Jetzt steckte Fabio da mittendrin.

»Willst du meinen Rat?«

»Deshalb sitze ich hier.«

»Du bist noch nicht lange dabei und kennst dieses Spiel noch nicht gut genug, um alles richtig zu machen. Deine Kollegen haben ihre Erfahrungen bereits gemacht und handeln entsprechend. Ich meine nicht, dass du es ihnen gleichtun solltest. Warte ab und schau, wie sich die Dinge entwickeln. Wir stehen in einer Hierarchie, wie du weißt, und Marzollo ist knapp vor der Spitze der Nahrungskette. Deshalb würde ich mich nicht mit ihm anlegen. Da kannst du nicht gewinnen. Gib ihm, was er will und überlege, wie du ihn ausbremsen kannst. Wenn wir dir helfen können, machen wir das. Ich weiß jetzt, was er will und wenn wir was haben, von dem man sagen könnte, dass es ins Raster passt, melde ich mich bei dir. Irgendeinen Ausländerbezug haben wir bestimmt, wenn wir hinschauen. Ach, und diese Regierungen«, Francesca lachte auf, »diese Regierungen wechseln doch andauernd. Was heute gilt, ist im nächsten Jahr ganz anders. Ich habe aufgehört darauf zu achten, was Rom aktuell vermeldet. Es lohnt nicht. Wir machen unsere Arbeit und die machen wir gut. Egal, was Rom will. So sehe ich das.«

Francesca stellte ihren Wagen auf dem Parkplatz unterhalb der Dorfstraße ab. »Jetzt gehen wir ermitteln und hoffen auf die göttliche Fügung. Und wenn ich so auf die Uhr schaue, könntest du mich anschließend zum Essen einladen. Aber nur, wenn du magst«, kam es keck.

-4-

Margit war nach Tramin gefahren, um sich in aller Ruhe die alte Kellerei anzusehen. Dieses Mal aber mit einem speziellen Blick auf die Keller. *Das könnte gut passen,* dachte sie. *Perfekt! Warum bin ich nicht sofort darauf gekommen?*

-5-

»Zuerst gehen wir beten.«

Fabio wunderte sich. Er hatte Francesca noch nie beten gesehen. *Aber gut, sie ist Sardin. Da ist man tief katholisch,* dachte er.

Francesca ging zielstrebig auf Maria Himmelfahrt zu. »Schau mal, der Turm steht für sich ganz allein.« Das war besonders, dass man den Glockenturm als Solitär vor die Kirche gebaut hatte. Die Kirche selbst leuchtete in freundlichen, hellen Pastelltönen. Innen war jede Wand, jede Säule, jedes Portal aufwendig bemalt. Die Decken zeigten herrliche Bilder, die ganze Kirche war wegen der großflächigen Fenster zu beiden Seiten perfekt ausgeleuchtet, das eintretende Sonnenlicht ließ die Farben erstrahlen. Francesca schien diese Pracht nicht zu beachten. Sie ging direkt auf die Beichtstühle zu, von denen sich vier im Längsschiff befanden. Sie winkte Fabio zu einem der Beichtstühle und zeigte auf eine kleine weiße Tafel. Auf ihr stand geschrieben: »Beichtgelegenheit Dekan Alexander Raich«.

»Wenn wir hier hätten lauschen können«, sinnierte Francesca laut.

»Alexander Raich?«, fragte Fabio.

»Du kennst ihn?«

»Er hat Elisabeth und mich getraut. In Tisens.«

»Mmh. Das könnte doch günstig sein für uns.«

»Vergiss es. Das Beichtgeheimnis, das weißt du doch.«

»Lass uns ein wenig bummeln. Gleich nebenan ist das Dekanatsbüro.«

»Was hast du vor?«

Francesca lächelte. »Ich erwarte eine göttliche Fügung.«

Rechts neben der Kirche erstreckte sich ein langer Bau in einem schönen Gelbton. Sie standen vor dem einzigen Eingang und lasen auf der Hinweistafel, dass sie sich vor dem Dekanatsbüro befanden. »Hier wohnt er«, sagte Francesca. »Klingel doch. Er kennt dich, er hat dich getraut. Smalltalk kannst du doch gut.« Sie schaute munter und herausfordernd und Fabio war geneigt, ihr zu folgen, als sie von hinten angesprochen wurden.

»Kann ich Ihnen helfen?«, hörten sie und als sie sich umdrehten, erkannte Alexander Raich Fabio sofort. Er freute sich ebenso wie Fabio. »Wolltet ihr mich besuchen?«, fragte der Dekan.

»Ja und nein. Also, ja, wenn es zufällig passt und nein, wir hatten es nicht geplant. Darf ich dir Francesca Giardi vorstellen. Meine beste Commissario.«

»Ich habe davon gelesen, dass du jetzt Vicequestore bist. Gratulation im Nachhinein. Wir haben uns lange nicht mehr gesehen.«

»Es wird einige Jahre her sein, schätze ich. Unsere Trauung war vor 13 Jahren. Du bist nicht lange danach versetzt worden. Und wie wir alle wissen, ist der Weg zwischen Kaltern und Tisens unglaublich weit.«

Alexander musste lachen. »Da hast du ein wenig recht, denn das Dekanat in Kaltern ist groß und umfasst viele Gemeinden. Ich schaffe es wirklich nicht, mal eben nach Tisens zu fahren. Der Weg ist weit, wenn auch nur im sprichwörtlichen Sinn. Wie geht es Elisabeth?«

Fabios Gesicht verfinsterte sich.

Alexander bemerkte es sofort, sagte aber nichts. *Er wird schon mit der Sprache herausrücken, wenn er will,* dachte er.

Als nichts kam, sprach er Francesca an. »Sie sind also die neue Commissario. Ich gratuliere. Haben Sie heute frei? Wenn nicht, dann hat Ihr Besuch einen dienstlichen Grund.«

Francesca setzte ihr freundlichstes Lächeln auf. »Hochwürden, Sie sind ein Schnellmerker. Ich würde wirklich gerne mit Ihnen sprechen. Ich ermittele in zwei Todesfällen, einem Mord und einem Todesfall, der wahrscheinlich ein Unfall ist.«

»Dann kann ich mir denken, was Sie meinen. Den Mord in Tramin und den ertrunkenen Felix Wolff. Schreckliche Geschichten. Habe ich alles in der Zeitung gelesen und außerdem ist das Dorfgespräch. Morde kommen hier nicht vor und Unglücksfälle, Gott sei Dank, sehr selten. Aber warum wollen Sie mich in diesen Angelegenheiten sprechen? Ich fürchte, dass ich Ihnen keine Hilfe sein kann.«

»Sie kannten Felix Wolff?«

»Er gehörte zum Dorfbild. Man konnte ihm nicht entkommen, Felix war überall. Sehr präsent, immer unterwegs, ein guter Beobachter.«

»Ich habe gehört, er sei ein Gerüchtekoch gewesen.«

Alexander lächelte leicht. »Sagt man das? Vielleicht ist was dran. Aber bedenken Sie, es handelt sich auch hier um ein Gerücht.«

»Das ist mehr als ein Gerücht. Dass Felix Wolff gerne Geschichten herumerzählt hat, weiß ich aus vielen Quellen. Das wird stimmen. Einige der Geschichten sollen auch wahr gewesen sein.«

»Warum kommen Sie denn zu mir?«

»Felix Wolff soll das Gerücht verbreitet haben, dass der ermordete Alfred Oberhofer aus Tramin bei Ihnen zur Beichte gegangen wäre. Das, so der ertrunkene Felix, sei ungewöhnlich, da Alfred doch in Tramin hätte beichten können und wegen einer Beichte nicht hätte nach Kaltern fahren müssen. Zudem hat Felix das Gerücht verbreitet, dass er beim Dekan beichten war. Also bei Ihnen.«

»Stopp, stopp, liebe Commissario. Wie Sie schon sagten, Felix verbreitet gerne Gerüchte. Wenn ich jetzt ins Spiel gebracht werde, muss ich darauf hinweisen, dass jeder bei mir beichten kann, auch Sie oder Fabio. Auch wenn Sie nicht in der Gemeinde Kaltern wohnen. Dann müssen Sie wissen, aber das wissen Sie, dass alles, was ich höre, dem Beichtgeheimnis unterliegt. Ich kann Ihnen nicht einmal bestätigen, wer bei mir beichten war. Das habe ich auch dem Felix gesagt, der mich gefragt hat.«

»Hat er das? Aber dann hätte er es selber nicht gesehen, dass Alfred bei Ihnen zur Beichte gegangen war. Interessant.«

Alexander schmunzelte. *Geschickte kleine Commissario,* dachte er. *Glaubt, mich im Plauderton zu einer Aussage zu bringen.* »Felix war schlau. Er hat etwas gehört, oder jemand hat ihm etwas erzählt. Dann fragt er nach und je nachdem, was ich ihm sage oder wie ich es ihm sage, erzählt er anschließend das, was er zu hören geglaubt hat. Oder was er herausgehört hat. Sie sollten nicht allzu viel davon ernst nehmen.«

»Er hat Sie also gefragt. Was haben Sie ihm geantwortet?«

»Dasselbe, was ich Ihnen soeben gesagt habe. Dass das Beichtgeheimnis mir den Mund verschließt und ich nicht sagen werde, wer bei mir die Beichte abgelegt hat.«

»Herr Dekan, es geht mir weniger um Felix Wolff. Wenn aber stimmt, was er als Gerücht in die Welt gesetzt hat, dann wäre es für die Mordermittlung im Fall des Alfred Oberhofer von großem Interesse zu wissen, weswegen er gebeichtet hat. Denn ich vermute einen Zusammenhang zwischen dem, was er in der Beichte Preis gegeben hat und dem Mordmotiv. Ich stelle mir vor, dass der Mörder gewusst haben könnte, was sich Alfred von der Seele geredet hat. Dass er verhindern wollte, dass dies bekannt wird. Wegen dieser Überlegungen sehe ich auch den Tod von Felix Wolff in einem anderen Licht. Wir gehen bislang noch von einem Unfalltod aus, aber es könnte auch sein, dass hier jemand nachgeholfen hat, um ihn zum Schweigen zu bringen. Wenn meine Theorie stimmt, wären Sie der Einzige, der jetzt noch für den Täter eine Gefahr darstellen würde. Wenn Sie mir nichts sagen dürfen, dann passen Sie bitte auf sich auf.«

Alexander Raichs Gesichtsfarbe veränderte sich, ohne dass er es selbst merkte. Er spürte einen kalten Schauer.

Francesca hatte es aber bemerkt. »Ich will Ihnen keine Angst machen, aber es könnte sein, dass Alfreds Mörder bereits zu Ihnen unterwegs ist.« *Dabei habe ich nicht gelogen,* sagte sie sich. *Franz Caliari ist unterwegs. Wohin, wissen wir nicht.* »Wir gehen einem konkreten Verdacht nach. Der Mann, den wir im Visier haben, ist untergetaucht. Deshalb bin ich heute hier, um mit Ihnen zu reden.« *Das war gelogen,* wusste sie. *Aber in der Not darf ich auch lügen. Ich kann es ja beichten.* Sie musste innerlich grinsen.

Fabio stand daneben und dachte: *Was für eine schlaue Kollegin. Chapeau!*

»Danke für diese Warnung. Auf wen oder auf was muss ich achten?«

»Auf wen sie achten sollten, darf ich nicht sagen. Das ist so ähnlich wie bei Ihnen mit dem Beichtgeheimnis. Wir haben einen starken Verdacht, aber noch kein Geständnis oder hieb- und stichfeste Beweise. So lange dürfen wir auch nichts preisgeben. Zunächst müssen wir den Mann bekommen. Aber wie gesagt, er ist untergetaucht.« Francesca machte eine kleine Kunstpause, blickte zu Boden auf ihre Schuhspitzen. Sprach dann in Richtung Schuhspitzen: »Ein kleiner Hinweis von Ihnen könnte weiterhelfen. Wir wären dann erfolgreich und Sie außer Gefahr.«

Alexander Raich atmete tief durch. Das Beichtgeheimnis durfte er nicht brechen und er wollte es auch. Gleichzeitig wusste er, dass der Inhalt der Beichte die Commissario weiterbringen würde. *Was mache ich nur?*

»Sie kennen die Bibel?«

Francesca schaute erstaunt auf. *Was will der Dekan damit sagen? Kommt jetzt ein Gleichnis?* »Ja, natürlich«, war ihre knappe Antwort.

»Ein Buch, in dem man Antworten auf aktuelle Fragen findet. Stimmen Sie mit mir darin überein?«

Francesca nickte: »Ja, das kann ich so sehen. Warum fragen Sie?«

»Die Bibel ist aber vor tausenden Jahren geschrieben worden, richtig?«

»Ich denke schon.«

»Was ich sagen will: Man muss in die Vergangenheit schauen, wenn man Antworten für die Gegenwart finden möchte.« Der Dekan verstummte und sein Gesichtsausdruck verriet, dass für ihn das Gespräch hiermit beendet war.

Auch Fabio empfand so und schaltete sich ein. »Vielen Dank für das Gespräch. Wir sehen ein, dass du uns nicht sagen darfst, ob Alfred bei dir beichten war und was er in der Beichte erzählt hat. Wir beide«, er zeigte auf Francesca und sich, »wollen jetzt essen gehen. Hast du Zeit und Lust, uns zu begleiten?«

»Lust sicher, aber leider keine Zeit. Das Dekanat ist groß und meine Zeit daher knapp. Ich begleite euch gerne noch ein Stück durch das Dorf. Aber für ein gemeinsames Essen bleibt mir keine Zeit. Wo wollt ihr hin?«

»Richtung *Drescherkeller*«, sagte Francesca. »Auf der Straße gibt es viele Restaurants.«

»Dann begleite ich euch ein Stück«, sagte Alexander und hakte sich bei Fabio unter. Francesca verstand und blieb zurück.

»Fabio«, begann Alexander. »Du bist mir eben ausgewichen, als ich nach Elisabeth fragte. Habt ihr Probleme? Das täte mir sehr leid. Ihr seid ein so tolles Paar.«

Fabio schluckte. *Dem Dekan entkommst du nicht. Er sieht alles.*

»Du hast einen feinen Sinn. Wir haben wirklich ein Problem. Du weißt, dass ich befördert wurde. Diese Position bedeutet eine Menge Verantwortung und ich muss mich in diesem neuen Gefüge zurechtfinden. Deshalb arbeite ich viel. Ich meine, dass ich das so lange machen muss, bis ich sattelfest bin. Elisabeth will das nicht verstehen und nicht akzeptieren. Dabei hat auch sie einen Beruf, der sie ausfüllt. Sie kann zudem Angestellte einstellen, die ihr die Möglichkeit geben, sich mehr um die Kinder zu kümmern. Diese Alternative habe ich aber nicht. Ich kann nicht jemanden einstellen, der meine Arbeit macht und sie gegenüber meinen Vorgesetzten verantwortet. Das will sie nicht verstehen. Deshalb gibt es Ärger.«

»Dass dich die neue Aufgabe vor Herausforderungen stellt, glaube ich sofort. Man kann es nicht vergleichen, aber ich habe diesen Erfahrungsschatz: Wenn du eine kleine Gemeinde hast und musst dann eine viel größere übernehmen, dann ändert sich vieles. Du bist weiterhin genau ein Mann und der Tag hat genau 24 Stunden. So wird es dir auch ergehen, nehme ich an.«

Fabio nickte.

»Nun ist es aber so, dass du dein Leben mit einer Familie teilst und deine Frau formuliert doch nur, was ihr auffällt. Sie vermisst, dass du dir Zeit für die Familie nimmst und auch Zeit für Zweisamkeit da ist. Sie kritisiert also nicht deine verantwortungsvolle Arbeit, sondern weist darauf hin, dass es auch noch die Familie gibt.«

»Soll ich mich zerreißen? Ich meine, dass es nur so geht. Dass ich im neuen Job klarkommen muss. Danach habe ich auch wieder mehr Zeit.«

»Deine Sorgen verstehe ich. Aber wie wäre es, wenn du und Elisabeth einen Tag in der Woche zum Tag ohne Termine erklärt, an dem der Nachmittag frei ist. In jeder Woche ein Tag. Das könnte doch zu schaffen sein. Ich weiß, dass die Arbeit einen auffrisst, wenn man dieses gefräßige Tier nicht einzäunt. Es ist nach meiner Erfahrung nie satt. Arbeit gibt es, wo du hinsiehst und wenn du einen Teil weggearbeitet hast, quillt neue Arbeit aus irgendeiner Ritze hervor. Da musst du aufpassen. Es hilft ein sakrosankter Termin, an dem niemand rütteln kann. Gehe das Risiko ein, dass die Welt an diesem Tag untergeht. Du wirst sehen, die Welt geht nicht unter.«

»›Ein sakrosankter Termin‹. Nett ausgedrückt, also unantastbar?«

»Unantastbar, ganz richtig. Entlehnt vom lateinischen Wort *sacrosanctus*, wobei *sacer* ›heilig‹ bedeutet und *sanctus* ›geweiht‹. Das Beichtgeheimnis ist übrigens auch sakrosankt.«

- 6 -

Francesca ging nicht aus dem Kopf, was der Dekan gesagt hatte. Ihr kam das komisch vor, dass er ihr aus dem Zusammenhang gerissen mit der Bibel kam. Vielleicht weil er als Dekan dieses Buch für alles hernahm, wenn der Mensch allein nicht weiterkam? Aber das war Unsinn. Ein kluger Mann wie der Dekan redet nicht in Versatzstücken. Wieso hat er im Zusammenhang ihres Gesprächsinhalts die Bibel bemüht? War es ein Hinweis? »Man muss in die Vergangenheit schauen, um eine Antwort auf die Fragen der Gegenwart zu erhalten«, so in der Art war seine Aussage. Meinte er mit »der Frage der Gegenwart« die Frage nach dem Mörder von Alfred*? Wollte er mir damit sagen, dass ich in Alfreds Vergangenheit schauen muss?* Francesca überlegte: *Gegenwart – Vergangenheit, welche Vergangenheit, wessen Vergangenheit. Wie lange zurück?* Sie kam nicht weiter. War es überhaupt als Hinweis für sie gemeint oder eine Allerweltsaussage? Die alte Bibel als Fundort für Antworten auf Fragen der Gegenwart. Das ließe sich über alle Weisheitsbücher sagen, egal wo und von wem sie geschrieben worden sind. Es gibt sie, die ewig gültigen Antworten auf alle Fragen des Lebens. Aber meinte er das? Wieso kramte er diesen Satz hervor? In diesem Zusammenhang?

Während sie mit Fabio über Mittag im *Drescherkeller* saß und eine große Jausenplatte mit Speck, Käse und Kaminwurzen verspeiste, gingen ihr die Überlegungen zu den Worten des Dekans nicht aus dem Kopf.

Fabio grübelte auch, allerdings über ein anderes Thema. Er fragte sich, ob der Dekan ihm einen guten Vorschlag gemacht hatte. Oder war er auf Elisabeths Seite? Konnte er denn nicht sehen, in welcher Situation er war?

Francesca war es schließlich, die seinem Grübeln ein Stoppschild entgegenhielt. Sie riss Fabio aus seinen Gedanken: »Fabio, du kennst den Dekan doch von früher. Kannst du dir einen Reim auf seine sybillinischen Worte machen?«

Fabio hatte nicht richtig hingehört, hing noch bei Elisabeth fest. »Sybill ... was? Ach so, ›rätselhaft‹ meinst du. ›Rätselhafte‹ Worte hat er gesprochen. Meinst du das mit der Bibel und ›die Antwort kommt aus der Vergangenheit‹?«

»Genau das meine ich. Hat er damit etwas ausdrücken wollen? Ich frage mich das die ganze Zeit. Angenommen, Alfred hat bei ihm gebeichtet, davon gehe ich jetzt aus. Dann liegt die Antwort auf die Frage, wer ihn erschossen hat, in der Vergangenheit. So könnte man doch seine rätselhaften Worte verstehen, oder? Er darf nichts sagen, was das Beichtgeheimnis bricht, also hat er ein Bild gewählt, das mit der alten Bibel, die Antworten auf die Fragen von heute enthält. Könnte das sein?«

Fabio drehte die Worte in seinem Hirn hin und her. Erinnerte wie Alexander ausgesehen hatte, als er diesen Satz sagte. *Da war etwas in seinen Augen. Er hat Francesca so streng und starr angesehen. Fast beschwörend, könnte man meinen.* »Ja, vielleicht hast du recht. Denk weiter in diese Richtung.«

»Ich frage mich, wessen Vergangenheit gemeint war. Wir gehen davon aus, dass Franz Caliari der Mörder war oder zumindest die Mordwaffe zur Verfügung gestellt hat. Er war zur Tatzeit am Tatort. Sein Alibi ist nicht minutengenau fest. Es gibt Zeitfenster, in denen er im Gastraum vermutet, aber nicht gesehen wurde. Er verfügte über die Mordwaffe, wir haben sie bei ihm zu Hause gefunden. Wir haben noch kein Motiv für den Mord. Alfred war der beste Freund von Franz. Wieso sollte er ihn töten? Zumal Alfred sterbenskrank war und nicht mehr lange zu leben hatte. Dass Franz das gewusst hat, können wir annehmen, weil sich die beiden alles erzählt haben und die Wirtin davon sprach, dass es vor einigen Wochen ein Stimmungstief bei den beiden gab. Also, warum jemanden erschießen, der ohnehin kurz vor seinem Tod steht. In diesem Zusammenhang finde ich es interessant, dass Felix Wolff ums Leben gekommen ist. Ein Gerüchtekoch, der hier in Kaltern seiner

Lieblingsbeschäftigung nachgeht. Hier hat auch Franz sein Revier, erfährt von dem Gerücht und fängt einen Streit mit Felix an. Kurz darauf wird Felix tot aus dem See geborgen. Ich frage mich, wie groß Franz' Interesse gewesen ist, Felix zum Schweigen zu bringen? Was hätte es für Franz bedeuten können, wenn Felix dieses Gerücht weiterverbreitet hätte? Musste Franz fürchten, dass Felix sein Gerücht ausschmücken würde, mit Halbwahrheiten, die mehr erahnt als wahr waren? So wie es Felix schon immer getan haben mag? Was steckt wirklich dahinter? Welche Geschichte hat Alfred gebeichtet, in die Franz verwickelt gewesen sein könnte und von der er sicher sein muss, dass sie niemals rauskommt?«

Fabio hatte aufmerksam zugehört. »Wenn deine Theorie zutrifft, dann müsste ihm Alfred von der Beichte erzählt haben. Franz wird also gewusst haben, worum es darin gegangen ist. Das muss für ihn so riskant gewesen sein, dass er Alfred erschossen hat. Wie damals seinen Hund. Der Hund hat nicht funktioniert, also Todesschuss. Gefühlskalt, ohne zu zögern. Alfred hat auch nicht funktioniert. Einige Tage danach plappert Felix sein Gerücht herum und Franz muss fürchten, dass Felix herausfindet, worum es eigentlich geht. Er bringt ihn ebenfalls um. Das ist bei Felix nicht schwer. Das halbe Dorf weiß, dass er seine Räusche im Freien ausschläft. Man muss ihn nur finden, dann erschlagen oder ersäufen. Was meinst du?«

»So könnte es gewesen sein. Allerdings haben wir keinen Anhaltspunkt dafür, dass Franz den Felix in den See gestoßen hat. Bisher gab es keine Hinweise auf Fremdeinwirkung. Mmh … je länger ich darüber nachdenke, bei dem Persönlichkeitsprofil, ja, es könnte zusammenpassen. Jetzt fehlt uns noch der Tatverdächtige.«

»Der kommt wieder«, meinte Fabio. »Wenn ich mir überlege, Elisabeth würde mich rausschmeißen und ich wäre deswegen komplett durcheinander, setzte mich in meine Fulvia und würde Reißaus nehmen, wohin würde ich dann fahren? Keine Ahnung. Vielleicht nur fahren. Immer geradeaus, bis ich Hunger bekäme. Oder ich würde gegen einen Baum fahren, wenn die Verzweiflung groß genug ist.«

Francesca schaute Fabio mit offenen Augen an. »Dass ich darauf nicht selbst gekommen bin.« Sie griff zum Telefon: »Eduard? Check doch bitte alle Krankenhäuser im Umkreis von sagen wir 500 Kilometer. Frag, ob es ein Unfallopfer gibt, das unser Franz Caliari sein könnte, und frag die Kollegen von der Verkehrspolizei und die Carabinieri, ob sie einen schweren Unfall mit einem Range Rover hatten. Du verstehst? Es könnte sein, dass sich unser Franz zu Tode gefahren hat oder verletzt in einem Krankenhaus liegt.«

Fabio grinste »Es macht dir Spaß?«

»Chef zu sein? Klar macht mir das Spaß.« Nach einer klitzekleinen Pause kam verschmitzt: »Trotz der ganzen Verantwortung.«

»Du, was bildest du dir ein«, alberte Fabio zurück. »Mach dich nicht lustig über mich. Das ist nicht lustig, das ist, wie soll ich es sagen, es ist mir zuwider.«

»Das verstehe ich. Aber in einer Hierarchie muss man mit den Vorgesetzten leben, die man hat. Deine beiden Kollegen haben sich arrangiert. Du wirst einen Weg finden, der zu dir passt.« Sie schaute schelmisch. »Ich hätte da eine Idee. Damit mache ich gleichzeitig einen jungen Mann glücklich. Das ist mir gottgewollt sonst nicht gegeben.« Sie lachte.

Samstag

- 1 -

Margit hatte Francesca am Vorabend überredet, mit ihr nach Tramin zu kommen. »Ich möchte dir etwas zeigen und dir eine Idee vorstellen.« Francesca glaubte, dass Margit ihr eine gemeinsame Zukunft als Winzerinnen schmackhaft machen wollte. Sie hatte zwar keine Lust auf eine Auseinandersetzung, aber es war der richtige Zeitpunkt, um Margit ganz deutlich vor Augen zu führen, dass aus diesem Plan nichts werden würde. Eine Winzerin würde Francesca nicht werden. Sie war Polizistin. Das war sie gerne und das wollte sie bleiben.

Aber, siehe da, Margit hatte diesen Gedanken schon verworfen: »Ich verstehe, dass du Polizistin sein willst und ich will dich zu nichts überreden. Also habe ich mir Gedanken darüber gemacht, wie meine Zukunft aussehen könnte, in der du eine große Rolle spielst, ohne dass du als Winzerin darin vorkommst.«

Diese Idee wollte Margit heute vorstellen. Dazu mussten sie in die alte Kellerei.

»Schau dich hier um.« Margit zeigte Francesca die große Eingangshalle, die Keller und die alten Lagerräume, in denen die Gärfässer, Stander genannt, gestanden haben mussten, als hier noch Wein gekeltert wurde.

»Viel Platz«, fiel Francesca dazu ein.

»Richtig! Sehr viel Platz. Ich habe diesen Platz, zudem Zeit, weil ich die Finanzen von Onkel Alfred gecheckt habe und jetzt weiß, dass ich von seinem Ersparten einige Jahre leben kann. Es gibt da zwar noch einiges, was ich nicht verstehe, aber die Zahlen auf der Aktivseite waren sehr überzeugend. Darüber will ich aber nicht reden, sondern über meinen Plan.«

»Ja, ich höre. Du hast Platz, du hast ein Einkommen. Was heißt das?«

»Ich mache es alleine. Ohne dich. Ich mache auch keinen Wein, ich mache Sekt!«

»Sekt?«

»Ja! Sekt! Das wird eine Sektkellerei. Ich fange klein an. Lerne viel, übe und in drei, vier Jahren gibt es den ersten Sekt aus meiner Kellerei. Das ist mein Plan. Du kommst darin also nicht als Winzerin an meiner Seite vor. Du bleibst Polizistin und, wenn du magst, richten wir uns hier ein. Platz zum Wohnen ist oben reichlich vorhanden. Alles ist möglich. Für jede eine Wohnung oder eine große für uns beide. Alles da. Ich kann mir meine Zukunft vorstellen und für dich ändert sich dein Wohnort, aber nur, wenn du möchtest. Allerdings würde ich das begrüßen, wenn du hierherziehst.«

»Was ist mit deinen Eltern? Sie wohnen quasi ein paar Häuser nebenan?«

»Meine Eltern muss ich nicht fragen. Dank Onkel Alfreds großzügigem Erbe bin ich finanziell unabhängig. Ich möchte mit ihnen nicht brechen, aber ich finde, es wäre an ihnen, sich zu entschuldigen. Wenn sie dich weiterhin schlecht behandeln oder schlecht von dir reden, dann werde ich mich für dich und gegen die Eltern entscheiden. Das werden sie nicht wollen. Ich kenne die Bücher des elterlichen Betriebes. Eine kleine Finanzspritze von der Tochter können sie gebrauchen. Das wird sie gnädig stimmen. Was das Geld angeht, so sitze ich jetzt auf der guten Seite.«

Francesca schaute sich um. Eine Sektkellerei also. *Hört sich gut an.* »Wie soll das denn jetzt konkret weitergehen? Willst du eine Schule besuchen?«

»Du meinst eine Schule für das Sektmachen?«

»Ja, das meine ich. Gibt es das überhaupt?«

»Es gibt alles, aber ich habe bereits einen Abschluss. Das Sektmachen lerne ich von Lorenz.«

»Lorenz? Von einem Lorenz hast du mir noch nie erzählt.«

»Lorenz Martini, ein Nennonkel. Onkel Lorenz habe ich ihn genannt. Er ist Winzer in Girlan und macht einen ganz hervorragenden Sekt mit dem Namen Comitissa. Morgen hat er Zeit und will mit mir in meine Weinberge fahren und schauen, welche sich für die Traubensorten eignen, die man für die Sektherstellung nimmt. Wir machen also einen Ausflug!«

»Wir?«

»Ja, ich habe Onkel Lorenz gesagt, dass ich dich mitbringe. Du hast doch Zeit? Oder musst du morgen einen Verbrecher fangen?«

»Mach dich nicht lustig über mich. Das kann gut sein, dass ich morgen einen Verbrecher fangen muss. Das gehört zu meinem Job. Verbrecher interessieren sich nicht für das freie Wochenende einer Commissario. Merk dir das.«

»Also kommst du mit?«

»Klar komme ich mit. Ich will jetzt auch wissen, wie man Sekt macht.«

- 2 -

Ein schöner Herbsttag war es. Die Sonne verströmte ein mildes, weiches Licht und ließ die Fassaden der pastellfarben gestrichenen Häuser des Dorfkerns aufblühen. Margit und Francesca bummelten Richtung Rathausplatz. »Tramin sieht aus wie ein Idyll aus einem bunten Bilderbuch«, bemerkte Francesca.

»Ja, das sieht so aus«, stimmte ihr Margit zu. »Aber hinter den Fassaden geht es nicht nur idyllisch zu, wie du weißt.« Sie hatten das Wolkensteinhaus passiert, als Margit diesen Satz fallen ließ. Francesca stellte fest, dass Margit keinen besorgten oder betrübten Eindruck machte. Im Gegenteil. Es schien, als würden die Pläne mit der Sektkellerei ihre Stimmung heben. Kurz vor dem Rathausplatz trafen sie auf Claudio, der einige Einkäufe aus dem Supermarkt heraustrug.

»Die letzten Samstagseinkäufe?«, fragte Francesca.

Claudio übertrieb die Dramatik des Einkaufs: »Meine Frau, sie hat mir alles auf einen Zettel geschrieben. Alles muss ich besorgen. Für das ganze Wochenende! Alles, schau nur, die Tüten sind voll. Sie lässt mich das machen. Dabei ..., ach egal, sie kocht ja auch. Dann gleicht es sich aus, oder?« Wortreich und lustig kam es aus Claudio heraus. Er war offensichtlich in guter Stimmung.

»Was gibt es denn Gutes bei euch?«, fragte Margit.

»Wollt ihr mitessen?«, kam direkt die Frage zurück. »Ich habe so viel eingekauft, das reicht auch für vier.«

Die beiden Frauen lachten. »Nein, ich will nur wissen, was es gibt, Claudio. Aber danke.«

»Was wird es geben? Sie kocht einen Sugo aus Tomaten, Auberginen und Zwiebeln. Ganz langsam geköchelt. Sie würzt ihn wirklich toll. Sie macht Pasta heute Abend und am Sonntag gibt es Rindfleisch dazu. Der Sugo passt zu allem. Heute Mittag wird es einen Salat geben. Schätze ich.« Er schaute in eine seiner Tüten. »Ja, Salat, der muss auch gegessen werden.«

»Dann wünsche ich guten Appetit«, sagte Francesca. Dann kam ihr ein Gedanke. »Claudio, kennst du den Dekan von Kaltern?«

»Den kennen alle, warum fragst du?«

Francesca erzählte ihm knapp die Geschichte mit der Bibel und der Antwort, die in der Vergangenheit zu finden sei.

»Kannst du dir darauf einen Reim machen?«

»Hochwürden spricht in Rätseln.« Claudio blinzelte in die Sonne. »Wenn es ein Rätsel war. Vielleicht war es auch nur ein Satz, den er öfter nutzt. Mir sagt das jedenfalls nichts.«

- 3 -

»Nein, ich bin heute Nachmittag verabredet. Das habe ich dir gesagt. Es scheint, du hast es vergessen. Vielleicht hast du zu viel im Kopf. Heute Nachmittag kümmerst du dich um die Kinder. Das können wir jetzt nicht mehr diskutieren.«

Elisabeth war ungehalten. Fabio hatte vergessen, dass er heute die Kinder betreuen sollte. Gestern hatte er ein unangenehmes Gespräch mit Marzollo gehabt. Er hatte Fabio vorgeworfen, seine Anweisungen nicht zu befolgen. Angeblich habe er Fabio aufgefordert, bis gestern einen Bericht vorzulegen aus dem hervorgeht, welche Verfahren mit Ausländerbezug in seiner Abteilung anhängig seien. Fabio konnte sich nicht erinnern, einen solch konkreten Auftrag erhalten zu haben und argumentierte damit, dass er, Marzollo, zwar angedeutet hätte, dass ihn das Thema interessiere, aber – weiter war er nicht gekommen. Marzollo tobte, dass er hier schließlich der Chef sei und er, Fabio, gefälligst nicht am Wortlaut hängen solle, sondern zu begreifen habe, worum es ihm ginge. Das wäre selbstverständlich von einer Führungskraft zu erwarten. In diesem Ton war es weitergegangen und Fabio hatte schließlich gemerkt, dass es Marzollo nicht auf Argumente ankam, sondern darauf, ihn einzuschüchtern. Bis Montag früh hatte er jetzt Zeit, das Gewünschte zu liefern.

»Es kann nicht sein, dass es Akten gibt, die nicht über ein Wochenende auszuwerten sind«, hatte Marzollo hinter ihm hergerufen. Mit Roberto und Mario hatte er darüber nicht gesprochen. Vielmehr war er mit Wut im Bauch und einer grimmigen Entschlussfreudigkeit an die Arbeit gegangen. Ein ganzer Aktenberg wäre durchzuarbeiten und jetzt wollte Elisabeth ihn mit den Kindern allein lassen. »Nein, ich bin heute verabredet.« Das stimmte und er hatte es vergessen.

- 4 -

»Wieso hast du so viel eingekauft? Wer soll das alles essen?« Claudios Frau wunderte sich jedes Mal darüber, dass ihr Mann offensichtlich kein Maß hatte.

»Hinter der Fleischtheke sah der Tafelspitz doch so klein aus. Ich dachte schon, das sei zu wenig!«

»Oh, mein Mann, ich schreibe dir doch auf, ein halbes Kilo und was bringst du mir? Eineinhalb Kilogramm Tafelspitz. Wieso sagst du nicht, ich hätte gerne ein halbes Kilo?«

»Wie soll ich wissen, wie viel ein halbes Kilo ist? Ich schaue durch die gebogene Scheibe und sehe ein Stückchen Fleisch und denke mir, das wird passen. Was regst du dich auf. Schau: Der Metzger hat mir zwei Würste extra dazugegeben.«

»Weil du so viel eingekauft hast. Was soll ich mit den Bergen Tomaten? Wie viel Sugo soll ich kochen? Drei Töpfe? Was denkst du dir. Wenn ich schreibe, ein Kilogramm Tomaten, dann bringst du mir eine ganze Tüte.«

»Die waren im Sonderangebot. Zum halben Preis hat es die gegeben. Was willst du? Das ist doch gut!«

»Die sind überreif, deshalb sind sie so günstig und ich kann sie nicht lagern, ich muss sie jetzt verarbeiten. O Mann, du wirst nie verstehen, was ich in der Küche brauche. Geh ans Telefon und lade jemanden ein, der morgen mit uns isst. Wir schaffen das nicht allein.«

Claudio wusste, dass sie es nicht so meinte und ihm kam eine Idee.

- 5 -

Elisabeth war mit Marion aus der Frauengruppe Lana verabredet. Seit sie die Frauen aus dieser Gruppe kennengelernt hatte, verbrachte sie hin und wieder Zeit mit ihnen. Ihre Ideen zur Rolle der Frau in einem patriarchalischen Umfeld trafen sich mit den Ansichten dieser Frauen. In Lana gibt es viele Cafés und Bars, doch an einem Samstagnachmittag waren bei einem solch schönen Herbstwetter alle Stühle besetzt. So bummelten sie von Café zu Café, spähten hinein und wussten, dass sie irgendwann einen Platz finden würden. Marion hatte Elisabeth angesehen, dass sie verstimmt war und hatte das direkt angesprochen. Die direkte Ansprache war immer das Beste. Nach Jahrzehnten Berufserfahrung, dabei vielen Jahren in Führungspositionen, wusste sie, dass es nichts bringt zu zaudern. Störendes musste angesprochen werden und nachdem alle Argumente ausgetauscht waren, musste die Entscheidung fallen. Klack, und fertig. Unverzüglich, also ohne schuldhaftes Zögern. Marion hatte auch die Fähigkeit, Menschen zum Reden zu bringen und so war sie bereits zwischen zwei Cafés darüber im Bilde, wo bei Elisabeth der Schuh drückte.

Im dritten Café fanden sie schließlich einen Tisch, der insoweit gut war, dass er in einer Ecke stand und sie ohne lästige Zuhörer sprechen konnten.

»Mir ist klar, was dir nicht gefällt. Das ist ein typisches Problem, wenn beide berufstätig sind. Hinzukommt, dass Fabio eine Position einnimmt, in der er Hierarchien beachten muss und die Aufgabe erstens neu und zweitens anspruchsvoll ist. Ich kenne das aus meinem eigenen Berufsleben. Da gab es wenig Platz für private Dinge. Das sind für eine Paarbeziehung strenge Zeiten, zumal ihr drei süße Kinder habt, die Betreuung einfordern. Das Blöde ist, dass in dem Zeitraum zwischen 30 und 40 die Karriere gefestigt sein muss. Du kannst noch einen Sprung machen, bis du 50 bist. Was du bis 60 nicht geschafft hast, kannst du nicht mehr erreichen. So ist das in Hierarchien. Als Apothekerin hast du ein anderes System. Ihr müsst eine Lösung finden, die euch beiden und euren Kindern gerecht wird.«

»Gut gesagt, aber ich weiß im Moment nicht, wie das gehen soll. Seit Fabio Vicequestore ist, hat er keine Zeit mehr. Früher, als Commissario, gab es zwar Einsätze zu allen denkbaren Tages- und Nachtzeiten. Auch Wochenenden waren davon betroffen. Aber es gab auch Phasen der Ruhe, an denen er entspannt war und Zeit hatte, mit den Kindern spielte, kochte, lustig war. Das ist jetzt alles vorbei, wie abgeschnitten. Es macht auf mich auch den Eindruck, dass es nicht aufhört. Außerdem denke ich, dass sein Vorgänger, Vicequestore Pallua die Ruhe weg hatte. Ihn habe ich nie gestresst oder genervt erlebt. Mir schien es vielmehr so, als machte er diesen Job nebenbei. Jetzt hat Fabio diesen Job, aber bei ihm ist es ganz anders.«

»Wie standen denn die oberen Ränge zu Pallua? Hatte Pallua diese Menschen auf seiner Seite oder hatte er sie im Griff? Das gibt es, dass der Erbe, also dein Fabio, von den Vorgesetzten das abbekommt, was man seinem Vorgänger nicht zumuten konnte. Könnte ich mir zum Beispiel gut vorstellen.«

»Gibt's noch was? Ich meine, gibt es noch etwas anderes, was du dir vorstellen könntest?«

»Es könnte auch so sein, dass dein Fabio der Aufgabe nicht gewachsen ist. Er war ein guter Commissario, aber ist er auch ein guter Vicequestore? Kennst du das Peter-Prinzip? Ist ganz lustig und du kannst es in jeder Hierarchie finden. Erdacht hat es ein kanadisch-amerikanischer Hochschullehrer, der schon eine Weile tot ist. Eine seiner Figuren, die er entworfen hat, ist der Mensch, der so lange befördert wird, bis er eine Stufe erreicht hat, die ihn überfordert. Du findest solche Typen überall, wo es Hierarchien gibt, also zum Beispiel in einer Polizeibehörde. Weniger in Apotheken. Das zu deiner Beruhigung.«

»Du meinst Fabio ist überfordert?«

»So wie ich deinen Mann kenne, ist er nicht überfordert im intellektuellen Sinne. Er wird alles begreifen, was man von ihm verlangt. Vielleicht überfordert ihn die ungewohnte Umgebung. Er ist jetzt nicht mehr Chef einer Truppe von Ermittlern, also Menschen, die alle dasselbe gelernt haben und auf unterschiedlichen Stufen der Karriereleiter stehen. Jetzt ist er in einer Position, in der neue Regeln gelten. Die muss er beherrschen, sonst zerstören sie ihn. Das ist die Aufgabe. Seine Chefs haben auch Zwänge auszuhalten. Sie schauen auf das, was die Politik will und müssen nach unten delegieren oder auch treten. Vielleicht hadert Fabio damit. Er ist gradlinig, ehrlich, ohne Furcht und Tadel. Aber mit solchen Talenten eckt er jetzt an.«

»Das verstehe ich. Wobei er mir das so bisher noch nicht berichtet hat.«

»Er weiß es selber noch nicht. Aber das kommt noch. Ich denke, ihr werdet einen Weg finden. Redet und trefft eine Vereinbarung, die von beiden eingehalten werden muss. Macht Termine für euch selbst. Lasst nichts dazwischenkommen. Haltet euch an eure eigenen Regeln. Das ist immer das Beste. Ihr macht das schon.«

Sonntag

-1-

Lorenz Martini hatte seinen Lancia Augusta von 1935 aus der Garage gefahren. Die weinrote Karosserie, von der sich die schwarzen Kotflügel als passender farblicher Akzent absetzten, leuchtete in der Sonne. Die Felgen in Karosseriefarbe hatten schon damals ein sportlich wirkendes Muster. Hell leuchteten die Felgenkappen aus Chrom, auf denen in großen Lettern der Markenname Lancia zu lesen war. Ein schönes altes Auto aus einer vergangenen Zeit. Mit diesem Wagen wollte Lorenz heute in die Weinberge von Margit fahren. Der Wagen war hochbeinig, konnte über Stock und Stein fahren. Auch sollte er regelmäßig bewegt werden. Bei Sonnenschein war es Lorenz ein Vergnügen, sich mit dem Wagen langsam durch die Landschaft des Überetsch zu bewegen. Auch die drängelnden schnellen Autos der Neuzeit schienen sich dem gemächlichen Tempo des Augusta anzupassen. Natürlich waren es nicht die Autos, sondern ihre Fahrer, die neugierig aus ihren windschnittigen Karosserien einen Blick auf den langsam fahrenden Oldtimer werfen wollten.

Als Frank Neuwirt den Hof von Lorenz betrat und den Augusta sah, verzog er leicht sein Gesicht. »Du willst doch nicht ...?«

»Ich fahr ganz langsam. Weißt du doch.«

»Aber –«

»Ich weiß, du hast wenig Spaß daran. Aber du wirst sehen, heute ist es anders.«

Was daran anders sein sollte als beim letzten Mal, als sie zu zweit mit dem Wagen eine Tour gemacht hatten, wusste Frank nicht zu benennen. Der Wagen war eng, es roch im Innenraum nach Benzin und das Fahrverhalten war ihm im Vergleich zu einem »normalen« Wagen zu unsicher. Die alte Karosserie war teils aus Holz, das riesengroße Drei-Speichen-Lenkrad war ohne jegliche Lenkunterstützung mit viel Kraft zu kurbeln, sodass es Frank bei jeder Kurve fraglich erschienen war, ob Lorenz es schaffen würde, sie zu nehmen. Bisher hatte jede Kurve gepasst, sonst stünden sie heute nicht hier. Aber die engen Kurven des

Mendelpasses hatte Frank noch in den Knochen. Angst bei jeder Kurve, so war es gewesen.

Lorenz hatte das ebenfalls noch in Erinnerung. »Heute fahren wir nicht so weit und wir sind nicht allein.«

Frank horchte auf: »Wer kommt denn noch mit?«

»Eine junge Frau, die sich entschlossen hat, Sektmacherin zu werden. Auch ihre Partnerin ist dabei, wie ich das verstanden habe. Wenn ihre Pläne aufgehen, wird es in drei oder vier Jahren den ersten Sekt aus einer Traminer Sektkellerei geben. Und du bist bereits von der Idee an dabei. Für dich als Fachautor sicher interessant, habe ich mir gedacht. Wir werden uns als Erstes die Weinberge ansehen. Ich kenne einige davon und glaube, dass sie sich gut eignen könnten. Zum Abschluss fahren wir auf meine Aussichtsplattform. Ich habe dort eine Marende vorbereitet und zwei Flaschen von der Comitissa Gold von 2002 kaltgestellt. Ich habe nur noch fünf Flaschen. Zwei davon stifte ich heute.«

»Aha! Dann ist dir der Besuch der Damen also was wert. Kennst du sie gut?«

»Margit kenne ich seit ihrer Geburt. Sie ist die Tochter von Bruni und Viktor. Sie haben einen kleinen Weinbaubetrieb in Tramin. Margit hat jüngst ihren Onkel beerbt. Du hast von dem Mordfall gehört? Alfred Oberhofer, das war ihr Onkel. Der Bruder von Bruni. Margit war sein Augenstern und ich bin so was wie ein Nennonkel. Egal, jedenfalls war Alfred einer der Großen. Mehr als fünf Hektar Weinberge schätze ich. Davon einige in der passenden Höhe für den Anbau von Trauben, die sich für den Sekt eignen. Von daher ist die Idee von Margit sehr gut. Sie müsste die Trauben nicht kaufen, sondern könnte sie selbst kultivieren. Außerdem hat sie die alte Kellerei in Tramin geerbt, hat also mehr als genügend Platz für die Sektkellerei. Das alte Gebäude steht seit langem leer, es gibt keine Stander mehr, keine Torggl. Sie muss alles neu anschaffen. Das hat den Vorteil, dass sie ihre Sektkellerei mit moderner Ausstattung aufbauen kann.«

Frank Neuwirt hatte das alles schnell in seinem Kopf notiert. Eine junge aufstrebende Sektproduzentin von Anfang an zu begleiten passte gut in sein Portfolio. Frank war ein anerkannter Weinexperte, schrieb für angesehene Weinmagazine und seit vielen Jahre Bücher über den Weinbau in Südtirol. Er kannte die ganze Geschichte des Weinbaus in all ihren Verästelungen und war auf vielen Weinkostveranstaltungen ein gefragter Juror. Sein Name hatte Gewicht in der Szene.

»Das ändert die Sache. Dann fahre ich gerne noch einmal in deinem ...«

»Augusta heißt der schöne Wagen. Bitte behandele ihn mit Ehrfurcht. Er ist ein alter Herr, wenn du verstehst.«

Frank seufzte leicht, Lorenz bekam das Grinsen nicht aus dem Gesicht.

In dem Moment fuhren Margit und Francesca auf den Hof.

-2-

Das Sonntagsfrühstück im Esserhof war immer lustig. Die drei Kinder hatten Spaß daran, dass Mama und Papa beide gleichzeitig mit am Tisch saßen. Es gab jeden Sonntag einen frisch gebackenen Hefezopf, nicht immer aus dem eigenen Ofen, aber immerhin. Wenn Mutter den Ofen anwarf, buk sie als erstes dunkles Brot, dann kam eine Pizza hinein und mit der Restwärme wurden Hefezöpfe gebacken. Mit und ohne Rosinen. Elisabeth buk nicht nur für die Familie, sondern auch für Tommaso und Anna und für einige Familien im Dorf. Aber Mama hatte selten Zeit dazu, denn das Backen dauerte einen ganzen Tag. Heute gab es einen Hefezopf vom Bäcker in Tisens. Der schmeckte auch gut.

Die Zwillinge Paula und Frida lärmten herum, ihr älterer Bruder Laurin betrachtete die Szene mit Skepsis. »Warum sind Mädchen so laut?«, fragte er in die Frühstücksrunde. »In der Schule ist das auch so. Sie stehen zusammen und reden so viel. Was gibt es da so viel zu reden? Das frage ich mich die ganze Zeit.«

Fabio und Elisabeth schauten sich erstaunt an.

»Ist das so?«, fragte Fabio.

»Wenn ich es doch sage! Wir Jungs machen das nie. Jedenfalls nicht so.«

»Wie ist das denn bei euch Jungs?«, fragte Elisabeth.

»Wir reden nicht so viel. Wir sind nicht so laut. Wir besprechen uns, machen Pläne und dann machen wir, was wir verabredet haben.«

»Das wäre zum Beispiel?«, fragte Fabio, der noch gut in Erinnerung hatte, dass Laurin eine Detektivbande gegründet hatte. Zusammen mit einem Mädchen aus seiner Klasse.

»Zum Beispiel gründen wir eine Bande und dann laufen wir um den Schulhof. Oder wir bilden Mannschaften und verabreden uns zum Fußball oder wir planen, dass wir eine Lehrperson beobachten und alles aufschreiben, was uns auffällt. Für alle Fälle und weil sie uns verdächtig vorkommt. So was halt. Dann machen wir es einfach. Die Mädchen, die stehen nur rum und quatschen und sind laut und sie kichern dauernd. So wie die beiden hier.« Er zeigte missmutig auf seine munteren Schwestern.

»So ist das also«, meinte Fabio. »Ich verstehe.«

»Wirklich?«, fragte Elisabeth.

»Was willst du damit sagen? Meinst du, ich verstehe nicht, was mein Sohn meint?«

»Unser Sohn, wenn ich richtig informiert bin, mein Lieber. Was ich meine ist nicht, dass du die Bedeutung der Worte unseres Sohnes nicht verstehst, sondern nicht mitbekommst, dass Frauen anders sind als Männer. Es gibt unterschiedliche Bedürfnisse. Dieser Unterschied bleibt bestehen, egal, wie alt wir sind.«

»Ach so«, meinte Fabio. »Das unendliche Thema: Frau und Mann und warum sie nicht wirklich zusammenpassen? Meinst du das?«

»Oh, oh! Vorsicht, Mann. Ich meine nicht, dass Frau und Mann nicht zusammenpassen. Aber sie müssen miteinander reden, weil sie sich sonst nicht mehr verstehen. Weshalb es dann zu Missklängen kommt.«

Laurin drehte seinen Kopf. »Hä? Das wird mir jetzt zu kompliziert. Ich gehe spielen.« Mit einem Blick zu Paula und Frida: »Kommt ihr mit? Ich suche die Katze.« Alle drei sprangen sie auf und Paula rief: »Katze, Katze!« Da waren sie schon weg.

Allein am Tisch, schaute Fabio Elisabeth an. Er ahnte, was sie umtrieb, denn es stand unausgesprochen im Raum.

»Ich weiß, ich habe keine Zeit mehr für euch übrig.« Elisabeth ließ die rechte Augenbraue ein wenig nach oben gleiten, sagte jedoch nichts. Fabio verstand diese mimische Geste. *Sie spricht wieder mit ihren Augenbrauen*, dachte er. *Das drückt Skepsis darüber aus, ob ich wirklich erkannt habe, wo das Problem liegt.* Also begann er davon zu berichten, welche Probleme er in der Questura hatte.

»Wie willst du damit umgehen?«, fragte Elisabeth.

»Zunächst will ich dir anbieten, dass wir einen Tag in der Woche für uns reservieren. Ein Tag, an dem ich früh nach Hause komme und wir danach Zeit für uns haben. Für uns zwei oder für uns alle. Ich möchte, dass wir das einplanen, wie einen normalen Termin. Und nichts sollte diesen Termin gefährden. Was hältst du davon?«

- 3 -

Im Sektkeller von Lorenz staunte Francesca nicht schlecht, denn sie hatte so etwas noch nie gesehen. Sehr ordentlich waren hier die Flaschen aufeinandergestapelt und zeigten mit ihren Flaschenböden und mit ihren noch mit einem Kronkorken verschlossenen Flaschenhälsen ein gleichförmiges Muster. Eine Reihe Böden, eine Reihe Kronkorken, dann wieder eine Reihe Böden. Das Ganze aufgeteilt in große Lagerblöcke, die zwei Meter hoch und viele Meter lang waren. Der Keller selbst war ein rund gemauertes Gewölbe aus handgemachten Tonziegeln, die dafür sorgten, dass Temperatur und Feuchtigkeit im Keller konstant blieben. »Wie viele Flaschen lagern hier?«, fragte sie.

»Das sind einige Zehntausend. Sie lagern drei Jahre auf der Hefe. Im Keller halten wir die Temperatur während der Lagerzeit zwischen 12 und 16 Grad. Meine Hefen kommen aus Frankreich. Über die lange Lagerdauer von drei Jahren bilden sich mit diesen speziellen Hefen bei den niedrigen Temperaturen zuerst Primäraromen und später dann Tertiäraromen. Nach drei Jahren auf der Hefe beginnt das, was Sie vielleicht aus einem Fernsehbeitrag kennen. Die Sektflaschen werden gerüttelt. Dafür haben wir die schräg stehenden Rüttelbretter. Das Rütteln ist ein länger dauernder Prozess mit dem Ziel, alle trüben Hefebestandteile in den Flaschenhals zu befördern. Diesen Hefepfropfen müssen wir dann aus der Flasche herausbekommen, bevor sie mit einem Korken verschlossen wird, den wir mit der Agraffe festmachen.«

»Was ist eine Agraffe?«, fragte Francesca.

»So heißt das Drahtkörbchen, das den Korken in der Flasche hält. Nur wenige wissen, dass der Drahtkorb einen Namen hat.«

»Wie bekommen Sie den Hefepfropfen denn aus der Flasche? Wird der abgesaugt?«

»Das ist in der Tat trickreich. Kommen Sie.« Lorenz führte die kleine Gruppe zu einer Maschine. »Ab hier gibt es eine kleine Straße aus fünf Maschinen. Wir stellen die Flasche auf dem Kopf in die erste Maschine, hier wird der Hefepfropfen vereist. Wenn dann der Kronkorken abgenommen wird, schießt der gefrorene Pfropfen aus dem Flaschenhals. Die nächste Station durchleuchtet die Flasche und ich erkenne, ob es Heferückstände gibt, was nicht der Fall sein sollte. Dann erhält die Flasche eine Auffüllung, die Dosage. Das ist ein Wein-Zucker-Gemisch, um den Materialschwund des herausgeschossenen Pfropfens auszufüllen und um dem Sekt den letzten Schliff zu geben. Anschließend kommt der echte Korken in die Flasche und mit dieser Maschine wird die Agraffe um den Flaschenhals gelegt. Zum Schluss wird die ganze Flasche in dieser Bürstenanlage gereinigt und ist dann fertig zum Etikettieren.«

Francesca war beeindruckt. »Das ganze Prozedere muss für jede Flasche einzeln gemacht werden? Alles von Hand?«

»Guten Sekt zu machen ist viel Arbeit.« Lorenz schaute Margit an. »Du nimmst jede Flasche fünfzigmal in die Hand, bis sie verkaufsfertig ist. Allein das Rütteln ist eine intensive und anstrengende Arbeit. Ich finde, es ist ein meditatives Tun. Mir macht es Spaß.«

»Das alles bei diesen vielen tausend Flaschen«, warf Francesca ein. »Das ist zeitaufwendig.«

»So ist es. Sekt zu produzieren, ist etwas Besonderes. Aber es lohnt sich, wenn man das Ergebnis kosten kann. Wir fahren jetzt los auf die Weinberge von Margit und danach lade ich euch zu einer Verkostung ein. An einem besonderen Platz. Lasst euch überraschen!«

- 4 -

Elisabeth sah Fabio verliebt an. *Wie süß*, dachte sie. *Er hat sich etwas überlegt. Nun, das ist ausbaufähig. Ein Tag, also ein Nachmittag, ist fürs Erste nicht schlecht. Das wird zwar nicht reichen, aber ich warte noch ein wenig, bis …*

Fabio riss sie aus ihren Gedanken. »Du sagst nichts? Ist das kein guter Vorschlag?«

»Das ist ein richtig guter Vorschlag. Ich freue mich, dass du diese tolle Idee hattest. Das machen wir so. Wie wäre es mit dem Mittwoch? Da teilt sich die Woche. Ich kann arrangieren, dass ich mittags aus der Apotheke raus bin, Laurin hat mittwochs einen kurzen Schultag und die Zwillinge gehen ohnehin nur bis mittags in den Kindergarten. Ich informiere Anna, dass sie sich dann nicht um die Kinder kümmern muss, und wir machen einen Ausflug mit der ganzen Familie. Das wird uns allen guttun.« Sie streichelte ihrem Mann über den Kopf und gab ihm einen Kuss.

- 5 -

Im Innenraum des Lancia Augusta war es eng, verglichen mit einem neuzeitlichen Auto. Margit saß neben Lorenz vorne und musste sich daran gewöhnen, auf der als falsch empfundenen Seite zu sitzen. Die Augusta von 1935 hatte eine Rechtslenkung. Auf den hinteren Sitzen saßen Francesca und Frank eng nebeneinander und plauderten sofort los. Frank hatte schnell herausgefunden, was Francesca von Beruf machte und er begriff sofort, dass die beiden Frauen ein Paar waren. Um ins Plaudern zu kommen, sprach er den Mord in Tramin an, von dem ganz Südtirol wusste. *24DerTag24* berichtete täglich darüber. Nicht, dass es jeden Tag Berichtenswertes gegeben hätte, aber ein Mord in Südtirol füllte die Seiten des Tagblattes über Wochen.

»Kennen Sie sich mit dem Fall aus?«, fragte Frank unbedarft. »Das ist ein dickes Ding. Ich kannte Alfred. Ich kenne alle Winzer und Genossenschaftskellereien in Südtirol und ich kenne ihre jeweilige Geschichte und die Geschichte des Weinbaus.«

Francesca, die nicht über ihre Arbeit sprechen wollte, hakte hier ein. »In dem Bereich bin ich kein Fachmann. Können Sie mir in wenigen Sätzen erzählen, wie sich der Weinbau hier entwickelt hat?«

»In wenigen Sätzen? Das geht schon, aber Sie sollten wissen, dass dieses Thema komplexer ist, als ich es in wenigen Sätzen abhandeln kann. Aber bitte: Die Weinqualität früher und heute ist nicht miteinander zu vergleichen. Heute werden in Südtirol ausgezeichnete Qualitäten hergestellt. Weinbau gab es hier schon zu Zeiten der Römer. Das Land gibt das her. Vor dem Zweiten Weltkrieg lies die Qualität eher zu wünschen übrig. Auch nach dem Krieg gab es in den Gasthäusern nur einen Roten, einen Weißen und einen Guten im Angebot. Springen wir in die 1950er, 1960er Jahre. Die alten Kellermeister dieser Jahrzehnte hatten noch keine echte Ausbildung genossen, sondern waren Autodidakten. Viele haben recht gute Weine gemacht. Aber es wurde vor allem Masse produziert. Die Nachfrage war da, aus Österreich, aus Deutschland und aus der Schweiz. Weil nicht immer genügend Fässer vorhanden waren, hat der eine oder andere im Notfall damals auch ein Schwimmbecken mit Wein gefüllt. Die Weine wurde aufgezuckert, was zwar verboten war, aber den erwünschten Alkoholgrad brachte. Man kaufte billig Trauben aus dem Süden und mischte sie unter die eigene Ernte. Manche Keller wurden drei- bis vierfach gefüllt und die Weine als Südtiroler Vernatsch oder Kalterersee verkauft. Die ersten Lehrgänge für Kellermeister gab es erst ab den 1960er-Jahren. Anfang der 1960er wurde die Laimburg als Weinzentrum etabliert. In den Folgejahren ging es mit der Qualität aufwärts. Ende der 1980er-Jahre begann eine Qualitätsoffensive, auch getrieben durch die Skandale, die der Weinbau europaweit durchlebt hat. Bis zu einer nachhaltigen und bis heute andauernden Qualitätssteigerung brauchte es noch einmal ein bis zwei Jahrzehnte. Ab der Jahrtausendwende kann man sagen, haben Südtiroler Weine Spitzenqualität erreicht und räumen seither einen Preis nach dem anderen ab. Das war ein Schnelldurchlauf. Wenn Sie mehr wissen wollen, müssen Sie mir mehr Zeit geben.«

»Vielleicht ein anderes Mal. Ich merke, dass Sie voller Wissen sind. Sind Sie auch ein Experte für Wein oder nur für die Geschichte des Weins?«

»Ich bin auch ein Experte für Wein, soweit man das jemals werden kann. Ich würde sagen, ich verfüge über eine belastbare Expertise. Meine Sommelier-Ausbildung habe ich in den 1990er-Jahren gemacht und ich nehme jedes Jahr an vielen professionellen Weinverkostungen teil.«

»Das ist spannend. Wein trinken, Spaß haben und das als Beruf?«

Frank lachte, Lorenz schmunzelte. »Stellen Sie sich das so vor, dass bei einer professionellen Weinverkostung zwischen 100 und 120 Weine am Tag verkostet werden. Das heißt, man nimmt einen kleinen Schluck in den Mund, lässt den Wein über die Geschmacksknospen laufen und spuckt alles schnell aus. Dann wird der Bewertungsbogen ausgefüllt und weiter geht's mit dem nächsten Wein. Das ist eher kein Vergnügen, sondern echte Arbeit.«

»So hätte ich mir das nicht vorgestellt. Auf wie viele Weine kommen Sie im Jahr, die Sie verkosten müssen?«

»Das sind 2.000 bis 3.000 im Jahr, also eine stattliche Anzahl.«

»Sind Sie da immer treffsicher?«

»Es ist alles eine Sache der Übung. Man muss aber bescheiden bleiben. Nicht jeder Tag ist ein guter Tag und alle Menschen machen Fehler. Ich bilde mir aber ein, dass meine Fehlerquote gering ist.«

»Sie könnten viel erzählen?«

»Das kann ich, denn ich beschäftige mich mit allen Themen rund um den Wein seit vielen Jahren.«

Lorenz sprach nach hinten: »Du kannst das auch in seinen Büchern nachlesen. Da gibt es einige.«

Francesca fiel etwas ein: »Ich habe erst kürzlich jemanden kennengelernt, der mir erzählt hat, dass er auch über Wein schreibt.«

Frank merkte auf: »Ach, wen denn?«

»Ein Journalist, der für Magazine schreibt. Fernando Tratterer ist sein Name.«

Frank stöhnte auf und verdrehte die Augen.

»Sie kennen ihn?«

»Ja, ich kenne ihn. Leider kenne ich ihn. Er ist einer von denen, die sich in die Szene reinwanzen, wenn ich das drastisch ausdrücken darf. Bis vor kurzem war er niemandem als Weinexperte aufgefallen. Aber er hat es geschafft, einen Artikel über den Gewürztraminer in einem der großen Weinmagazine zu veröffentlichen. Alles, was dort drinsteht, ist aus Lehrbüchern, alten Artikeln und populärer Literatur zum Weinbau zusammengeschrieben. Recht gut formuliert, frisch verpackt, für den Konsum halt, aber mit wenig Substanz. Ich fürchte, dass sich kein eigener Gedanke darin findet. Seither versucht er sich an die anderen Weinmagazine heranzumachen und als Experte anzudienen. Es gibt noch mehr von solchen Leuten.«

»Das ärgert Sie?«

»Sehen Sie, es ist doch so. Jeder Markt hat seine Grenzen. Wenn eines der großen Weinmagazine von einem Billiganbieter zusammengeschriebenes Zeug druckt, braucht das Magazin den aufwendig recherchierten Qualitätsbeitrag nicht mehr. Dann bekommt der teurere Qualitätslieferant einen Auftrag weniger. Diese Entwicklung sehe ich auch bei den Weinen. Es gibt hier eine enorme Vielfalt und immer neue Produzenten, von denen ich noch nichts gehört habe. Da kommt es zu einem Verdrängungsprozess. Weine, die in den großen, guten Restaurants seit Jahren auf der Karte stehen, werden verdrängt, fallen raus, wenn es neuen Winzern gelingt ihre Weine reinzuschieben. Es kommen auch wirklich gute Weine hinzu.«

»Das ist so wie beim Sekt«, hörte Francesca Lorenz sprechen. »Es gibt den Unterschied, der einen Unterschied macht. Den müssen die Verbraucher aber erkennen. Wenn du einen Sekt drei Jahre auf der Hefe lässt, erhältst du einen Spitzensekt mit einer feinen Perlage und samtiger Säure, der vorzüglich zu dem heute üblichen eher leichten Essen passt. Du kannst Sekt auch sehr viel schneller erzeugen. Dann haben diese Sekte Kohlensäure, die aufstößt und weniger bekömmlich ist. Diese Sekte passen deshalb nicht so gut zum Essen. Aber es sind auch Sekte. Wenn der Kunde diesen entscheidenden Unterschied nicht kennt, dann versteht er auch nicht, warum der eine Sekt so wenig und der andere wesentlich mehr kostet. Es braucht auch Expertise auf Seiten des Kunden. Auf der Seite des Sektherstellers, und das merk dir, Margit, kommt es darauf an, ob du bereit bist, Trauben von guter Qualität mit großer Sorgfalt zu verarbeiten und viel Zeit und Arbeit einzusetzen.«

- 6 -

Brasato alla milanese, dazu in Scheiben geschnittene und in der Pfanne gebratene Polenta, das war eines ihrer Lieblingsgerichte. Dieser herrlich saftige Schmorbraten in Rotwein erfreute jeden Gast. Das wusste Magdalena. Sie wollte sich auch nicht vor Anna blamieren, von der sie wusste, dass sie eine ganz wunderbare Köchin war. *Es ist eine Fügung,* dachte sie, *dass Claudio viel zu viel eingekauft hat.*

Dass die beiden, Claudio und Tommaso, fast gleichzeitig in Pension gingen, war einerseits schön, aber andererseits machte sich Magdalena auch Sorgen um die Zeit danach. Sie wollte Anna fragen, wie sie es halten würde, wenn ihr Mann von morgens bis abends zu Hause wäre. Nicht dass sie Claudio nicht gerne um sich hatte, aber den ganzen Tag? Ob das gut gehen würde? Es wäre doch schön, wenn die Männer sich ab und zu treffen würden. Vielleicht haben sie dann auch ein Hobby? Claudio war durch und durch Carabiniere. Er kannte nur seinen Dienst. Er machte zu Hause nichts. Magdalena war es recht gewesen, aber was, wenn er jetzt zu Hause, in ihr Reich, hineinregieren würde?

Sie freute sich auf Tommaso und Anna und schmeckte die Soße ab. *Alles prima, schmeckt perfekt. Bald werden sie hier sein.*

- 7 -

Der Lancia Augusta tuckerte gemütlich durch Girlan und die Menschen, die unterwegs waren, grüßten freundlich. Sie kannten es und seinen Fahrer, aber nur selten war es zu bewundern. Außerdem waren sie neugierig, welche hübschen Frauen Lorenz dabeihatte.

Francesca war ganz angetan von dem schönen Dorf. »Das ist hier auch hübsch«, sagte sie. »Anders als Tramin, kompakter, dabei auch hell und freundlich.« Lorenz nickte zustimmend. »Girlan hat eine interessante Geschichte mit Bezug zum Weinbau. Ich selbst habe als Kind in den Weinkellern gespielt, später dort gearbeitet. Ich war Kellermeister, bis ich meine eigene Sektmanufaktur eröffnet habe. Viele Geschichten kenne ich auch von meinem Vater.«

»Erzähl«, forderte Margit ihn auf, während sie langsam die Straße Richtung Tramin nahmen.

»Girlan war früher das wichtigste Weindorf in Südtirol. Girlan war der größte Umschlagplatz. Das lag daran, dass dort eine namhafte Weinhandlung ihren Sitz hatte und eine Bahnanbindung den Weg ins Ausland ermöglichte. Die Bahnstrecke gab es von 1880 bis 1970. Da fuhren die Lepszüge von hier ins Ausland. Leps nannte man den einfachen Wein, aber in den Tanks waren alle Qualitäten, die es damals gab. Damals war Wein nicht das Genussmittel, als das er heute wahrgenommen wird. Damals war Wein ein Lebensmittel. Ab den 1970er-Jahren wurden die Genossenschaften wichtiger und der Großhandel mit den Lepszügen ging zurück. Ein Jahrzehnt später wurde viel Wein auf die Flasche gezogen und der Verkauf änderte sich. Girlan verlor seine Bedeutung, die es viele Jahrzehnte als Hauptumschlagplatz für Südtiroler Wein hatte.«

»Du warst schon als Kind mit dem Wein beschäftigt?«, fragte Francesca.

»Ja, mein Vater war Kellermeister und ich habe als Junge im Keller geholfen. Mir haben die Gerüche dort gut gefallen, ich habe sie heute noch in der Nase. Als Siebenjähriger habe ich die Korkenmaschine bedient. Den ganzen Tag lang. Ich war immer dabei und die Berufswahl war für mich keine Frage. Nach der Schule habe ich das gemacht, was ich immer gemacht habe.«

»Später bist du dann Sektmacher geworden?«

»Es hat mich interessiert. Ich glaube, dass gute Sekte Zukunft haben. Das Konsumverhalten ändert sich ständig und derzeit ist es so, dass sich viele Menschen, auch die jungen, das Luxusprodukt Sekt leisten können. Sie starten heute in der Altersgruppe von 25 bis 40 Jahre. Hauptsächlich die Frauen finden Gefallen daran. Sekt ist wie eine Droge. Wenn du die Kohlensäure im

Mund spürst, dann ist das neben dem Geschmack ein prickelndes Gefühl. Daran gewöhnt man sich gerne. Ich wage jetzt eine steile These: Wenn du angefangen hast, Sekt zu trinken, gibt es für dich keinen Weißwein mehr. Du magst dann lieber den feinperligen Sekt mit einer harmonischen Säure. Diese These ist ein wenig provokant. Sie könnte sich bewahrheiten. Für dich, Margit, würde es bedeuten, dass du jetzt zum richtigen Zeitpunkt startest. Zudem hast du gute Lagen, wie ich weiß. Zwischen 600 bis 800 Höhenmetern sollten sie liegen und es sollten dort Chardonnay, Weißburgunder und Blauburgunder angebaut werden. Aus diesen drei Traubensorten wird Sekt gemacht.«

»Einige der Weinberge von Onkel Alfred liegen auf der richtigen Höhe, das ist richtig. Auf einigen hat er Chardonnay und Weißburgunder. Auf den anderen stehen Vernatschreben.«

»Mach dir nichts draus, Margit, wir schauen uns das jetzt an. Wenn du Chardonnay und Weißburgunder hast, ist das doch toll. Dann rodest du den Vernatsch und baust dort Blauburgunder an. Das neu angelegte Blauburgunderfeld wird im zweiten Jahr erste Trauben liefern, aber bis zum siebten Jahr wird es brauchen, bis ein normaler Ertrag erzeugt wird. Bis der Blauburgunder ausreichend liefert, kannst du sortenreinen Sekt machen, später dann ein Cuvée.«

- 8 -

Tommaso und Anna hatten sich über die Einladung von Claudio und Magdalena gefreut. Anna meinte, dass sie es schön fände, wenn Tommaso mit seinem alten Kameraden mehr und öfter Kontakt pflegen würde. »Ihr habt euch doch gut verstanden. Auch wenn ihr euch viele Jahre nur selten gesehen habt. Wenn man sich versteht, dann bleibt das meistens. Ich habe Claudio und Magdalena in guter Erinnerung.« Tommaso schaute seine kleine Frau an und wusste, was in ihr vorging.

»Du musst keine Angst davor haben, dass ich bald den ganzen Tag zu Hause bin. Ich werde etwas finden, womit ich mich beschäftigen kann. Ich sitze nicht rum und frage dich, was es heute zum Essen gibt.«

Anna fühlte sich ertappt. »Das ist schön«, kam es knapp. »Hast du eine Idee?«

»Jede Menge Ideen«, gab Tommaso ebenso knapp zurück. Dann stand er auf und ging voraus. »Wir müssen jetzt los, sonst kommen wir zu spät.« Auf die Frage, was er denn vorhabe, gab es noch keine Antwort.

- 9 -

Die vier besichtigten Margits Weinberge. Das alte Auto hatte sie ohne Mucken hinaufgefahren und es zeigte sich, dass der hochbeinige Wagen auch Feldwege befahren konnte. Lorenz hatte geschmunzelt, als er Franks kritischen Blick wahrgenommen hatte, als der Wagen vor einem steilen Weg stand, den es zu nehmen galt. Lorenz schaute sich die Qualität der Trauben an und schätze die Menge der Trauben, die die hohen Weinberge hergaben. »Margit, das sind ordentlich große Flächen. Wenn du das alles versektest, dann kommst du auf mindestens 5.000 Flaschen pro Jahr. Es gibt auch noch den Weinberg mit dem Vernatsch. Wenn der mit Blauburgunder besetzt ist und die Trauben dort gut gedeihen, dann wird sich das Volumen verdoppeln können. Hier sprechen wir jetzt nur über die besten Lagen. Ich würde sagen, dass sich deine Idee umsetzten lässt, wenn du hart daran arbeitest.«

»Dann gibt es in drei Jahren meinen ersten Sekt?«, strahlte Margit.

»Gib dir vier Jahre, denn du fängst nicht in diesem Jahr mit der Produktion an. Jetzt ist Lesezeit und wie wir sehen, wird in den unteren Lagen auch schon fleißig gearbeitet.«

»Das sind Arbeiter von Franz. Er hat mir angeboten, die Lese mit seinen Leuten zu machen.«

»Der Franz Caliari? Das ist gut, dass er das für dich übernimmt. Es ist nicht einfach, direkt mit der Lese alles zu übernehmen. Du hattest keine eigenen Arbeiter?«

Sie berichtete kurz, was sich bei der Beerdigung von Onkel Alfred ergeben hatte.

»Dann ist für dieses Jahr alles geregelt. Bis zur Lese im kommenden Jahr hast du dann alles, was du für die Sektproduktion brauchst, angeschafft und kannst loslegen. Beim Kauf der Geräte berate ich dich gerne, wenn du das möchtest. Aber jetzt«, Lorenz erhob seine Stimme, »lade ich euch zu einer zünftigen Marende ein. Dazu gibt es einen ganz besonderen Sekt. Auch der Ort, an dem wir diese Sekt genießen, ist ein ganz besonderer Ort.«

- 10 -

Nach dem Essen zogen sich Claudio und Tommaso auf eine kleine Bank auf dem Balkon zurück und blickten auf eine durch Weinbau gestaltete Landschaft und links auf den Kalterer See. »Tolles Essen! Magdalena kocht wirklich gut, mein alter Freund. Du hast Glück.«

»Von Anna hört man das aber auch, oder hast du Grund zur Klage?«

»Nein, den habe ich nicht. Anna ist eine Göttin.«

»Wir haben es mit unseren Frauen gut angetroffen. Das ist wahr.«

»Ja, das ist wahr.« Tommaso machte eine kleine Pause. »Fragt dich Magdalena auch, was du nach der Pensionierung machen willst?«

Claudio nickte leicht: »Ja, nicht wörtlich, aber ich spüre, dass sie sich darüber Gedanken macht.«

»Sie haben Angst, dass wir ihnen im Weg rumstehen.«

»Das könnte sein.«

»Was machst du denn? Hast du einen Plan?«

»Dafür habe ich keine Zeit gehabt. Das wird schon. Ich bin sicher, das ergibt sich alles von allein.«

»Meinst du? Ich weiß nicht. Mir fällt jetzt auch nichts ein, was mir Spaß machen könnte.«

»Wir könnten wandern gehen.«

»Ja, das wäre möglich.«

»Gibt es in deinem Dorf nicht die Möglichkeit, in einen Verein zu gehen?«

»Da gibt es jede Menge Vereine. Fischer, Jäger, Feuerwehr, Musikanten, Imker, und, und, und.«

»Nichts für dich dabei?«

»Nein, eher nicht.«

»Mmh.«

»Genau.«

In der Küche machten es sich Anna und Magdalena bei einem Gläschen Limoncello gemütlich. »Was sich unsere Männer wohl zu erzählen haben?« Magdalena versuchte mit einem Ohr auf den Balkon zu horchen, konnte aber nichts verstehen. »Hauptsache, sie verstehen sich noch so gut wie früher. Sie haben sich lange nicht mehr gesehen.«

»Das ist richtig. Claudio ist häufig versetzt worden. In Tramin ist er jetzt seit über zehn Jahren. Das ist die längste Zeit, die er an einem Ort war. Wir werden uns hier zur Ruhe setzen. Es gefällt uns. Allerdings müssen wir aus der Dienstwohnung raus. Wie ist das bei euch?«

»Wir haben ein kleines Häuschen und einen großen Gemüsegarten. Das Häuschen haben wir vor vielen Jahren kaufen können. Wir bleiben also dort. Wir hatten auch die Idee, nach Sardinien zurückzukehren. Wir waren dort in unserem letzten Urlaub. Es war schön, die Verwandten wiederzusehen. Aber als wir zurück nach Tisens gefahren sind, war uns beiden klar, dass sich unser Leben zu sehr verändert hat, als dass wir uns dort wieder einfügen könnten. Vielleicht leben wir dort zwei bis drei Monate im Jahr, aber den Rest des Jahres werden wir in Tisens bleiben.«

»Macht ihr Fortschritte in eurem Mordfall?« Tommaso wollte das Thema wechseln.

»Eine lustige Geschichte von Francesca. Sie hat mir erzählt, dass der Dekan von Kaltern ihr eine Denkaufgabe gestellt hat.« Claudio erzählte Tommaso, was er von Francesca wusste.

»Der Dekan von Kaltern ist doch Alexander Raich. Ihn kenne ich aus Tisens. Ich kann mir vorstellen, dass er etwas damit gemeint hat, dass man in die Vergangenheit blicken sollte, um aktuelle Fragen zu beantworten. Nur wie weit zurück soll man blicken?«

»Auch in welche Richtung?«

»Die Richtung ist doch klar. Wenn Alfred etwas gebeichtet hat, dann betraf es etwas, das sich in Tramin abgespielt hat. Ich nehme an, dass Alfred nie woanders war?«

»Du hast recht. Alfred war in den letzten zehn Jahren, seit ich hier bin, nie von Tramin weg. Männer wie Alfred machen keinen Urlaub.«

»Dann blicken wir also nach Tramin und du hast die letzten zehn Jahre vor Augen. War da etwas Besonderes, etwas, was die Leute erschüttert hat?«

Claudio überlegte und sagte dann: »Ehrlich, ich kann mich an nichts erinnern. Das waren meine ruhigsten Jahre. Tramin ist das passende Dorf zur Vorbereitung auf den Ruhestand.«

Tommaso schaute ihn schräg von der Seite an. »Mmh. Gut. Und davor? Hat dir dein Vorgänger nichts berichtet?«

»Nein, da war wohl nichts, was er für so wichtig gehalten hatte.«

»Weißt du, woran ich mich erinnere?«

Claudio dämmerte es. »Du meinst …?«

»Der Mord an dem Jäger, von dem uns unser Maresciallo erzählt hat, als wir hier als junge Carabinieri angefangen haben. Du erinnerst dich, weil wir deshalb so vorsichtig auf unseren Streifen waren. Dann habe ich doch diese beiden Wilderer erschossen.«

»Aber die beiden waren nicht die Mörder des Jägers. Befragen konnten wir sie nicht, aber es gab einen anderen Grund, warum sie es nicht gewesen sein konnten.«

»Sie waren nicht in Südtirol, als der Mord passierte. Das haben wir damals herausgefunden. Sie waren da beim Militär und konnten es allein deshalb nicht gewesen sein. Also …«

»Also läuft der Mörder noch frei herum.«

»Wir sollten die alte Akte durchsehen. Es ist ein Schuss ins Blaue, aber besser als nichts zu tun ist es allemal.«

»Hat Claudio Pläne für die Zeit nach der Pensionierung?«

Magdalena zuckte leicht mit ihren Schultern. »Ich weiß es nicht. Ich sag es mal so, er hat mir nichts erzählt und ich kann nicht erkennen, dass er sich mit irgendetwas beschäftigt, was er mit in die Pensionierung nehmen könnte. Er kennt nur seinen Dienst.«

Anna nickte leicht. »So wie bei Tommaso. Unsere Männer nehmen ihren Beruf sehr, sehr ernst und es wird ihnen schwerfallen, von heute auf morgen aufzuhören. Andererseits hat Tommaso es sich gründlich überlegt. Ich habe die Hoffnung, dass wir einiges unternehmen, vielleicht reisen? Ach, ich weiß es noch nicht, aber ich würde gerne ein wenig herumkommen. Unsere Urlaube waren eher kurz und vor allem ging es nie weit weg. Ich würde gerne andere europäische Länder sehen. Im hohen Norden war ich noch nie. Wie das wohl ist?«

»Claudio verreist nicht gerne. Wir sind immer nach Hause gefahren, ins Dorf seiner Familie. Die Lombardei ist direkt nebenan. Ich hatte keine Abwechslung. Nicht, dass ich etwas vermisst hätte. Nur habe ich jetzt ein wenig Angst, dass wir hier festwachsen, wenn Claudio in Pension geht. Es gibt da schreckliche Beispiele. Ich habe das im Fernsehen gesehen. Die Männer pflegen sich nicht mehr, laufen in alten Sachen herum, bis sie zerfallen. Sie sind unzufrieden und fangen immerzu Streit an. Davor fürchte ich mich.«

»Das glaube ich aber nicht, dass das passiert. So sind unsere Männer nicht. Die finden etwas, was ihnen Spaß macht. Ich schicke Tommaso gerne in den Garten und er macht sich da ganz gut. Vielleicht wird noch ein Gärtner aus ihm, wer weiß. Ich habe gesehen, dass es in Lana, das ist bei uns in der Nähe, viele Angebote für Senioren gibt. Da nehme ich ihn mit. Wir sind noch jung genug, um uns zu bewegen. Wir leben in einem Land, wo andere Urlaub machen. Also wäre es doch gelacht, wenn wir nichts fänden, was uns und unseren Männern Freude macht.«

- 11 -

Oberhalb von Kaltern lag einer der Weinberge von Lorenz. Dort hatte er eine Plattform errichtet, von der aus sich ein herrlicher Blick über das Überetsch bis zum Kalterer See ergab. Es herrschte eine angenehme Stille. Nur Naturgeräusche waren zu hören. Der Clou war ein in den Felsen hineingehauenes Servicezimmer, aus dem er bestens temperierten Sekt und eine üppige Marende holte. »Wir probieren als Erstes meine Comitissa, die drei Jahre auf der Hefe gelagert wurde und danach habe ich zwei Flaschen vorgesehen, die besonders sind. Comitissa Gold! Dieser Sekt reifte zehn Jahre auf der Hefe und ihr werdet den Unterschied schmecken.«

»Der Unterschied, der den Unterschied macht?«, fragte Francesca.

»Gut zugehört. Bravo!«

»Was ist das für ein Name, Comitissa? Hat er eine Bedeutung?«

Lorenz strahlte. »Der Name hat in der Tat eine Bedeutung. *Comitissa* ist Altlatein und heißt übersetzt ›Gräfin‹. Auch das blaue Etikett soll auf den Adel hindeuten. Blaues Blut, du verstehst? Gräfin, also Comitissa, passt deshalb so gut zu diesem Sekt, weil die Region rund um Girlan der Wintersitz von Adeligen war. Hier war es wärmer, es gab mehr Sonne, auch im Winter. Das ist heute noch so. Es gab übrigens auch den ersten Sekt wegen der Adeligen. Damit konnte man Mitte des 19. Jahrhunderts gutes Geld verdienen. So gab es in den 1860er-Jahren eine erste Champagnerfabrik in St. Pauls. In den darauffolgenden Jahren wurde sie geschlossen, aber es ist bekannt, dass in Eppan um 1900 herum von der Überetscher Champagnerfabrik Flaschengärsekt produziert wurde. Er hieß Überetscher Gold. Der Comitissa Gold, den wir gleich als Nächstes verkosten, soll an diesen Sekt erinnern. So schließt sich der Kreis. Name, Etikett, Farbe haben alle eine Bedeutung.«

Francesca lachte. »Du kannst das gut erklären. Ich kann mir vorstellen, dass Adelige hohe Ansprüche hatten und die Winzer deshalb gefordert waren. Heute können sich Normalos einen guten Sekt leisten. Da muss man nicht einmal zum Geldadel gehören.«

»So ist es. Das ist jetzt der Markt, Margit. Wie ich erzählt habe, die Konsumenten, die ein gutes Produkt zu schätzen wissen, werden immer jünger. Es geht bei den 25-jährigen los. Das ist der Zielmarkt der Zukunft. Sie lernen gute Produkte von schlechten zu unterscheiden, finden ihr Urteil und sammeln Expertise.«

Montag

-1-

Claudio fand Tommasos Idee, dass der Dekan auf den uralten Fall des Mordes an einem Jäger hingewiesen haben könnte, absurd. Der Dekan konnte den Fall nicht kennen, denn wenn er dessen Alter richtig einschätzte, war er noch gar nicht geboren oder doch zumindest ein Kleinkind, als der Mord geschah. Claudio kannte den Fall vom Hörensagen. Die Akte hatte er nicht gelesen. Anders Tommaso, wie er ihm gestern erzählt hatte. Er hatte sich die Akte geben lassen und studiert. Zwar kannte er nicht mehr alle Details, schließlich waren Jahrzehnte vergangen, aber er erinnerte sich an die Schussverletzungen. Das Opfer erlitt einen Bauchschuss und einen Kopfschuss. Die Bauchwunde war groß und der Kopf war weggepustet gewesen, konnte sich Tommaso erinnern, und daran, dass ihn die Fotos damals geschockt hatten. Die Ermittlung ging davon aus, dass dem Mann zuerst in den Bauch geschossen wurde und der Täter dann an den schwer verletzten Jäger herangetreten war, um ihn aus nächster Nähe in den Kopf zu schießen. Das Zerstörungsmuster ließ auf ein großes Kaliber schließen. Die Wunde im Bauchraum hätte gereicht, den Mann in kurzer Zeit verbluten zu lassen. An das alles hatte Tommaso sich erinnert.

Nun lag die Akte vor Claudio. Er hatte sie aus dem Archiv geholt. Nichts geht verloren. Ein Cold Case war der Fall, ein kalter Fall. Er war viele Jahre lang nicht mehr angefasst worden. Claudio studierte die Unterlagen und betrachtete die Fotos. Die Verletzungen im Bauch sahen so ähnlich aus wie die Verletzungen an der Leiche von Alfred. *Sollte es möglich sein, dass …* Claudio telefonierte mit Tommaso und danach mit Dr. Phillipi. Nachdem er das Gespräch beendet hatte, wusste er, wo er heute Nachmittag sein würde: im Institut.

-2-

»Immer noch nichts?« Francesca mochte nicht glauben, dass sich Franz Caliari in Luft aufgelöst haben sollte.

»Ich war fleißig, das darfst du mir glauben. Aber es gibt verdammt viele Krankenhäuser im Umkreis von 500 Kilometern. Auch Verkehrspolizeien gibt es viele. Leider keine zentrale Auskunftsstelle, sonst wäre das einfacher. Ich bin weiter dran, bis heute Nachmittag bin ich fertig.« Eduard hatte nicht das Wochenende durchgearbeitet. Das ginge dann doch zu weit, hatte er entschieden. *Schließlich habe auch ich ein Recht auf ein Familienleben.*

Francesca gähnte, denn der Sonntag war lang gewesen. Sie hatten in der schönen Laube gesessen, bis es dunkel wurde und den Tag ausklingen lassen. Der Comitissa Gold war in der Tat besonders, im Vergleich zum blauen Comitissa. Mild, aber mit einem tiefen Geschmack, der lange nachwirkte. Sie war keine Expertin, aber sie wusste jetzt, was es heißt, wenn Lorenz davon sprach, dass es einen Unterschied macht, der den Unterschied macht. *Ich fürchte, ich kann ab jetzt nicht mehr einen einfachen Sekt aus dem Laden trinken, ohne ihn mit dem von gestern zu vergleichen.*

Francesca informierte Eduard über ihr Gespräch mit dem Dekan. Eduard sah in dem Satz, der seine Kollegin zum Nachdenken gebracht hatte, keinen Hinweis, der sie weiterbringen würde. »Ein Priester wird das Beichtgeheimnis nicht brechen, auch nicht durch die Blume«, meinte er.

»Dann hängen wir fest. Jedenfalls so lange, bis wir Franz Caliari haben. Hat zufällig Dr. Phillipi angerufen?«

»Nein, hat er nicht.«

»Also nichts Neues zur Wasserleiche. Nichts Neues zur Tatwaffe. Na toll! Die Woche fängt gut an. Komm, gib mir einen Teil deiner Telefonliste. Ich bin jetzt da und werde dir helfen.«

- 3 -

Dr. Phillipi hatte die Waffe untersucht. Eine ideale Waffe für Wilderer, die wie Wanderer in die Wälder gingen und erst dort ihre Waffe zusammensetzten. Was ihm noch auffiel, war das Innenleben des Laufs. Jeder Lauf hat innen spiralig gezogene Züge und Felder, den Drall, der dafür sorgt, dass das Geschoss schnell um die eigene Längsachse beschleunigt wird. Das verhindert ein Überschlagen des Geschosses während des Flugs.

Der Drall sollte bei einem Jagdgewehr makellos sein, aber bei der Tatwaffe war der Drall beschädigt. Dr. Phillipi war sicher, dass die bei der Waffe gefundene Munition dafür die Ursache war. Es handelte sich um nicht mehr verwendete D-Mantelgeschosse, die wegen ihrer starken Splitterwirkung im Wildkörper selbst auf Weichschüsse, also zum Beispiel durch den Bauch, eine schreckliche Wirkung haben. Die Geschossspitzen waren zusätzlich angesägt, was die Splitterwirkung verstärkte. Dr. Phillipi verstand, dass der Einsatz der einschüssigen Büchse in Kombination mit der manipulierten Munition ein schnelles Nachladen unnötig machte. Ein Treffer irgendwo in den Leib führte zum Kollaps und das Nachladen konnte mit Ruhe erfolgen. Dann der zweite Schuss auf den verletzten Körper. Dem Wilderer war es egal, ob das Tier leidet.

»Jetzt schaue ich mir noch einmal die Schusswunden des Traminer Opfers an und die dokumentierten Erkenntnisse aus dem alten Fall in Tramin, dem erschossenen Jäger. Das wäre ein Ding, wenn …«

Paula hatte ihrem Chef zugesehen und zugehört. »Soll ich die Geschossreste, die wir im Körper des Weinbauern gefunden haben, mit der Munition vergleichen, die bei der eingelieferten Waffe dabei war?«

»Mach das bitte. Ich sehe mir die alte Akte an.«

-4-

»Was war das für ein Wagen? Ein Range Rover, grün? Das könnte passen. Und der Verletzte? In welches Krankenhaus? Danke.«

Francesca war blass geworden. Sie schaute zu Eduard. »Wir haben ihn vielleicht. Es passt vieles zusammen. Es hat am Donnerstag einen schweren Verkehrsunfall auf der Autobahn Richtung Trient gegeben. Ein grüner Range Rover sei mit stark überhöhter Geschwindigkeit auf einen Kleinlaster aufgefahren, der kurz zuvor die Spur gewechselt hatte, wahrscheinlich um einen langsameren LKW zu überholen. Der Fahrer des Kleinlasters hat den Range Rover nicht kommen sehen. Jedenfalls ist der Range Rover ungebremst auf den Kleinlaster gefahren, hat sich überschlagen, ist auf die Gegenfahrbahn geraten, auf dem Dach zum Liegen gekommen und wurde dort von einem 38-Tonner erfasst, der ihn vor sich hergeschoben hat. Dass man aus dem Blechhaufen noch jemanden herausgekratzt hat, grenzt an ein Wunder, hat der Beamte mir erzählt. Den Fahrer habe man in das Unfallkrankenhaus in Trient gebracht. Hier ist die Telefonnummer. Ruf da bitte an und kläre, ob es sich um Franz Caliari handelt. Frag auch, ob er vernehmungsfähig ist.«

»Was machst du?«

»Ich gehe kurz zu Fabio. Ich habe da eine Idee.«

-5-

Claudio las die Akte immer und immer wieder. Die elektronische Kopie hatte er an Dr. Phillipi geschickt. Hier stand es schwarz auf weiß. *Ich habe das bisher nicht gewusst. Obwohl ich seit zehn Jahren hier bin, hat mir das niemand erzählt.*

-6-

»Ist er es?« Francesca war nicht lange bei Fabio gewesen.

Eduard nickte. »Er hatte keine Papiere dabei oder sie sind im Auto geblieben. Aber das Kennzeichen des Wagens stimmt.«

»Ist er vernehmungsfähig?«

»Die Ärzte habe ich noch nicht erreicht. Man ruft uns gleich an. Ich habe mit einer Stationsschwester gesprochen. Sie war wortkarg, aber sie sagte, er sei schwer verletzt. Ich habe gefragt, ob er essen könne und das hat sie mir bestätigt. Also bekommt er zumindest den Mund auf.«

»Dann warten wir den Anruf ab. Wenn es passt, fahren wir sofort hin. Wenn es nicht passt, informierst du bitte die Kollegen in Trient, dass sie ihn überwachen. Nicht, dass er uns ausbüxt.«

-7-

Der tote Jäger war der Vater der Röggler-Brüder. Das war es, was Claudio nicht wusste. Der Akte nach hinterließ Röggler zwei Jungen im Alter von zwei und drei Jahren. Claudio hatte die Röggler-Brüder vor zehn Jahren kennengelernt. Es war einer seiner ersten Einsätze als Maresciallo in Tramin. Die beiden hatten Streit angefangen oder waren in einen Streit geraten. Jedenfalls lagen fünf am Boden und die Röggler-Brüder standen noch. Es war nicht zu ermitteln, was vorgefallen war. Alle schwiegen, niemand beschuldigte einen anderen. Worum es gegangen war, blieb ebenfalls ihr Geheimnis. Seitdem hatte Claudio ein Auge auf die beiden starken Kerle, aber es war nichts mehr passiert. *Hartes Schicksal,* dachte Claudio. *Den Vater so früh zu verlieren. Keine leichte Aufgabe für die Mutter, keine gute Situation für Buben.*

- 8 -

»Vernehmungsfähig? Sicher? Für fünf Minuten, schätzen Sie? Gut, wir kommen sofort. Wir kommen aus Bozen. Nein, das ist unser Fall, wir informieren aber die Kollegen in Trient.«

Francesca legte auf. »Das war der Stationsarzt. Ruf in Trient an und informiere die Kollegen, dass wir in ihrem Bezirk ermitteln. Sie können jemanden schicken, wenn sie wollen, aber dann übernehmen sie auch die weitere Bewachung. Sobald Caliari transportfähig ist, holen wir ihn zu uns. Fährst du?«

- 9 -

Claudio fand, es wäre an der Zeit, Francesca zu informieren. Er erreichte sie auf dem Weg nach Trient. Er berichtete von dem Gespräch mit Tommaso und dass Dr. Phillipi die Waffe erneut untersucht hatte, um festzustellen, ob sie bei dem alten Mordfall des Jägers beteiligt gewesen war. Auch erzählte er von den Röggler-Brüdern, die so früh zu Halbwaisen geworden waren.

»Wie war der Name? Röggler? Zwei Brüder? Nein, ich kenne die nicht, aber ich meine, Margit hätte den Namen erwähnt. Danke jedenfalls. Ich habe auch noch etwas zu erzählen.« Sie berichtete, dass Franz Caliari gefunden wurde und sie auf dem Weg zu ihm waren.

- 10 -

»Margit, was war noch einmal mit den Röggler-Brüdern? Du hast den Namen einmal erwähnt, aber ich habe nicht richtig hingehört, fürchte ich. Erzähl bitte, was du weißt.«

Francesca hörte aufmerksam zu. *Das ist ja interessant.*

- 11 -

Franz Caliari bot ein Bild des Jammers. Er war fast vollständig eingegipst und das ganze Gesicht war zerschunden und geschwollen. *Den müssen wir nicht bewachen lassen,* dachten Eduard und Francesca. *Ohne fremde Hilfe kann er sich nicht bewegen.*

Der Verletzte erkannte Francesca. Eduard kannte er noch nicht. Mit leiser Stimme sagte er: »Der Wagen ist ganz plötzlich ausgeschert, glaube ich. Ich kann mich nicht mehr erinnern. Aber so hat man es mir erzählt und es könnte so gewesen sein. Suchen Sie den, der das verursacht hat.«

»Deswegen sind wir nicht hier. Darum kümmert sich die Verkehrspolizei.«

In dem Moment klingelte Francescas Telefon. Sie sah, dass es Dr. Phillipi war. Sie überlegte kurz und ging dann dran. »Es ist gerade ungünstig, kann ich zurückrufen?«

»Es geht um einen Termin. Können Sie um 17 Uhr im Institut sein?«

Francesca musste nicht auf die Uhr schauen. »Das ist zu schaffen.« Dann legte sie auf.

»Warum sind Sie dann hier?«, kam es leise und schwach von Franz Caliari.

Inzwischen war auch der Arzt eingetroffen, um zu überwachen, dass der Patient nicht überanstrengt wurde.

»Wie Sie wissen, ermitteln wir im Mordfall Alfred Oberhofer.«

Franz nickte schwach. Es schien ihm Schmerzen zu bereiten. Der Arzt wurde nervös.

»Wir haben die Tatwaffe gefunden«, erklärte Francesca und beobachtete sein Gesicht. Es verzog sich, was aber auch an den Schmerzen liegen konnte. Außerdem war aus dem entstellten

Gesicht nicht viel herauszulesen. »Wir haben die Waffe in Ihrem Keller gefunden. Was sagen Sie dazu?«

Franz Caliari stöhnte auf. Der Arzt bewegte sich, wechselte Stand- mit Spielbein, schaute Francesca an, sagte aber noch nichts.

»Die Tatwaffe soll Ihnen gehören, sagt jedenfalls Ihre Frau. Wie erklären Sie es, dass wir die Tatwaffe in Ihrem Haus gefunden haben?«

Franz wollte offensichtlich antworten, aber es fiel ihm schwer.

Der Arzt schaltete sich ein. »Das muss für heute reichen. Der Patient ist stark verletzt. Sie sehen ja, wie schwer es ihm fällt.«

Da röchelte Franz Caliari: »Es muss ein anderer die Waffe genommen haben. Sie lagert nicht im Waffenschrank. Da kann jeder die Waffe nehmen und dann zurückstellen. Man will mir was anhängen.«

Der Arzt räuspert sich. »Also, das muss jetzt reichen. Sie haben seine Aussage und der Patient braucht jetzt Ruhe. Bitte gehen Sie.«

- 12 -

»Er lügt, ohne rot zu werden.« Francesca ging schnellen Schrittes durch die Flure des Krankenhauses. »Es wird ihm nichts nützen.« Eduard versuchte das Tempo mitzuhalten. Dann blieb sie abrupt stehen, Eduard rannte in sie hinein. »Mannomann, ohne Bremslichter sehe ich nicht, dass du eine Vollbremsung machst.«

»Schon gut, ist nichts passiert. Sag mal, kann der uns entwischen, so wie er verpackt ist? Ich rede nochmal mit dem Arzt. Wenn er noch bewegungsfähig ist, setzen wir einen Kollegen aus Trient vor seine Tür.«

Als Francesca zurückkehrte informierte sie Eduard: »Der Arzt sagt, dass Caliari derart viele Knochen gebrochen hätte, dass er für Wochen nicht ohne fremde Hilfe zurechtkomme. Von einer Flucht aus dem Krankenhaus ganz zu schweigen. Wir brauchen ihn nicht bewachen lassen. Außerdem, wir zwei haben gleich einen Termin bei Dr. Phillipi. Ich habe eine Idee, wie die Dinge zusammenhängen könnten. Ich erzähle dir jetzt eine Geschichte von zwei jungen Halbwaisen, die im Erwachsenenalter von Alfred Oberhofer finanziell unterstützt wurden und die durch ihn kurz vor seinem Ableben eine größere Geldsumme geschenkt bekommen haben. Das alles hängt mit der Ermordung ihres Vaters vor 40 Jahren zusammen, der mit derselben Waffe ermordet worden sein könnte, wie wir sie bei Franz Caliari gefunden haben.«

Eduards Augen blitzten auf. »Der Alfred war beichten. Er hat gebeichtet, dass er den Jäger erschossen hat. Die Kinder des Jägers hat er aus schlechtem Gewissen heraus unterstützt.«

»Nicht ganz so, aber fast. Ich glaube, dass Alfred von dem Mord gewusst hatte oder dass er dabei gewesen war. Der Mörder war Franz. Es ist seine Waffe. Franz hat den Jäger erschossen. Alfred war dabei. Ihn hat das schlechte Gewissen geplagt und er hat die Söhne des Opfers unterstützt. Als Alfred erfuhr, dass er sterbenskrank ist, wollte er seinem Gewissen Luft machen und er ging beichten. Das hat Alfred dem Franz erzählt. Sie erzählten einander alles, hat Franz gesagt. Deshalb traute er seinem Freund nicht mehr. Was, wenn er auf seine letzten Tage die alte Geschichte ausplauderte? Also suchte er nach einer Gelegenheit, ihn zu ermorden. Er kannte Alfreds Gewohnheiten, konnte daher davon ausgehen, dass er in seinem Weinberg nach dem Reifegrad der Trauben schaute, bevor er zum *Kastelaz Keller* heraufkletterte. Damit hätten wir alles, was wir brauchen. Das Motiv, den Vorsatz, die Planung, die Ausführung. Alles passt zusammen. Wir benötigen noch ein Geständnis, sonst wird es ein Indizienprozess. Einige Tage später erfuhr Franz, was Felix Wolff überall herumerzählte. Franz, der uns als skrupellos beschrieben wurde, ich denke da an den Hund, machte den Felix mundtot, indem er ihn in den See schubste, sodass er ertrank.«

»Ja, das gibt ein stimmiges Bild. Aber ...«

»Was, aber?«

»Er hat eben ausgesagt, dass ein anderer die Waffe an sich genommen haben muss. Das wäre möglich. Wir haben selber gesehen, dass sie in einem Sack im Keller lag, ohne jegliche Sicherung. Jeder, der in den Keller hineinkonnte, hätte sie mitnehmen und später wieder dort deponieren können. Damit wäre er belastet worden. Ich schätze, dass wir das nicht ausschließen können. Caliari wird sich darauf berufen. Vielleicht belastet er seine Frau? Ihr ist er schließlich gram. Sie hat ihn rausgeworfen. Oder er belastet seinen Erzrivalen, den Obmann.«

»Der Obmann hat ein Alibi. Die Frau hoffentlich auch, das würde es uns einfacher machen, wenn es so kommt, wie du sagst. Du hast aber recht. Wir bräuchten noch etwas, um ihn festzunageln. Die Waffe lag zerlegt in diesem Sack. Vielleicht kann sich die Wirtin an den Sack erinnern. Oder einer der anderen frühen Gäste des *Keller Kastelaz*. Dann hätten wir eine Aussage, dass er den Sack mit sich geführt hat. Damit kriegen wir ihn noch besser. Denn wenn er erst einmal einen Mord gesteht, dann gesteht er uns auch die anderen beiden.«

- 13 -

Zum Termin bei Dr. Phillipi trafen sich Tommaso und Claudio, Francesca und Eduard. Alle waren neugierig, was der Experte ihnen zeigen wollte.

»Das ist heute ein besonderer Tag«, begann Dr. Phillipi. »Sie alle haben dafür gesorgt, dass ein alter Fall aufgeklärt werden kann. Die Waffe, die Sie uns eingeliefert haben, weist einige Besonderheiten auf, anhand der ich zweifelsfrei feststellen konnte, dass mit ihr der Mord am Jäger Hugo Röggler begangen worden ist und auch der Mord an Alfred Oberhofer. Ich schreibe Ihnen die technischen Details in das Gutachten. Sie sollten jetzt nur begreifen, dass es diese manipulierte Munition war, die bei der Waffe gefunden wurde, die zweifelsohne in beiden Fällen zum Einsatz kam. Diese Munition weist eine Charakteristik auf, die durch das Absägen der Geschossspitze zu erklären ist. Diese Manipulationen nutzt man, wenn man nur mit einem Schuss auskommen möchte, falls man das Wild nicht richtig trifft. Wilderer sind keine Ehrenmänner, sie scheren sich nicht um das Wild. Sie interessiert das Fleisch. Sie benutzen Munition, die auf jeden Fall, egal, wo sie treffen, das Wild so verletzt, dass es stark blutet, sodass sie es in kurzer Zeit finden. Dann gibt es den zweiten Schuss. Genauso wird es im Fall des Jägers Röggler gewesen sein. Er erlitt einen Bauchschuss, sodass er liegen blieb und der Schütze ihm in aller Ruhe in den Kopf schießen konnte. Die Fotos zeigen deutlich die verheerende Wirkung des Geschosses. Bei dem Schuss auf Alfred Oberhofer hatte der Schütze eine gute Auflagemöglichkeit und viel Zeit. Hier reichte ein einziger präziser Schuss. Mit der Zieloptik, die zur Waffe gehört, war auch die Entfernung kein Problem, wenn es ein guter Schütze ist. Schalldämpfer werden von Wilderern gerne verwendet. Wir haben diesen Schalldämpfer getestet. Er reduziert den Mündungsknall auf ein leises Plopp, mehr ist nicht zu hören. Vom Kirchturm aus verpufft dieses Geräusch. Es wird von den Anwohnern nicht zu hören gewesen sein.«

Tommaso und Claudio schauten sich an. »Das ist ein Ding. Ein tolles Ding. Dann ist der Fall, der uns vor 40 Jahren bewegt hat, gelöst. Der Kreis schließt sich, verstehst du?« Tommaso war ganz aufgeregt. Eduard und Francesca verstanden nicht.

Claudio schon. »Es war der erste Fall, von dem wir hörten, als wir als frisch ausgebildete Carabinieri zusammen angefangen haben. Unser Maresciallo hat uns vor dem umgehenden Mörder gewarnt und wir waren daher auf der Hut.«

Tommasos Gesicht verfinsterte sich. »Unser erster Einsatz war auch dementsprechend.«

Claudio nickte zustimmend, sagte aber nichts dazu. »Jetzt endet unsere Dienstzeit bald und wir erleben, dass dieser Fall gelöst werden kann. Das ist es, was Tommaso meinte, als er sagte, der Kreis schließt sich.«

Francesca und Eduard verstanden. »Wollt ihr dabei sein, wenn wir den Täter befragen?« Sie berichteten von der Krankenhaussituation und dass Franz Caliari derzeit eingeschränkt vernehmungsfähig sei.

Tommaso und Claudio hören sich alles an, auch, dass Francesca und Eduard den Sack zubinden wollten, indem sie noch ein weiteres Indiz finden wollten. Am liebsten die Aussage eines Zeugen, dass Franz Caliari diesen Sack am Tatmorgen dabeigehabt hatte. Dann könnte er die Tat schwer auf jemanden abschieben.

»Dieses Erklärungsmuster ist doch brüchig wie dünnes Eis«, kommentierte Tommaso. »Zumal wir jetzt sicher sein können, dass mit dieser Waffe vor 40 Jahren gemordet wurde. Aus der Nummer kommt er nur raus, wenn er zweifelsfrei nachweist, dass er die Waffe erst später erworben hat. Das dürfte ihm schwerfallen.«

»Aber auch das wäre denkbar. Deshalb möchte ich auf Nummer sichergehen. Dieser Mann lügt ohne Skrupel. Er hat damit kein Problem. Moral, Anstand, Schuldgefühle, überhaupt Gefühle, sind im fremd. Er denkt geradeaus, auf sein Ziel hin orientiert. Er wird sich seine Wahrheit erfinden. Deshalb brauchen wir harte Beweise. Sehr harte Beweise.« Francesca schaute zu Eduard. »Ich würde jetzt gerne noch einmal hoch in den *Kastelaz Keller.* Du kommst bitte mit.«

- 14 -

Die Besprechung mit Marzollo war mehr als unangenehm. Fabio konnte es ihm nicht recht machen.

»Was sind das für Zahlen? Was sollen die aussagen? Ich habe Ihnen doch gesagt, was ich will. Warum liefern Sie mir etwas anderes?« Das waren seine Worte gewesen.

Fabio kochte innerlich vor Wut, hatte Mühe es nicht zu zeigen. Jetzt fragte er sich, ob das falsch war.

Roberto hatte ihn auf dem Flur abgefangen. »Komm mit«, hatte er ihm zugerufen und Fabio war ihm ins Büro gefolgt. Roberto wollte aber nur seine Jacke holen. »Wir gehen in die fette Henne, komm mit«, hatte er wiederholt und auf dem Weg zum Ausgang schloss sich ihnen Mario an. Die beiden waren also zum Mittagessen verabredet und Roberto hatte Fabio als Beifang mitgebracht. Fabios Kollegen alberten rum und merkten schnell, dass Fabio hierfür nicht in Stimmung war.

»Ah, du kommst von Marzollo, richtig? Hat er dich genervt?«, fragte Roberto. Ohne eine Antwort abzuwarten, fuhr er fort: »Der nervt uns alle. Hast du Zahlen für ihn?« Beide Kollegen lachten. »Der ist auf Zahlen fixiert. Wenn du keine Zahlen hast, dann gib ihm etwas, womit er sich brüsten kann.«

Mario klopfte Fabio leicht auf die Schulter: »Dem Affen muss man Zucker geben. Dann gibt er Ruhe.«

Unter der fetten Henne war das Wichtigste, was es zu essen gab. Alfio zählte alles auf, was die Küche heute zu bieten hatte. Sogar der Koch Salvatore kam an ihren Tisch und erklärte gestenreich, was er heute an ihrer Stelle auf jeden Fall nehmen würde, weil es sehr frisch sei und er auch nicht viel davon bekommen hätte. Sie seien recht früh dran, hätten den ersten Zugriff und er würde es ihnen schmackhaft zubereiten. Es wurde laut und herzlich gelacht, fast glückselig. So kam es Fabio vor. Das Wichtigste war wohl das Essen. Damit konnte er sich gut arrangieren. Aber wie sollte er mit Marzollo umgehen? Die beiden übergingen dieses Thema. Sie speisten, tranken, redeten, laut und fröhlich.

Vor dem Dessert sagte Mario unvermittelt: »Weiß du Fabio, der alte Pallua hatte deshalb die besseren Karten als Roberto und ich, weil er Marzollo im Sack hatte. Er konnte ihn springen lassen, wie er wollte. Warum das so war, wissen wir bis heute nicht. Wir haben aber erlebt, dass Marzollo niemals etwas in Richtung Pallua losgelassen hat. Keine Gemeinheit, keine unkeuschen Wünsche, keine Forderungen. Pallua seinerseits hat Marzollo eher links liegen lassen. Aber manchmal, das hat uns gewundert, hat er ihm einen kleinen Erfolg gegönnt. Wir glauben, er gab ihm Infos, die Marzollo nach oben durchreichen konnte. Da muss noch etwas anderes gewesen sein, was wir nicht herausbekommen haben. Wir haben uns bemüht, das kannst du uns glauben. Aber der Fuchs Pallua war uns über, an ihn kamen wir nicht ran. Du solltest wissen, dass Marzollo mit uns genauso umgeht, wie du es selbst erlebst. Für dich ist das neu, für uns Alltag. Wir nehmen ihn natürlich ernst.« Roberto prustete los, hob sein Glas und prostete Mario zu.

Der fuhr fort: »Was ich sagen will, wir sind daran gewöhnt, hören ihm zu, sagen ›Ja, Chef, wir machen, was du willst‹, liefern ihm das, was er will und haben dann Ruhe. Es steckt nichts dahinter. Das wirst du schnell merken. Es geht nicht um die Sache. Es geht um ihn.«

»Ah, da kommt das Dessert«, rief Roberto und ab dem Moment war das Thema für die beiden abgehakt.

Fabio hatte interessiert zugehört und in ihm reifte ein Plan. Er musste an das letzte Gespräch mit Francesca denken. *Was für eine clevere Kollegin sie ist.*

- 15 -

»Versuchen Sie sich die Szene am Tag des Mordes ins Gedächtnis zu holen. Wir sprachen schon einmal darüber. Ich habe mir notiert, was Sie mir erzählt haben. Daher wissen wir, wer wann hier in der Stube gesessen hat. Wir wissen, dass Sie in der Küche beschäftigt waren. Jetzt denken Sie bitte nochmal an diesen Tag und versuchen, sich an jedes Detail zu erinnern. Wer saß wo wie lange? Was hatten die Männer an? Hatte jemand einen Sack dabei? Wie sah der aus?« Francesca sah die Wirtin vom *Kastelaz Keller* eindringlich an.

Diese setzte sich hin, legte ihre Hände auf den Tisch, konzentrierte sich. Dann zeigte sie auf die gegenüberliegenden Tische und beschrieb, welche der morgendlichen Gäste dort gesessen hatten. »Diese Männer sitzen immer da. Hier haben sie alle ihren Stammplatz. An diesem Tisch hier sitzen der Franz und der Alfred. Als der Alfred noch lebte, meine ich. Der eine vor dem Kopf, der andere auf der Bank. Am Montag, als der Alfred erschossen worden ist, saß der Franz hier, am Kopfende. So wie immer.«

»Hat da ein Sack gelegen?«

»Nein, einen Sack habe ich nicht gesehen.«

»Gab es etwas, was anders war als sonst?«

Die Wirtin dachte angestrengt nach. Ihre Stirn bewegte sich, die Augen wurden größer. »Der Franz hatte einen komischen Mantel an. Es war an dem Tag nicht kalt und er hat dennoch einen Mantel getragen. Grün war der. So ein Lodenmantel. Das hat mich gewundert. Er hat das wohl bemerkt und hat gesagt, ihm sei heute kalt. Ja, das war anders als sonst. Aber mehr fällt mir nicht ein.«

Francesca geriet in Unruhe. *Den Mantel will ich jetzt sehen. Wir fahren gleich zu Frau Caliari.*

Eduard konnte ihre Gedanken lesen. »Hat der Franz die ganze Zeit hier gesessen? Da sind Sie sicher? Oder könnte es auch sein, dass er hier raus ist, ohne dass Sie es gemerkt hätten?«

»Das kann jeder. Die Toiletten sind außerhalb, weil ..., das ist halt so, der Weg ginge durch die Küche. Das ist auch nicht erlaubt, dass mir die Leute durch die Küche laufen. Drum müssen sie raus auf die Terrasse und ums Haus rum. Der Eingang ist außen. Also das ist nun mal so und deshalb kommt es andauernd vor, dass die Gäste rausgehen und später wieder reinkommen, je nachdem.«

»Je nachdem was?«

Die Wirtin schaute irritiert. »Na, je nachdem ob groß oder klein. Es dauert länger oder kürzer, je nachdem halt.«

»Klar, hätte ich mir denken können. Entschuldigung. Also kann hier jeder rausgehen und Sie können nicht wissen, wie lange jemand draußen ist.«

»Richtig. So ist es.«

»Können Sie sich erinnern, ob Franz Caliari draußen war?«

»Also, die beiden, die am Tisch hinter uns saßen, sind gegangen und haben mir einen Abschiedsgruß in die Küche gerufen. Als es danach für längere Zeit ruhig war, habe ich geschaut, ob der Franz noch etwas haben möchte und er war nicht da. Auf dem Klo war er wahrscheinlich, das erklärte auch die Ruhe.«

Francesca und Eduard atmeten tief ein. *Das ist es doch. Es passt alles.* »Für wie lange Franz weg war, wissen Sie das?«

»Nein, das weiß ich nicht. Ich hatte Rotkohl auf dem Herd und musste das Gulasch anbraten, eine Handvoll Gulaschwürfel nach der anderen. Das dauert und ich kann dann auch nicht weg vom Herd. Als ich das nächste Mal in die Stube geschaut habe, saß der Franz wieder da, immer noch allein. Wir haben dann kurz darüber geredet, wo der Alfred bleibt. Aber ich hatte zu tun und bin schnell zurück in die Küche. Die knappe Zeit zwischen Morgenservice und dem Mittagstisch muss ich nutzen. Ich bin hier ganz allein in der Küche.«

»Für Sie sah es also so aus, als wäre der Franz die ganze Zeit hier gesessen und zwischendurch einmal auf dem Klo?«

»So sah das aus. Ist denn was mit dem Franz? Ich meine, weil Sie das so genau wissen wollen?«

»Polizeiarbeit ist Arbeit an jedem Detail. Ob uns das hilft, weiß man erst später. Aber machen Sie sich keine Gedanken. Sie wissen, wie Sie uns erreichen? Im Fall, Ihnen fällt noch etwas ein, gebe ich Ihnen meine Karte mit der Telefonnummer. Für uns ist alles interessant. Wir danken Ihnen sehr für Ihre Hilfe.«

Als Francesca und Eduard zurück zum Wagen gingen, sagte Eduard: »Jetzt brauchen wir diesen Mantel. Wenn die Waffe nicht im Sack war ...«

»... steckte sie im Mantel«, ergänzte Francesca.

- 16 -

Als sie auf dem Weg nach Kaltern zum Hotel *Zum Dicken Elefanten* waren, klingelte Francescas Telefon.

»Wo bist du?«, fragte Fabio.

»Auf dem Weg nach Kaltern. Wir sind dicht dran. Mit ein bisschen Glück machen wir heute den Sack zu. Was gibt's bei dir?«

»Deine Idee. Ich glaube, es ist eine gute Idee.«

»Das glaube ich auch. Ich gebe dir Bescheid, wenn der Sack zu ist.«

»Danke und Ende.«

»Was war das?«, fragte Eduard.

Francesca schmunzelte. »Ich habe Geheimnisse mit meinem Chef. Das solltest du dir merken. Das hilft beim Klettern auf der Karriereleiter.«

Eduard schaute Francesca ungläubig an. »Was zum Teufel ...?«

»Das war ein Scherz, Kollege. Ich erzähl dir gleich alles. Aber jetzt lass uns diesen verdammten Mantel finden.«

- 17 -

Franz Caliari machte Ärger. »Das geht nicht, Herr Caliari!« Die Schwester wurde energisch. »Sie können nicht aufstehen. Wie stellen Sie sich das vor? Kaum ein Knochen, der nicht gebrochen ist. Wir können Sie nicht in einen Rollstuhl setzen und Sie fahren damit aufs Klo. Für Sie gibt es den Katheter und die Bettpfanne. Schluss jetzt mit der Diskussion. Sie sind nicht der einzige Patient auf dieser Station. Seien Sie froh, dass wir für Sie noch ein Einzelzimmer haben.«

- 18 -

»Wo ist mein Mann?« Frau Caliari war wenig bestürzt, wie Francesca und Eduard feststellen konnten. »Das sieht ihm ähnlich«, fügte sie mit einem leisen Spott in der Stimme hinzu.

»Sie machen sich keine Sorgen?«, fragte Francesca vorsichtig, um herauszufinden, warum die Frau so kühl regierte.

»Ich wüsste nicht, was Sie das angeht«, gab sie knapp zurück. »Ich habe ihn rausgeworfen und er ist davon. Davongerast, wie wir jetzt wissen. Das passt zu ihm. Aber wie ich sagte, das geht Sie nichts an.« Sie schaute Eduard und Francesca kühl an. »War es das? Sind Sie gekommen, um mir das mitzuteilen?«

»Da wäre noch etwas«, sagte Francesca. »Hat Ihr Mann einen grünen Lodenmantel?«

»Was Sie alles interessiert? Will er einen Mantel? Ach je. Er hat viele Mäntel. Auch grüne Lodenmäntel. Soll ich Ihnen einen mitgeben?«

»Wir suchen einen bestimmten.«

»Ach ja? Grün soll er sein? Na, dann kommen Sie mit.«

Sie gingen hinüber zum Wohnhaus. Sie führte die kleine Gesellschaft in die erste Etage in das Schlafzimmer. Es war riesig und an den beiden Seitenwänden, die die ungeheuer große Glasfront begrenzten, die einen grandiosen Blick über Kaltern bis hin zum See eröffneten, befanden sich zwei diskret eingebaute Schiebetüren. Sie zeigte auf die rechte Wand. »Hinter der Wand ist sein Ankleidezimmer.« Sie ging voraus und schob die Tür zur Seite. Dahinter befand sich tatsächlich ein Ankleidezimmer, perfekt ausgeleuchtet durch Lampen, die beim Öffnen der Tür ihr Licht abgaben. Sie zeigte nach rechts. »Hier hängen seine Mäntel.« Es gab keine Türen vor den offenen Regalen, sodass alle Bekleidung gut sichtbar war. Rechts hing in der Tat eine Kollektion Mäntel. Darunter auch einige aus Loden. Alles sah sehr, sehr ordentlich aus.

Wie in einem Katalog für Möbel nach Maß, dachte Eduard.

Die Lodenmäntel waren schnell durchgesehen und zeigten keinerlei Besonderheiten. »Welche Kleidung trug Ihr Mann, wenn er zur Jagd ging?«, fragte Eduard.

Die Dame des Hauses verdrehte leicht die Augen. »Das Zeug liegt im Keller. Da waren Sie schon. Kommen Sie«, und sie bedeutete den beiden, ihr zu folgen. Im Keller, in dem sich der Waffenschrank befand und auch der Sack gewesen war, in dem die Tatwaffe gefunden wurde, gab es auch einen Spind. »Hier.« Franz' Ehefrau zeigte auf den Spind. »Da hat er seine Jagdklamotten drin.« Man hörte ein Telefon klingeln, oben in der Wohnung.

»Brauchen Sie mich hier? Der Spind ist offen. Schauen Sie sich um und dann kommen Sie hoch, wenn Sie fertig sind.« Mit diesen Worten entschwand sie.

»Die ist froh, dass sie ihn los ist, was meinst du?« Eduard öffnete den Spind.

»So sieht es aus«, schätzte Francesca die Situation ein. »Und? Hängt da ein grüner Lodenmantel?«

»Zwei sogar. Ein Mantel und ein Wetterfleck.«

»Ein Wetterfleck?«

»Ein Umhang aus Loden. Den hängt sich der Jäger über die Schulter und kann darunter auch den Rucksack vor Regen schützen. Ungemein praktisch so ein Teil. Weißt du, wie es auch genannt wird?«

»Nein, woher sollte ich es wissen? Also, wie heißt es noch?«

»Kotze.«

»Echt, Kotze? Wie ... Kotze?«

»Ja, genau.«

»Woher weißt du das alles?«

»Wir sind hier alle Jäger.«

»Du auch?«

»Ich habe einen Jagdschein, aber ich war lange nicht mehr jagen.«

»Was man alles nicht über seine Kollegen weiß.«

»Schau mal hier!« Eduard pfiff leise. »Das ist es doch.« Er zeigte ihr den anderen Lodenmantel. Ein Kurzmantel mit interessantem Innenleben aus Schlaufen und Taschen. »Siehst du diese Schlaufen? Sie halten den Lauf fest und hiermit«, er zeigte auf ein schmales, aber hohes Futteral, »wird dafür gesorgt, dass der Lauf nicht aus der Jacke fällt. Auf der anderen Seite haben wir weitere Schlaufen, die mehr Raum geben. Die sind für den Schaft und dieses nicht allzu lange Futteral nimmt die Zieloptik auf. Was meinst du?«

Francesca hatte alles betrachtet. Ihr waren auch die Löcher aufgefallen. »Schau mal hier. Ein altes Stück würde ich sagen.«

»Loch an Loch und hält doch. Ein Lieblingsteil würde ich sagen. Ich habe einen alten Sportpullover, der sieht genauso aus.«

»Im Ernst? Warum trägst du so was?«

»Ich trage ihn nicht, aber ich kann ihn nicht wegwerfen. In diesem Pullover habe ich meine größten sportlichen Erfolge gehabt. Das verbindet.« Eduard sprach mit großem Ernst.

»Seid ihr Männer so?«

Eduard schien verwirrt. »Wieso wir Männer? Hast du kein Lieblingsteil? Eines, das dich an etwas Besonderes erinnert?«

Francesca schüttelte den Kopf. »Nein, ehrlich, so was kenne ich nicht. Wenn ein Kleidungsstück kaputt ist und ich es nicht reparieren kann, schmeiße ich es weg.«

Eduard schaute sie an, war konsterniert. »Das ist vielleicht der Unterschied zwischen uns Männern und euch Frauen.« Francesca holte Luft, aber Eduard stoppte sie. »Dafür haben wir jetzt keine Zeit, Frau Commissario. Wir müssen heute noch einen Mörder stellen. Ich schlage vor, dass wir zu Phillipi fahren und versuchen, die Tatwaffe in den Mantel zu packen und wenn das geklappt hat, fragen wir die Wirtin, ob sie sich an diesen Mantel erinnern kann. Dann ...«

»... dann ist der Sack zu.«

- 19 -

»Also ist der Sack zu?« Fabio war sehr zufrieden. Francesca und Eduard hatten ihm alles berichtet.

»Ja, der ist zu.«

Franz Caliari war überrascht, als ihm die Staatsmacht mit zwei uniformierten Carabinieri und zwei Beamten der Polizia in Zivil entgegentrat.

Zuvor war der Stationsarzt da gewesen, denn er hatte versucht, die vier davon abzuhalten, den Patienten aufzusuchen. »Wie stellen Sie sich das vor?«, hatte er sich ihnen entrüstet entgegengestellt. »Auf das Wohl des Patienten müssen wir hier alles im Krankenhaus abstellen und nicht auf Ihre Erfordernisse. Was sind das überhaupt für Erfordernisse? Ah, können Sie mir nicht sagen. Aber ich sage Ihnen, dass Sie jetzt hier verschwinden. Sonst muss ich mich an die Spitze der Verwaltung wenden.«

Das machte er dann auch und die vier hatten danach leichtes Spiel, denn die Stationsschwester blickte freundlich weg, als sie sich Richtung Krankenzimmer bewegten. Eduard meinte, noch ein »Geschieht ihm recht« gehört zu haben. Dabei war nicht klar, wen sie meinte. Den Stationsarzt oder den Patienten.

»Was wollen Sie? Warum sind Sie zu viert?« Franz Caliari drückte auf die Klingel, aber in den folgenden 15 Minuten sollte daraufhin nichts passieren. Bis der Stationsarzt entrüstet und mit Verstärkung aus der Verwaltung, die ein Hausverbot aussprechen sollte, auftauchte, hatte Franz gezeigt, wie schnell er sich auf die Situation einstellen konnte.

Zunächst vertiefte er seine These, dass ihn jemand anschwärzen wolle, dass ein Dritter sich die Waffe genommen und Alfred damit erschossen hätte. Warum auch sollte er seinen besten Freund erschießen. Jemand wolle ihm den Mord in die Schuhe schieben. Vielleicht sein Widersacher Leitner oder seine Frau oder sonst jemand.

Als ihn die Carabinieri mit dem 40 Jahre alten Mordfall an Hugo Röggler konfrontierten und ihm sagten, dass es seine Waffe war, mit der geschossen worden war, geriet Franz Caliari zunächst ins Schleudern. Er verhaspelte sich. Dass sie diese alte Sache hervorkramen würden, damit hatte er nicht gerechnet. Aber dann zeigte er, über welches Talent er verfügte. »Das war eine tragische Geschichte. Alfred und ich waren jung und ungestüm. Wir waren wildern. Alfred hat im Dunkeln auf ein Tier geschossen. Aber es war ein Mann und der Bauchschuss war schrecklich. Er wäre elend verblutet. Auch wenn wir sofort Hilfe geholt hätten. Alfred hat ihm den Gnadenschuss gegeben. Ich habe geschwiegen. Alfred war mein bester Freund. Ich konnte ihn nicht verraten.«

»Es war Ihre Waffe mit der Hugo Röggler erschossen wurde und Sie wollen uns glauben machen, dass es Alfred war, der geschossen hat?«

Franz wirkte nicht so, als würde ihn das beeindrucken. »Das ist meine Aussage. Der Einzige, der dabei war, ist tot. Alfred kann Ihnen jetzt kein Geständnis mehr ablegen.« Seine Augen blitzten listig, obwohl das ganze Gesicht blutunterlaufen und geschwollen war.

»Ihre Idee, dass jemand anderes als Sie Alfred erschossen hat, ist pfiffig, aus Ihrer Sicht, aber alle, die Sie uns benannt haben, verfügen über wasserdichte Alibis. Es bleiben nur Sie und das können wir Ihnen auch beweisen.« Francesca präsentierte Franz die grüne Jacke, in deren Innenleben die zerlegte Waffe transportiert worden war. »Diese Jacke hatten Sie am Tattag an. Dafür haben wir Zeugen. Auch hatten Sie genügend Zeit, auf den Kirchturm zu steigen und Alfred von dort aus zu erschießen.«

An dieser Stelle knickte Franz ein. Jeder der vier Polizisten sah, wie es in ihm arbeitete. Er blickte nervös auf die Tür und hoffte vielleicht, dass jemand vom Krankenhauspersonal kommen würde. Vergeblich.

»Wir haben Sie, Franz Caliari«, sagte Francesca. »Ich verhafte Sie wegen –«

»Moment, Moment«, rief Franz dazwischen. Danach brauchte er eine kleine Pause.

»Ja? Sie wollen etwas sagen?«

»Es war so. Alfred hat mir erzählt, dass er nicht mehr lange zu leben habe. Eine schreckliche Krebskrankheit, zu spät entdeckt. Er wollte nicht im Krankenhaus sterben unter Schmerzen oder völlig benebelt, weil sie ihn dort mit Schmerzmitteln vollpumpen würden. Er hat mich gefragt, ob ich ihm helfen könnte, seinen Weg abzukürzen.«

»Er hat Sie gebeten, ihn zu erschießen?«

»Nein, so konkret hat er mich nicht darum gebeten. Nur, dass ich ihm helfen soll.«

»Also Sie haben ihm geholfen, indem Sie ihn erschießen? Ist das Ihr Ernst?«

»Wir waren Freunde, seit wir zur Schule gegangen sind. Wir haben alles zusammen gemacht. Nicht alles war in Ordnung, aber auch wenn wir ein bisschen gewildert haben, waren wir doch anständige Kerle. Alfred hat mir unendlich leidgetan und ich habe überlegt, wie ich ihm helfen könnte. Er hat mir erzählt, dass er nicht mehr lange habe, vielleicht noch drei Wochen, vier Wochen. Alfred wollte den Weg abkürzen und es sollte schnell gehen.«

»Deshalb haben Sie ihn erschossen?«

»Er wäre ohnehin gestorben, ein paar Wochen später. Dann aber unter Schmerzen. Es war das Letzte, was ich für ihn tun konnte. Wir waren uns treu bis in den Tod.«

»Mir kommen gleich die Tränen«, brach es aus Francesca hervor. »Es ist nicht Ihre Aufgabe, über das Ende eines Lebens zu entscheiden. Im Übrigen glaube ich Ihnen diese Geschichte nicht. Wir gehen weiter davon aus, dass Sie auch den Tod von Felix Wolff verursacht haben, weil er Ihnen mit seinen Beichtgerüchten in die Quere gekommen war. Auch hier haben wir Hinweise, dass Sie an der Stelle am See waren an der Felix ins Wasser befördert worden ist. Sie wollten verhindern, dass sich dieses Gerücht verbreitet. Alfred hatte sein Gewissen kurz vor seinem sicheren Tod erleichtern wollen und die Tat an Hugo Röggler gebeichtet und Felix hatte davon Wind bekommen. Sie wussten, wie Felix mit solchen Geschichten umgeht. Er bläst sie ein wenig auf und verbreitet sie. Sie kannten seine Gewohnheit, sich nach einer durchzechten Nacht irgendwohin zu legen, um zu schlafen. Sie sind ihm gefolgt und haben ihn, volltrunken wie er war, ins Wasser geschubst.«

Franz Caliaris Augen fingen an zu zittern. Er schnaubte, schaute ängstlich zur Tür. Wollte erneut auf den Rufknopf an seinem Bett drücken, aber Tommaso nahm ihm den Knopf ab. »Den brauchen Sie jetzt nicht«, sagte er kühl.

»Sie lügen, wenn Sie den Mund aufmachen«, fuhr Francesca ihn an. »Zuerst wollen Sie uns glauben machen, dass Sie jemand belasten wollte, indem er Ihre Waffe für den Schuss auf Alfred Oberhofer benutzt hat. Dann gestehen Sie, dass Sie es selbst waren und tischen uns diese rührselige Geschichte auf. Und Alfred schieben Sie die Schuld am Tod von Hugo Röggler in die Schuhe. Damit werden Sie nicht durchkommen. Ich verhafte Sie wegen Mordes an Hugo Röggler, Alfred Oberhofer und Felix Wolff.«

In dem Moment riss der Stationsarzt mit Verstärkung aus der Hausverwaltung die Tür auf und hörte nur den letzten Satz von Francesca.

Eine Woche darauf

-1-

»Also, Vicequestore, das war eine gute Leistung. Das muss ich anerkennen. Auch wenn Sie mir noch nicht so zuarbeiten, wie ich es von Ihnen in Zukunft wünsche, so muss ich doch anerkennen, dass wir, als Questura Bozen, den Mord in Tramin in so kurzer Zeit aufgelöst haben und dann noch einen Cold Case gleich mit.«

»Es freut mich, dass Sie das so sehen. Ich kann da meine Mitarbeiter nur lobend erwähnen.«

»Ja, ja, natürlich. Das müssen Sie auch.«

»Wie war das Interview?«, fragte Fabio leise und versuchte jede Regung von Marzollo wahrzunehmen. Leicht konnte er erkennen, dass Francescas Idee klug gewesen war und sich ihre Einschätzung bestätigt hatte.

»Fabio, ich habe da eine Idee«, hatte sie ihm ihren Plan eröffnet. »Wenn wir den Sack zu haben, dann könnte ich diesem Marzollo eine Bühne bereiten, auf der er groß rauskommt. Wenn er so eitel ist, wie wir vermuten und es ihm nicht um die Sache, sondern nur um sich selbst geht, beißt er an. Ich habe da einen nervigen, hungrigen, aber auch talentierten Journalisten kennengelernt, der für zumindest ein großes Magazin schreibt, das in Deutschland erscheint, aber auch hier gelesen wird. Er hat sich in den Mordfall Alfred Oberhofer reingewanzt, war auch unangenehm, hat aber durchaus eine gute Spürnase gezeigt. Ich würde sogar sagen, dass er uns einen Hinweis gegeben hat, der zwar nicht die Lösung ergab, aber unseren Blick geweitet hat. Wenn ich ihm ein Exklusivinterview mit dem Vicario andienen könnte, beißt er garantiert an. Du musst einen Zeitpunkt abwarten, bis der Quästor nicht im Hause ist und sein Vertreter Marzollo die Chance bekommt das Interview zu geben. Was meinst du?«

Genauso hatte es geklappt. Fernando Tratterer war hoch erfreut über Francescas Anruf und die Redaktion im hohen Norden Deutschlands hatte ihm zugesichert, dass seine Geschichte, die jetzt »richtig rund war«, in der kommenden Donnerstagsausgabe als Titelgeschichte komme, wenn er das Interview mit dem Polizeichef bringe. Sie schickten ihm auch einen guten Fotografen.

Er war nicht verlegen darum gewesen, Fernando zu bitten, dafür zu sorgen, dass man ihm, Marzollo, einen Sonderabdruck des Berichtes zukommen lassen solle. Fernando war auch nicht überrascht, dass er 200 Exemplare zur eigenen Verfügung beanspruchte. *Das soll dann auch noch drin sein*, dachte Fernando.

-2-

Fabio und Elisabeth hatten das Magazin gelesen und insbesondere die Fotostrecke mit Marzollo betrachtet. »Sie haben ihn gut ins Bild gesetzt. Ist er zufrieden?«

»Ich bin sicher, dass er das ist.«

»Hilft es dir bei deiner neuen Arbeit?«

»Das wird sich zeigen, aber ich weiß jetzt, wie er tickt. Das macht ihn berechenbarer.«

»Wenn du besser klarkommst, dann ...«

»... dann bin ich nicht mehr so nervös und habe auch mehr Zeit für uns.«

»Gut. Mein Mann.«

»Gut?«

»Alles ist gut.«

-3-

In Dortmund spendierten sie ihren Kumpels ein Bier nach dem anderen. »Kommse, wir gehen auf'n Feierahmbier«, hatten sie ausgerufen und das weitbekannte Magazin geschwenkt. »Dat muss gefeiert werden!« Da waren sie drin. In voller Schönheit mit ihren Schatzsuchergeräten. Die Kollegen fanden die beiden Käuze bisher eher nicht interessant, hielten sie für Sonderlinge. Aber so ein Abdruck mit tollen Fotos, also, das war schon was.

Ein Nachwort

Dies ist kein Weinkrimi, die Handlung spielt aber in einem der größeren Weinanbaugebiete in Südtirol. Sie erfahren einiges über den Weinbau und seine Geschichte in Südtirol. Die bekannten Figuren habe ich neu gruppiert. Die Stammleser wissen von dieser Planung seit dem neunten Band.

Um diese Neugruppierung besser zu verstehen habe ich die Erläuterungen zur Polizei in Italien überarbeitet. Zu den neuen Figuren sollten Sie wissen:

Chef einer Questura ist der Quästor. Sein Stellvertreter ist der Vice-Quästor, auch Vicario genannt, und nicht ein Vicequestore (klingt ähnlich, ist aber nicht dasselbe!). Im täglichen Umgang wird er Signore Vicario genannt. Den fiktiven Vicario habe ich **Giuseppe Marzollo** genannt.

Hierarchisch unter dem Vicario arbeiten die Leiter der drei großen Abteilungen: Kriminalpolizei, Verwaltungspolizei und Kabinettamt im Rang eines Primo Dirigente. Die Figur **Roberto Caputo** ist ein Primo Dirigente und leitet die Abteilung Kriminalpolizei. Diese Abteilung hat wiederum drei Ämter, die jeweils von einem Vicequestore geleitet werden. Das sind in diesem Krimi **Fabio Fameo als Leiter des Amtes für kriminalpolizeiliche Ermittlungen** und **Mario Barletta als Leiter des Amtes für allgemeine Ermittlungen – Sondereinsätze (Staatsschutz)**. Die dritte Abteilung kommt im Krimi (noch) nicht vor.

Ein Vicequestore wäre vergleichbar mit einem deutschen Polizeioberrat/Polizeidirektor.

Noch eine Besonderheit: **Francesca ist jetzt Commissario**. Es gibt keine weibliche Form, etwa Commissaria. Wundern Sie sich also nicht, wenn Francesca im Krimi eine Commissario genannt wird. In Deutschland gibt es die weibliche Form auch bei der Bezeichnung des Rangs. In Italien nicht. Übrigens: Eine Commissario ist vom Rang her vergleichbar einer deutschen Ersten Polizeihauptkommissarin oder einer Polizeirätin.

Mit der Umgruppierung der Figuren kann ich mich ab diesem Krimi zaghaft im Feld der Hierarchien, ihrer Auswüchse und ihrer Arabesken tummeln. Deshalb auch der Verweis auf den Erfinder der Hierarchologie, Laurence J. Peter, dessen Postulate auch heute in jeder Hierarchie zu finden sind. Jeder, der in einer Hierarchie arbeitet, kennt jemanden, der bis zu seiner Stufe der Unfähigkeit aufgestiegen ist.

Der Titel dieses Krimis lautet, **Treue hat ihre Grenzen**. Es gibt ein Zitat eines französischen Bischofs, Staatsmannes und Außenministers, Charles-Maurice de Talleyrand (1754–1838), der gesagt haben soll: »Treu bis in den Tod sind nur die Dummköpfe. Die Treue hat ihre Grenzen im Verstand.« Ein weiser Ausspruch, der auf Menschen zutrifft, die ihre Treue ohne jegliche Reue beenden. Das Ende ist nicht zwangsläufig tödlich, aber in einem Krimi zwingend. Sollten Sie in Ihrem Leben solchen Menschen begegnen, wünsche ich Ihnen, dass Sie rechtzeitig erkennen, um wen es sich handelt, damit Sie wegen seines Handelns nicht enttäuscht werden. Menschen wie diese gehen nicht gleich mordend, aber doch zerstörend durchs Leben. Ohne jegliche Skrupel verfolgen sie ihren Weg, der nur das Ziel kennt. »Da will ich hin und wer im Weg steht, muss weg.« Sie sind sich selbst am nächsten, manipulieren geschickt und behutsam, haben sich gut im Griff. Es hilft ihnen, dass sie emotional nicht mit anderen mitschwingen. Sie sind nicht kalt, sondern empfinden wenig Mitgefühl mit potenziellen Opfern. Damit sind sie erfolgreich und wenn man das Pech hat, mit solchen Menschen zusammenarbeiten oder zusammenleben zu müssen, sollte man auf der Hut sein und im Zweifel das Weite suchen. Oder zuerst schießen, wovon ich allerdings abraten möchte. Das gibt nur anderen Ärger.

Ich wünsche Ihnen spannende Unterhaltung mit diesem Krimi und danke für Ihre Lesetreue.

Ralph Neubauer
im Juni 2023

Erläuterungen (Stand Juni 2023)

Damit insbesondere die Leserinnen und Leser aus Deutschland verschiedene Begriffe aus der italienischen Polizeiwelt besser verstehen, habe ich diese Erläuterungen angefügt. Denn die Polizei ist in Deutschland anders organisiert als in Italien.

Das Polizeisystem in Italien besteht jetzt aus vier nationalen Polizeikörpern.

Es gibt die zivile Staatspolizei, die **Polizia di Stato**. Dieser gehören die Hauptfiguren Fabio Fameo, Francesca Giardi und Eduard Taler an.

Die **Carabinieri** sind ein Polizeikörper mit militärischer Einrichtung und unterstehen dem Innenministerium (Gewährleistung der internen Sicherheit des Landes), aber auch dem Verteidigungsministerium in ihrer Eigenschaft als Militärpolizei. Daraus ergibt sich ein ganz eigenes Selbstbewusstsein. Dieser Einheit gehört die Figur Tommaso Caruso an.

Dann gibt es die **Guardia di Finanza**. Das ist eine militärisch organisierte Finanzpolizei. Sie untersteht dem Wirtschafts- und Finanzministerium. Sie ist insbesondere für die Bekämpfung der Wirtschaftskriminalität zuständig. Schwerpunkt ist zwar die Steuerfahndung, aber die Guardia di Finanza trägt auch zur Aufrechterhaltung der internen Sicherheit bei.
Die übrigen beiden Polizeikörper sind die Gefängnispolizei und die Forstpolizei (die inzwischen den Carabinieri zugeordnet ist). Es gibt dann noch mehrere andere Einheiten mit Polizeiaufgaben, die aber nicht als Polizeikörper eingestuft sind, wie zum Beispiel die Küstenwache, sowie – auf Gemeindeebene – die Gemeindepolizei oder Ortspolizei (**Polizia Municipale**). Diese prägen häufiger als andere Einheiten das Stadtbild, denn sie kümmern sich unter anderem um die Parkraumbewirtschaftung, den örtlichen Straßenverkehr und die kleinen Kümmernisse der Bevölkerung. In Deutschland werden diese Aufgaben hauptsächlich vom Ordnungsdienst versehen.

Für die Leser der Krimireihe ist es wichtig zu wissen, dass Polizia di Stato und Carabinieri jeweils eigenständige Polizeieinheiten sind und zwischen ihnen ein Konkurrenzverhältnis besteht. Wenn es um die Aufrechterhaltung der internen Sicherheit geht, werden alle Polizeieinheiten durch eine Zentralstelle in Rom koordiniert. Handelt es sich hingegen um Kriminalfälle, so kommt es vor, dass beide Einheiten am selben Fall gleichzeitig arbeiten und durch die Staatsanwaltschaft koordiniert werden. Sinn dieser Konstruktion ist, dass man in Staaten wie Italien (Vergleichbares gibt es in Frankreich und Spanien) eine Machtkonzentration der Polizei in einer Hand vermeiden wollte. So ist in der Realität gewährleistet, dass die Konkurrenz nicht ausartet.

Die Polizia di Stato (Zivilpolizei) ist vorwiegend in den Städten und die Carabinieri (militärische Gendarmerie) sind mit einem engmaschigen Netz von Carabinieri-Stationen auf dem Land vertreten. Das ist in Südtirol augenfällig.

In Bozen findet sich die **Questura** (vergleichbar einem deutschen Polizeipräsidium) in unmittelbarer Nähe zu einer großen Carabinieri-Kaserne (Landeskommando). Auch deshalb habe ich Tommaso Caruso im zweiten Band hierher »befördert«, weil er dann enger mit Fabio Fameo zusammenarbeiten kann. Kurze Wege eben.

Fameo kam vor 13 Jahren (2010, Band 1) als **Commissario Capo** in die **Questura**. Ein Commissario Capo ist mit einem deutschen Polizeirat zu vergleichen. In Band 9 zeichnete sich ab, dass er Karriere machen würde. Ab Band 10 (2023) ist er Vicequestore. Ein **Vicequestore** ist vergleichbar einem deutschen Polizeioberrat/Polizeidirektor. Francesca Giardi wurde ebenfalls befördert und ist jetzt Commissario Capo, Eduard ist Ispettore Capo, vergleichbar einem deutschen Oberkommissar.

Tommaso Caruso arbeitet in der Carabinieri-Kaserne in Bozen, in der Nähe der Questura. Als **Maresciallo Aiuntante** ist er ein

»Fachoffizier« im Rang eines Polizeihauptmeisters mit den Funktionen eines Polizeikommissars. Er verlässt uns in dieser Funktion in Band 10. Er wird aber nicht in Ausübung seines Dienstes erschossen, sondern pensioniert. Wie wir inzwischen wissen, ist ein Carabiniere immer Carabiniere, auch wenn er pensioniert ist. Tommaso geht uns also nicht (ganz) verloren.

Die Figuren spiegeln zwei wichtige Polizeieinheiten Italiens, die Zivilpolizei (Polizia di Stato) und die militärische Gendarmerie (Carabinieri). Dass unsere Ermittler so eng zusammenarbeiten, ist wegen der oben beschriebenen, ab und zu aufkommenden Konkurrenzsituation der beiden Polizeien nicht selbstverständlich. Insoweit beschreibe ich einen Zustand, wie man ihn im richtigen Leben wahrscheinlich nicht antrifft. Aber das ist das Schöne an fiktionalen Texten: Man kann als Autor (fast) alles erfinden, wenn es das Kino im Kopf entzündet.

Sollten Sie Fragen haben, schreiben Sie mir: ralph.neubauer@freenet.de

Ich wünsche Ihnen viel Spaß beim Lesen!

Ralph Neubauer

Danksagungen

Eingebettet habe ich die Geschichte in die zweifellos wunderschöne Landschaft des Südtiroler Unterlandes und des Überetsch, zwischen den Dörfern Tramin, Kaltern und Girlan. Jeder Besuch lohnt. Möglicherweise treffen Sie dort auf die Menschen, die mir bei meinen Recherchen geholfen haben.

Ich danke den Eigentümern des Wolkensteinhauses und der alten Kellerei in Tramin, die mir gestattet haben, dass Margit hier ihren Familiensitz und später, nach dem Erbfall, ihre neue Heimat gefunden hat: **Hermann Mayer (Wolkensteinhaus)** und **Richard Pernstich (Alte Kellerei)**. Insbesondere Herrn Mayer danke ich für die Führung durch das Wolkensteinhaus, sodass ich den Lesern hoffentlich einen guten Eindruck vom Inneren eines dieser prächtigen Häuser vermitteln konnte.

Dass ich diese Häuser als Handlungsorte etablieren durfte, verdanke ich einem Mann, der mir mit seinen Kontakten und seinem Wissen nicht nur Türen geöffnet hat. Ich habe derart viel Material erhalten, dass ich leicht einen nächsten Krimi mit gut recherchierten Hintergründen schreiben könnte. **Roland Zwerger** ist der Dorfchronist von Tramin. Seine Doktorarbeit hat unter anderem die alten Häuser in Tramin zum Gegenstand und als ich von ihm durch Tramin geführt wurde, sah ich das Mittelalter plastisch vor mir. Ich verstand, wie es in den engen Gassen zugegangen sein muss, als es noch keine Autos gab, sondern Ochsenkarren. Mit ihm bekannt gemacht haben mich der Kustos des Heimatmuseums Tramin (**Hoamet Tramin Museum**, Rathausplatz 9 in Tramin), **Hermann Toll** und seine Frau **Dr. Veronika Steinegger**. Die drei brachten mich auch zum Plattenhof in Tramin, wo ich den Inhaber **Werner Dissertori** kennenlernen durfte. Der *Plattenhof* hat auch einen Weinkeller, über den der heilige Urban wacht, der vom emeritierten römischen Pontifex gesegnet worden war, als er noch nicht Papst war. Seither wusste Benedikt den **Gewürztraminer** zu schätzen.

Dafür, dass Teile der Traminer Handlung in dem **Café** Goldener Löwe spielen dürfen, danke ich dem Inhaber **Ivo Überbacher**. Dasselbe gilt für die Inhaberin des **Cafés/Bistros** 's Platzl **Heidrun Waid**. Der Kastelaz Keller ist ebenfalls Handlungsort und Sie finden ihn direkt neben dem **Kirchlein St. Jakob**, dessen Besuch ich sehr empfehle. Dort finden Sie auch eine ausliegende Informationsschrift, die vieles erläutert, was in einem Krimi keinen Platz finden kann. Oder Sie fragen Dr. Zwerger. Die Wirtin des Kellers habe ich erfunden, deshalb hat sie im Krimi auch keinen Namen.

Das ist kein Weinkrimi, aber er handelt in einer Weingegend, denn ich kann nicht über Weinqualitäten schreiben, weil ich zu wenig davon verstehe. Über Wein schreibt der Weinexperte **Herbert Taschler**. Mit ihm hatte ich ein intensives Gespräch und einige seiner Bücher haben mir sehr geholfen. Er hat mir **Lorenz Martini** vorgestellt und ich hatte das Vergnügen auf der Plattform zu sitzen, auf der Lorenz Martini die kleine Gästeschar mit seiner Lancia Augusta von 1935 heraufgefahren hat. Das Gespräch mit **Herbert Taschler** und **Lorenz Martini** war sehr inspirierend, was möglicherweise an dem genossenen Sekt, dem Comitissa Blau, gelegen haben mag. Ich habe **Lorenz Martini** später in seiner **Sektkellerei in Girlan** besucht und er hat mir erklärt, wie Sekt gemacht wird. Jetzt wissen Sie es auch, jedenfalls in groben Zügen.

Wie komme ich dann noch auf Kaltern? Nun, die Stammleser wissen, dass im siebten Band die Theatergruppe Kaltern mitgespielt hat. Einer der Schauspieler ist **Werner Gschnell**, den Sie in der Vinothek Kaltern finden, denn dort arbeitet er. Werner hat mich durch die *Kellerei Kaltern* geführt, so wie es die Figur Fernando erlebt hat. Sollten Sie noch nie eine Kellereiführung erlebt haben, so kann ich das nur empfehlen. Der Wein schmeckt anders, wenn Sie wissen mit welchem Aufwand er hergestellt wird. Wissen hilft, den Unterschied zu erkennen, der den Unterschied ausmacht. Werner hat mir den Vertriebsleiter der Kellerei **Martin Klammer** vorgestellt und wir hatten ein ausführliches Gespräch über Hintergründe, die man unmöglich ahnen kann, wenn man nicht in der Welt des Weinmachens zu Hause ist. Ich danke herzlich dem Obmann der *Kellerei Kaltern*, **Christian Sinn**, für seine Unterstützung. Der Figur des Obmanns habe ich den Namen Stephan Leitner gegeben. Der echte **Stephan Leitner** hat im

Athesia Verlag den neunten Band der Krimireihe betreut und ich bedanke mich gerne auf diese Weise für seine gute Arbeit.

Alle echten Menschen, die in diesem Krimi auftreten, lernen Sie in einer Rolle kennen. In ihrer Rolle sind sie nicht diese echten Menschen, auch wenn ihre Aufgaben oder Professionen ihrem echten Leben entsprechen.

So verhält es sich auch mit **Dekan Alexander Raich**, den die Stammleser aus dem ersten und zweiten Band kennen. Hochwürden hat Spaß daran, in seiner Profession in der Krimireihe mitzuspielen, und ich danke dafür herzlich. Er ist auch im echten Leben Dekan, im Krimi ist er eine Figur, die ich sagen lasse, was mir in den Sinn kommt und die so agiert, dass sie in die Krimihandlung passt. Glauben Sie also nicht: »So ist er also!« Nein, so ist er nicht. Er ist eine Figur im Krimi und spielt eine Rolle.

Die Leser, die gerne gut essen, finden in den Krimis immer Tipps. Den Plattenhof habe ich erwähnt. Zu erwähnen wäre noch die Trattoria Filo D'Olio **in Bozen**. Die Inhaber **Alfio und Salvatore** haben mir gestattet, dass drei hohe Polizeibeamte der Bozner Quästur dort ihren Stammtisch haben. Sie finden sie unter der fetten Henne. Die Struktur einer Quästur hat mir **Commissario Capo a.D. Dietmar Angerer** erläutert. **Dietmar** danke ich für seine Hilfe. Er hat das Krimiprojekt von Anfang an unterstützt. Das deutsche Anerbenrecht, welches mit dem Südtiroler Höferecht verwandt ist, hat mir Richter am Oberlandesgericht **Dirk Frenking** aus Münster erläutert, den die Stammleser bereits in einer Rolle als ermittlungsfreudigen Touristen kennengelernt haben. **Marion von der Hand**, Vizepräsidentin der Frauengruppe Lana, war so freundlich, Elisabeth an ihren Lebenserfahrungen teilhaben zu lassen.

Erstleserin war die Linguistin Stephanie Trapp aus Wuppertal. Das Buchprojekt wird im Athesia Verlag von Elke Wasmund und ihrem Team bestens betreut. Die Schlusskorrektur verantwortete Theresia Riegler.

Allen Leserinnen und Lesern wünsche ich gute Unterhaltung mit diesem Krimi und Zeit für einen Besuch der schönen Weindörfer Kaltern, Girlan und Tramin.

Ralph Neubauer, Juni 2023

Kleine Literaturliste
(für Interessierte zum Nachlesen)

Zum Höferecht und der Erbfolge (Stichwort: weichende Erben) finden Sie viele Informationen im Netz:
www.provinz.bz.it/landwirtschaft/download/Hist._Grundlagen_zum_geschl.HOf_deu.pdf
www.provinz.bz.it/land-fortswirtschaft/landwirtschaft/bauernhof/geschlossener-hof.asp
www.wikipedia.org/wiki/Anerbenrecht

Broschüre: **Die Bäuerin am Hof »Ich weiß Bescheid«**
Herausgeber und Verfasser:
Südtiroler Bäuerinnenorganisation, Bozen, 2017
verschiedene Autorinnen und Autoren

Über Tramin gibt es viel Literatur. Ich empfehle:

Dr. Roland Zwerger
Tramin in Vergangenheit und Gegenwart
Aufsätze aus 30 Jahren
Herausgeber: Verein für Kultur und Heimatpflege Tramin, 2020

Dr. Roland Zwerger
Tramin an der Südtiroler Weinstraße
Dorfführer und Weinbaugeschichte
Arkadia Edition, Auer, 2001

Verena Friedrich
Tramin – St. Jakob in Kastelaz
Broschüre Kunstverlag PEDA Gregor, e.K., Passau, 2014
Herausgeber: Kath. Pfarrei zu den hll. Quiricus und Julitta, Tramin

Über Wein, Weingeschichte und über die Kellerei Kaltern informiert:

Vom Wein in Kaltern
Redaktion: Gotthard Andergassen
Herausgeber: Erste & Neue Kellereigenossenschaft
in Zusammenarbeit mit dem Verein für Kultur und Heimatpflege Kaltern

Jubiläumschrift zum 100-jährigen Bestehen der Kellerei
Verschiedene Autorinnen und Autoren, 2000

Herbert Taschler
Südtiroler Wein- und Kellereigeschichte(n)
Von der Weinschwemme zur Qualitätsoffensive
Athesia Verlag, Bozen, 2017

Herbert Taschler (Text und Rezepte)/Udo Bernhart (Fotografie)
Südtirol
Die junge Bergküche
Rezepte, Porträts & Geschichten
Christian Verlag, München, 2022

Christoph Gufler
Weinland Südtirol
Geschichte, Lagen, Sorten
Edition Raetia, Bozen, 2019

Martin Hanni
»Auf dem Weg zum Pardiese ...«
Der klimatische Kurort Eppan
Folio Verlag Wien-Bozen, Bozen, 2022

Oswald Stimpfl
Weinwandern in Südtirol
Mit Weinwissen von Walter Schullian
Folio Verlag Wien-Bozen, Bozen, 2021

Bei Interesse für das Peter-Prinzip und das Peter-Programm:

Laurence J. Peter & Raymond Hull
Das Peter-Prinzip
oder Die Hierarchie der Unfähigen
rororo Sachbuch 6793, 1989

Laurence J. Peter
Das Peter-Programm
rororo Sachbuch 6947, 1990